痛快無比!!

プロレス

取調室

ゴールデンタイム・スーパースター編

玉袋筋太郎
+プロレス伝説継承委員会

毎日新聞出版

ゴールデンタイム・スーパースター編

玉袋筋太郎
+プロレス伝説継承委員会

毎日新聞出版

まえがき

お待たせしました。お待たせしすぎたかもしれません(村西とおる監督調)。

全国1000万人の昭和プロレスファンの熱き声にお応えして、『プロレス取調室』第2弾がついに発売となりました!

俺たちプロレスファンのハートを長年盗み続けた、罪深き大泥棒である昭和のプロレスラーを片っ端からしょっ引いて、わたくし玉袋筋太郎と、ライターの堀江ガンツ、椎名基樹という、変態的な昭和プロレス捜査官が、彼らの波乱万丈の人生を徹底的に吐かせた〝調書の束〟である、この『プロレス取調室』。第1弾では〝取調室の可視化〟に見事成功して、全国のみなさんに好評をいただきましたが、あれはまだまだ序の口だから!

今回は「ゴールデンタイム・スーパースター編」と題して、お茶の間の皆さんにも有名な人たちが次々と出てきて、これまでの〝罪状〟そして人生を、洗いざらい吐いてくれたからね。

これは必読だよ!

ただ、今回は相手が大物だから、取り調べも過酷を極めた。

取調室っつったら、カツ丼おごって泣かせて吐かせるっていうのが常套手段だけど、逆に俺たちにさんざん酒を飲ませて取調官を潰すという手口できた武藤敬司！　他の容疑者の罪状を明かして司法取引に出たキラー・カーン！　新日伝統のちゃんこ鍋を振る舞って利益供与に出てきた小林邦昭！　正真正銘、アメリカの本当の刑務所から出てきたマサ斎藤！　聞いてもいない罪状までペラペラ喋るドン荒川！　暑がりのため室内の冷房を最強にして取調官を凍えさせたスタン・ハンセン！

みんなとんでもない強敵ばかりだったよ‼

また、今回はゴールデンタイムと言っても、俺たちが愛した金曜夜8時の『ワールドプロレスリング』だけじゃねえんだよ。80年代半ば、もうひとつのゴールデンタイム伝説、月曜夜7時の『全日本女子プロレス中継』からも、かつての〝女囚〟たちをしょっ引いて来てるから！　この女容疑者たちの人生がまた、凄えんだ。『ドキュメント女ののど自慢』どころじゃねえんだよ。

とにかく、全員実録ドラマ化してほしい、男と女の人生模様。

さあ、たっぷりと堪能してくれ！

目次

カバーイラスト
師岡とおる

装幀
金井久幸［TwoThree］

DTP
TwoThree

写真
大甲邦喜
平工幸雄（118p）
堀江ガンツ（42p、53p、131p）

蒙古の怪人

キラー・カーン

キラー・カーン(きらー・かーん)

1947年、新潟県生まれ。本名・小澤正志。中学卒業後、大相撲を経て、1971年に日本プロレス入門。1973年、新日本プロレスに移籍したのち、海外遠征へ。1979年のフロリダ遠征よりモンゴリアン・ギミックで「キラー・カーン」を名乗り、一躍トップヒールに。1980年からはWWF(現WWE)に参戦、アンドレ・ザ・ジャイアントとの抗争をきっかけに、知名度はさらに上昇した。凱旋帰国後は1983年に長州力率いる維新軍団に加入、その後もジャパンプロレスやWWFで活躍したが、1987年に引退。現在は俳優、歌手業も行ない、東京で「ちゃんこ居酒屋カンちゃん」を経営中。

堀江ガンツ（以下、ガンツ）　さて、今回のプロレス取調室は、キラー・カーンさんのお店「**ちゃんこ居酒屋カンちゃん**」[※01]にうかがいました！

カーン　今日は玉袋さんが来てくれたから、何でも話しますよ。

玉袋筋太郎（以下、玉袋）　嬉しいね〜。

カーン　（店員に）ちょっとテレビの音小さくしてー。そういや、きのう白鵬負けたねぇ。

玉袋　そうですね、きのうやられましたね。

カーン　いやあ、いい相撲だったなあ〜。

椎名基樹（以下、椎名）　豪栄道との一番ですよね。

カーン　でも白鵬、強いわ。ヒザにゆとりあるから。

玉袋　今度、カーンさんに相撲評論家で出てほしいですよ（笑）。

カーン　いやいや、俺は幕下だから。でも俺もけっこうね、北の湖関にも勝ってるしね、**天龍（源一郎）**[※02]さんにも勝ってるんですよ。

一同　へぇ〜！

カーン　北勝海関にも勝ってるし。三段目のときは、吉の谷関に7戦全勝で勝ったんですよ。6戦全勝で、7番の相撲に勝って。優勝決定戦で吉王山関に負けたんです。

ガンツ　ある意味、〝モンゴル人力士〟の先駆けという（笑）。

玉袋　そうだよ、朝青龍より先だよ（笑）。

椎名　そこからプロレスに転向した理由は何だったんですか？

カーン　ケガが多かったからさ。でも、ケガしたから人生変わったんですよね。ケガして、上野の池之端の金井整形外科に行ってたら、たまたまデカい人が話しかけてきて、「誰かな？」と思ったら**北沢（幹之）**[※03]さんだったんですよ。

玉袋　おお、北沢幹之さん！

カーン　北沢さんはお相撲さんが好きでね、話しかけてきて。「わー、レスラーの人なんだ」と思って。ウチは地元（新潟県）に**ジャイアント馬場**[※04]さんがいたでしょ。それに**力道山**[※05]さんには、中学のときから憧れて観てたから。

椎名　英雄ですもんね。

カーン　そうしたら、北沢さんが「身体もあるんだし、もしやる気があるならプロレスラーになったらいいんじゃないの？　私が中に入って骨折ってやりますから」って言ってくれて。人生変わるんだねえ。

玉袋　北沢さんからですかあ。（ここでビールが来る）じゃあ、ビールも来たところで、乾杯しましょう。カーンさん、お久しぶりでございます。乾杯！

一同　かんぱーい！

玉袋　まあ、久しぶりと言いながら、こないだ京王閣でバッタリ会ったけど（笑）。

椎名　そうなんですか⁉　競輪場で（笑）。

玉袋　そうなんだよ。「あ、カーンさん！」なんて言ってね。笑っちゃった、笑っちゃった。

カーン　バッタリ会ったね。ウチの店は、競輪の現役選手や引退した選手がいっぱい来るんだよ。

玉袋　「ＫＥＩＲＩＮグランプリ」を獲った山口幸二さんとか、後閑信一さんなんかも来るって言ってましたよね？

カーン　吉岡（稔真）さんも来てるし、工藤元司郎さんも来てるし、娘さんのわこさんも来てるし。

玉袋　凄い！　寄りつかねえのはプロレスラーだけだって話で（笑）。

カーン　そんなことはない（笑）。みんな来てくれてますよ。

玉袋　いやー、でも嬉しいですよ。カーンさんとこうやって飲みながら取り調べができるっていうのは。しかもね、ここ西新宿8丁目って、俺の生まれ育ったところだからね。

ガンツ　まさに、ここが『新宿スペースインベーダー』（玉袋の自叙伝的小説）の舞台なんですね（笑）。

玉袋　だってよ、ガキの頃はカーンさんの試合をこっから観に行ってたんだから、蔵前国技館まで！
あとは、こっから京王プラザホテルに行って、**アン**[※06]

ドレ（・ザ・ジャイアント）の出待ちしたりさ。その西新宿8丁目にカーンさんが店を構えたって知ったとき、嬉しくってさ〜。

カーン　いや〜、ホントにこんなにプロレスファンの人がいてくれてありがたいですよ。

アメリカまで来てくれた談志師匠

玉袋　俺も今日は楽しみで、予定時間よりずいぶん早く着いちゃったんだけど、ガンツと椎名先生が来る前から、カーンさんはいい話をしてくれたんだよ。店の入口にあるあの紙袋。きのう、（立川）談志師匠[※07]のお墓参りに行ったときに貰ったもんだっつーんだから。

椎名　談志さんのお墓参りに行ってるんですか⁉

玉袋　そのとき貰ったお土産のせんべいだって。カーンさんと談志師匠の繋がりが古くて、その話がまたいいんだよ。

カーン　古いどころじゃないですよ。自分がまだ23〜24歳ぐらいのとき、常磐ハワイアンセンターで、新日本プロレス[※08]が練習風景を見せるっていうイベントがあったんですよ。その第2部が歌の部で、そこで俺が三橋美智也さんの歌を歌ったんですよ。

椎名　1部ではプロレスラー、2部では歌手として出演ですか（笑）。

カーン　そのとき、談志師匠も来てたみたいで。終わったあと、みんなでメシ食って飲んだりしてるとき、ホテルの人が「三橋美智也さんの歌を歌ったのはどなたですか？」って呼びにきて。「立川談志師匠がお呼びです」って言うんだよ。そのとき俺、ハッキリ言って「えっ⁉　あの生意気な毒舌の……」って思ってさ。

一同　ガハハハハ！

カーン　でも、「まあいいや」と思って行ったら、テレビとは全然違いましたよ。優しい人でね。だからそのとき思ったね、レスラーと一緒だなと。レスラーもリングで悪いことばっかりやってる人は、実際リングを降りたら心優しい人が多いんですよ。

玉袋　ヒールこそ人格者だって言いますからね。

カーン　俺は別としてね（笑）。

玉袋　いやいやいや（笑）。

カーン　談志師匠も面倒見が良くて、ホントにいい人だった。だって、俺がメキシコからフロリダのタンパに転戦したとき、タンパの女の子と結婚して子どもができたんですよ。そのあとジョージアに入ったとき、談志さんのとこに電話入れて、「師匠、俺、アメリカ人と結婚しちゃいました。女の子ひとりできましたよ」って言ったら、「よし、おまえのカミさんに会いに行く」って言って。俺、冗談で言ってるのかと思ったら、ホントに仕事全部キャンセルして、自分のお金で飛んで来てくれたんですよ。

玉袋　カッケー！

カーン　あの時代の飛行機だから、日本からだとけっこうするんですよ。普通だったら、来るにしても「おまえ、アメリカで稼いでるんだったら、チケット送れよ」とか言うもんだけど、全部自分のお金ですぐ来てくれたから。

玉袋　いい話だよ〜。それで談志師匠のために、カーンさんの親類がクルーザーを仕立てて、フロリダの海に釣りに行ったんですよね？

カーン　釣りに行ったんですけど、釣れなかったんですよ。そうしたら師匠は海が好きだから、いきなり飛び込んだんだけど、女房とか弟みんなが血相変えて「上げろ、上げろ！　早く！」とか言うから、なんでかと思ったらね、人喰いザメがウヨウヨしてるとこだったんですよ。

ガンツ　ダハハハ！　まさに『ジョーズ』の世界で（笑）。

椎名　談志師匠、のちに**サメ退治**[※09]に行ってましたよね（笑）。

カーン　俺が「師匠、上がって！　サメが！」とか言っても全然聞こえなくて。やっと上がってきたとこにそれ言ったら「ホントか！」って震えて。それでもう釣れないから帰ろうかって港に向かってたら、別のクルーザーがデッカいサメを後ろに縛りつけて運んでるわけ。「どこで捕まえた？」って聞いたら、師匠が泳いでたとこなんだよ。

一同　ガハハハハ！

玉袋　それが、のちのサメ退治に通ずるんだろうね（笑）。

椎名　恨みがあって（笑）。

玉袋　いい話だよな〜。

カーン　それでタンパの飛行場で師匠が帰るとき、またおもしろいね、あの人。こんなデカいサメの帽子を買ってかぶってね、飛行機に乗ってたよ。

椎名　四国のときもかぶってましたよね（笑）。

カーン　そうそうそう（笑）。

玉袋　カーンさんも、言ったら**立川流Bコース**[※10]だから（笑）。

カーン　談志師匠はテレビでは毒舌だったけど、優しい素晴らしい人でしたよ。俺なんかもプロレス辞めたあと、京都の太秦でチャンバラ映画とか出たとき、上田吉二郎さんとか吉田義夫さんとか悪役をやってる人は、大部屋の人にも気を使ってくれたりしてたけど、いい役で売れてる人は全然だったから。

玉袋　やっぱヒールこそがホントに人間味がある人なんですね。

カーン　プロレスもやっぱりヒールがベビーフェイスを生かしてやるんですよ。そうでしょ？　まあ俺の顔でベビーフェイスはできなかったけど（笑）。

藤原喜明との一騎打ち

玉袋　いやいやいや（笑）。でね、あとガンツと椎名が来る前に、俺はカーンさんに**藤原組長**[※11]の話も振っちゃったわけよ。組長が**（カール・）ゴッチ**[※12]さんの弟子だって話をしてたけど、カーンさんだってゴッチさんの指導を受けてるんですよね。

カーン　受けたも何も、俺はフロリダのタンパに家建てたとき、ゴッチさんの家から100メートルぐらいのとこに建てたんだもん。

ガンツ　そんなご近所だったんですか！（笑）。

カーン　だから、俺はゴッチさんの家でいっつも練習してたんですよ。バーベルなんか使わないトレーニングをみっちりやってね、関節技もマンツーマンだったから。でも、俺は「ゴッチの弟子」みたいな肩書きはいらなかったんですよ。結局、藤原選手とか**木戸修**[※13]さんとかはみんなね、自分の名前の上に何か付けなきゃダメだったの。「セメントの鬼」だとか「関節技の鬼」だとかね。でも、俺のほうは「蒙古の怪人」とか、「闘うモンゴリアン」とか、もう付いてたわけですよ。だから付ける必要がなかったんです。

椎名　レスラーとしての個性が際立ってたから、ゴッチさんの名前で宣伝する必要がなかったんですね。

カーン　俺がそういう肩書き付けたら、俺は身体デカいから、藤原選手とか木戸修さんとか、浮かばれないですよ。藤原とは昔ちょっとしたことがあったんだけどね……。

ガンツ　仲違いみたいなことがあったんですか？

玉袋　そうだったらしいんだよ。

カーン　それで藤原が「どうしてもやらせてくれ」って**坂口**[※14]（**征二**）に言って、俺と藤原の取り組みを作らせたんですよ。

椎名　一騎打ちを組ませたんですか。

玉袋　その前に、リングに上がるときの階段を逆さに置かれたことがあるんですよね？

カーン　そうそう、九州かどっかでね。俺がリングに上がるときに逆さに置かれてたんですよ。そのときセコンドにいたヤツに「誰がやったんだよ」って聞いたら「藤原さんです」って言うから、試合後、藤原に「何だこの野郎、バカなことやってんじゃないよ！　俺が海外でメインイベンターになったからヤキモチか⁉」とか言ったわけですよ。そうしたら向こうはカーッときちゃってね。俺が「やるか！」つったら「ああ、いいよ」って。

ガンツ　おお！

カーン　それで、坂口に取り組みを組ませたんだけど、俺は「ホントにやったらプロレスにマイナスになりますよ。客は『何だ、この試合は』って思いますよ」って言ったんですよ。

ガンツ　お客に見せられないようなセメントマッチになるわけですもんね。

カーン　でも坂口、あの人はわかんないから、そのまま試合組んで。

玉袋　さっきから「坂口」って呼び捨てだよ（笑）。

カーン　で、俺と藤原がやったけど、結局ムリですよ。お互い関節技できるんだから。試合になんなくて、止めに入られて、それでノーコンテストみたいになったんですけどね。

椎名　カーンさんのどの時代ですか？　維新軍[※15]ですか？

カーン　いや、アメリカから帰って来てから。俺が向こうでメインイベンターになったときですよね。

ガンツ　まだ藤原さんがテロリストとしてブレイクする全然前なんですね。

カーン　あの頃は藤原も若かったし、俺だって若かった。でも、俺がプロレス辞めて店をやったとき、ふらっと藤原が来たんですよ。ビックリしたけど、「おお、しばらくだな！　元気？」って言ったら向こうも驚いたみたいで、トイレに行くとき、「小澤さん（カーンの本名）。ホント、いろいろあってすいませんでした」って言うからね。「あんなの若いときのことだよ」って。

一同　うわー（笑）。

カーン　いまはもう仲いいですよ。藤原選手が講演会なんかやるときは、「自分の先輩のキラー・カーンさんが、新宿歌舞伎町で店をやってたけど、西新宿の税務署の前に移りました、皆さん行ってください」とか言ってくれてるらしいよ。ある人から聞いたんだけどね。

玉袋　いい話！

カーン　それが人間ですよ。若い頃はいろいろありますよ。引きずったってしょうがないですよ。若い頃はそれぐらいの「負けたくない」って気持ちがなかったらダメだからね。

玉袋　その「水に流せる」っていうのは、長い歴史と、同じ釜のメシを食ったっていうのが根底にはあると思うんですけど。

カーン　そうでしょうねえ。

妻の尻に敷かれた荒鷲

玉袋　そして、そのカーンさんが水に流せないのは、坂口さんだけだと（笑）。

カーン　（身を乗り出して）そうなの、あの人は流せないよ！

一同　ガハハハハ！

カーン　あんまりこういうことは言いたくないけど、とにかくいろんなことでお金をごまかされてきて、俺はバカだからおとなしかったんですよ。アメリカから日本に帰ってくると、カネをごまかされてね。一番びっくりしたのはあれですよ、蔵前でアンドレと（MSGシリーズの）決勝やったとき。

玉袋　それ、行きましたよ！

椎名　**（アントニオ）猪木**[※16]さんの代打みたいなカタチで、カーンさんが決勝に出たんですよね。

ガンツ　「オザワコール」が爆発した名勝負！

カーン　あの試合が終わったあと、猪木さんに「いい試合だった。よくやってくれた。明日ボーナス出すから取りに来い」って言われて、翌日会社に取りに行ったんですよ。そうしたら坂口に「領収書にサインしろ」って言われたからサインして、俺に〇万円くれたから、「〇万円」って金額を書こうとしたんですよ。そうしたら、「書かなくていいよ」って言うわけ。「〇万円だから〇万円って書きますよ」「書かなくていいんだよ、いらないのか？」「いや、俺は子どももいますし、たとえ1万円でもお金欲しいですよ」って言ってそのまんま。ホントは××万円入ってたんだって。×万円抜かれたんです。

一同　ガハハハハ！

玉袋　それはね、もう「坂口」でいいです（笑）。

カーン　だからね、俺はハッキリ言うけどね、あの人は悪い人じゃないの。あの人の連れ添った人が悪いの。昔から評判悪すぎる！

ガンツ　坂口夫人が原因ですか（笑）。

カーン　猪木さんと坂口がアメリカから帰ってきたとき、倍賞美津子さんが毛皮のコート着てて、坂口の女房も毛皮のコート着て、2人で行くんですよね。それで倍賞さんのほうが高いと思ったら、ねだってまた高いの買うんだって。倍賞さん、呆れ返って笑ってたもん。「バカじゃない？」って。ライバル心なんか何もないのに。だから女房がバカなの。

一同　ガハハハハ！

椎名　大女優・倍賞美津子と張り合って（笑）。

カーン　その女に坂口が惚れちゃったから弱いわけ。

玉袋　尻に敷かれちゃったんですね。

カーン　そう。女房が坂口に惚れるなら別だけど、女房に坂口が惚れちゃったから。

玉袋　「やっちゃるけん」とはいかなくなって（笑）。

カーン　俺が歌舞伎町でやってた店の近くに、俺より年配のホストがいまでもいる店があるんだけど、その人たちに聞いたらさ……（このあと、坂口夫人の逸話が続くが、都合により割愛！）。

玉袋　荒鷲じゃなくて、トンビ相手にやっちゃるけんというね（笑）。

カーン　でもね、1回だけこういうことがあった。俺が道場でみんなと練習してたら、坂口はあんまり練習来ないんだけど、そのときは女房を連れて来て。練習が終わったあと坂口が「みんな一生懸命やったから、俺がビール代出すからビール買ってこい」って言ったとき、坂口の女房が「そんなにいらないわよ、小ビンでいいわよ！」って言ったんだよ。そうしたら坂口が「おまえは黙ってろよ」って言って、あのときは俺、心の中で拍手したね。

一同　ガハハハハ！

カーン　「それでこそ男だ」って思ったよ。「だから俺はおまえについてきたんだよ」って。

ガンツ　そうですよね。カーンさんは坂口さんについて、新日本に来たんですもんね。

カーン　でもホントのことを言うと、俺は（ジャイアント）馬場さんのとこに行きたかったけど無理やり連れていかれたの。で、そのときテレ朝から出たカネもピンハネされて。

一同　ガハハハハ！

椎名　最初っからそうだったんですか（笑）。

カーン　テレ朝から移籍金が出てたんだけど、俺も**木村健悟**[※17]も、**大城大五郎**[※18]も、**田中米太郎**[※19]さんも、みんなピンハネされてたんです。これは、あとからわかったことなんだけど、テレ朝の人に「良かったね、これだけ貰ったでしょ？」って言われて「え？」ってなってさ。結局、坂口の女房が「これぐらいでいいわよ」ってやってたんだよ。

椎名　何でそんな簡単にバレることを（笑）。

カーン　女房はね、いつもは会社に来ないのに給料日になると必ず来てね、給料袋が立つようなのを貰ってたね。

椎名　奥さんが坂口さんの給料を受け取ってたんですか？

カーン　そう。坂口に直接渡さず、女房が会社まで取りにくるんですよ。

椎名　銀行振込の時代になる前から、奥さんの手元に一直線（笑）。

玉袋　完全に尻に敷かれちゃってるよ〜。

カーン　今日は全部言うよ。日本プロレスのとき、吉村さんも「坂口はダメだなあ……」って言ってましたからね。日プロとしては、顔はまあまあだし、柔道日本一になったから、上に持っていきたかったんだって。それでアメリカ遠征に行かせたんだけど、どうもこうもなんなくて試合が全然貰えなかったらしい。

玉袋　やっぱりカタかったんですかね？

カーン　カタいというか、しょっぱかったんでしょう。それで、たまに試合があるときは、すぐ東スポに国際電話入れて、向こうにいる人間を現地に送らせて写真撮って、東スポに「メインイベントでやってる」ってバーンと出すわけですよ。知らない人は「坂口はアメリカでメインイベントやってるんだな」って思うでしょうけど、実際は食えなくて、女房と2人分の生活費を日本プロレスがずっと送ってたらしい。

玉袋　〝世界の荒鷲〟は、実際はメインイベンターじゃなかったんだ。

カーン　吉村さんも「ホント困ったもんだ、日本に帰ってきたとき使えるのかな？　よっぽど何とかしなきゃダメだな」ってアタマ抱えてたから。

玉袋　凄い話だよ〜。

ハーリー・レイスとの交流

カーン　こんな話言ったらキリがないぐらいありますよ。俺は自慢するわけじゃないけど、日本から何ひとつ支援とか何にもなくて、自分で一つひとつ積み重ねてって、それでメインイベンターになって。メインイベンターになりたての頃なんか、ガイジンがみんな足引っ張るんですよ。キラー・カーンを落として自分がなろうと。

椎名　ジェラシー渦巻く世界ですもんね。

カーン　それで、蹴落とすために陰口叩くんですよね。「アイツはマリファナ吸ってた」とかって。こっちはタバコも吸えないんだから、マリファナなんか吸ったことないですよ。でも、**ハーリー・レイス**[※20]が俺のこと凄いかわいがってくれてね、そうしたらいつの間にか陰口を叩いてた人間は、試合も組まれないでいなくなって。

玉袋　そのハーリー・レイスとの友情っつうのも聞きたいねー。

カーン　友情って言ったってね、俺はハーリー・レイスからポーカー教えてもらって負けてばっかりだったんだよ（笑）。

玉袋　ガハハハハ！　そういう関係（笑）。

カーン　俺がギャンブル好きだったからさ。ポーカーなんか何も知らないときにハーリー・レイスが教えてくれたんですよ。でも、配られたカードがフォーカードとかフルハウスとかになったときに、俺は「やったー」って思ったら顔が変わっちゃうの。そうしたらみんな降りちゃうんだよ！　あとでレイスに言われた。「ミスター・カーン、ユーはポーカーフェイスじゃないからダメだ」って（笑）。結局、ハーリー・レイスには凄い払ったよ〜。

一同　ガハハハハ！

カーン　だから俺のことは凄い持ち上げてくれてさ、いろいろ援助してくれたよ。

ガンツ「コイツはずっと側に置きたい」って（笑）。

玉袋　いいカモだよ〜。

カーン　でもね、アメリカでは足の引っ張り合いがあるんだけど、引きずり降ろせないところまで上がってしまえば、今後は逆にみんながおべっか使ってくるんですよ。俺が新日本プロレスの人間だっていうことも知ってるから、「今度の日曜日は試合休みだし、ウチでパーティやるから女房と一緒に遊びに来いよ」とか言ってさ、行ってみると「俺がニュージャパンに出られるように骨を折ってくれないか？」とかね。そりゃそうですよ、アメリカだと例えば1週間に1万ドル貰えるのが、日本に来れば2万ドルから貰えるんだから。ゴマすりですよ。

玉袋　へぇー。

カーン　だから最後は気持ち良かったね〜。

椎名　周りのアメリカ人レスラーが、みんなペコペコしてきて（笑）。

カーン　でも、アメリカは一度ナメられたら大変だから、最初は気を張ってましたよ。ナメられないように、控え室にゴム板敷いてブリッジしてみて「おまえ乗ってみろ」って言って130キロぐらいの人間を乗せたりして。それやるとみんな唖然としますよ。アメリカ人はボディビルばっかりで身体はいいかもしれないけど、ブリッジなんかできないから。俺はやっぱり猪木さんに教わったからね。

玉袋　新日本の道場で鍛えられたことが、そこで役立つというね。

カーン　そうやって常にナメられないようにしてましたよ。ナメられたら試合だってやらせてくれないもん。

ガンツ　いいとこ取らせてくれないわけですね。

玉袋　試合の中で、お客にわからないように陰湿なこととかもあったんだろうな。

カーン　俺はカール・ゴッチさんから教わったりしてたからね。メキシコに行ったとき**ミル・マスカラス**[※21]と、**(エル・トレオ・デ・)クアトロ・カミノス**[※22]かどっか大きいとこでやったんですよ。そうしたらあの野郎、いいカッコばっかりしやがって。俺は**吉村道明**[※23]さんの付き人やってさ、背中流したりカバン持ったりしたの知ってるでしょ？　だから、ナメてたんですよ。

玉袋　「日本でカバン持ちやってたグリーンボーイだろ？」って感じで。

カーン　セニョール・フローレス**(フランシスコ・フローレス**[※24]**UWA代表)**は俺を売り出そうとしてるのにさ、いいカッコばっかりして。俺は頭にきちゃってさ、倒したあとお客に見えないように鼻んとこをコブシでグリグリグリー！　ってやって、関節技ガーッて極めてやったの。そうしたら「ンーーーー！」って悶え苦しんでさ、それからはいい試合してくれたよ。だって、あれはボディビルダーで、セメントなんか何も知らないもん。

一同　ガハハハハ！

ガンツ　セメントができないと、海外でトップを取ることはできない時代だったんですね。

玉袋　いまカーンさんがパーッとまくし立てた、「吉村さんの背中流して」とかさ、苦労したってとこもまたいいんだよね。日本のプロレスラーってのは。

カーン　俺は入った頃に吉村さんの付き人をやってね、カバン持って、背中流して、給仕して、洗濯して、マッサージして。これが毎日当たり前だったですよ。そうしたら（グレート）小鹿※25さんがアメリカから帰ってきて、付き人の人数が足りなくて俺は小鹿さんの荷物も持っちゃってさ。一番ひどかったのは、北海道巡業のとき。青森の改札口から青函連絡船まで、ホームが長いんですよ。あそこを荷物をクビに引っ掛けてさ、背中に背負ってさ、両手にカバン持ってさ、帰りなんか貰ったシャケを頭に縛りつけて乗っけてさ。

一同　ガハハハハ！

カーン　あれは一生忘れらんねえ。よくあんなことしたなって。

玉袋　苦労するっていいね。そりゃカッコつけは気に入らねえよ。

カーン　吉村さんは美味いシャケ貰ってね、これから次に行く旅館で捌《さば》いてもらうんだけど、持つ役は俺ですよ（笑）。吉村さんは週刊誌ひとつだもん。でもいい思い出ですよ。

メインイベンターの資格

玉袋　それを語れるってのはいいよね～。恨んでなくてね。

カーン　恨んでないですよ。吉村さんからいろいろ教えてもらったんですよ、プロレスのノウハウを。それがあったから、アメリカでも成功できたんですよ。亡くなった人のことは言いたくないけど、俺は**ジャンボ鶴田**※26みたいに、馬場さんが敷いてくれたレールの上でアメリカにいたわけじゃないから。会社の援助も受けないで、自分で一つひとつ積み重ねて、ニューヨーク（**WWF**[※27]）のメインイベントまでいったんだから。それでね、俺が何で上に上がれたかっていうと、その理由のひとつはトップロープからの**ニードロップ**[※28]ですよ。135キロあった俺が、トップロープから上にジャンプして、まっすぐ急降下でバーンって相手の喉元に落ちるんです。

玉袋　**アルバトロス殺法**[※29]！

カーン　それまで**キラー・コワルスキー**[※30]だとか、**ジョン・トロス**[※31]だとか、いろんな人がニードロップやったけど、みんな片ヒザ立てるんですよ。片ヒザ立てたほうに体重かけて、相手の喉元にポンと落とすわけですよ。ハッキリ言って、俺みたいなダブルニードロップができなかったんです。（**ブルーザー・ブロディ**[※32]はやってたけど、トップロープじゃなくて走ってやったし、ほとんど斜めになってたでしょ？

椎名　キングコング・ニードロップは斜めでしたね。

カーン　俺はバーンと正座する感じなんです。それにいまだから話しますけど、ダブルで全体重を相手の喉に落としてるように見せてたけど、よけいなダメージは一切与えてないんです。それがプロの技ですよ。

玉袋　すっげえ〜。

カーン　あとは、やっぱりプロレスが何たるかをちゃんと理解できたってことですよ。それがなきゃ、メインイベントはできない。でも、また坂口の話になるけど……。

玉袋　ええ、どうぞどうぞ（笑）。

カーン　昔、新日本がガイジンをたくさん呼んでた頃、彼らは日本人よりずっと高いギャラを貰ってたんですよ。だから、「ガイジン呼ばなくても、日本人だけで猪木さんたちとやってお客を入れますよ」って俺が言ったら、**新間**[※33]（**寿**）さんが「ホントにできるのか？」って言うから、「やりますよ、じゃあ任せてください。坂口征二とキラー・カーンと、向こうは**長州**[※34]（**力**）と（**マサ**[※35]）**斎藤**さんで取り組み組んでください」って言って、それでやったわけ。

ガンツ カーンさんが坂口さんを裏切って、維新軍（革命軍）入りしたときの試合ですね。

カーン そう。俺が坂口を裏切って、トップロープからニードロップ落としてね。それで長州と斎藤さんと3人で袋叩きにしたんだけど、坂口はすぐに起き上がってきて、控え室まで追っかけてきて「てめえ裏切りやがって、この野郎！」とか、記者引き連れてやってるんだよ。あのときはホント、坂口征二は三流だと思った。だってね、これから敵同士になるのに、俺のニードロップ食らって、袋叩きにされたんだから、タンカで運ばれるくらいに大の字になれば、お客はもっと盛り上がるだろうって。それで次の週に俺とシングルマッチやれば、お客は満員だろうって。それなのに、すぐに起き上がってきて、効いてないふりしてさ。ホントに三流、四流だと思った。

椎名 自分がのされることで、今後が盛り上がるってことがわからないんですね。

玉袋 当時は〝格下〟だった、長州さん、カーンさん、マサさんにやられたってことにしたくなかったんだろうな。

カーン それで次の試合前、猪木さんに言ったんですよ。「坂口は何であんなことしたんですか。あのときノビちゃったフリでもしとけば、次の集客に繋がるでしょ」って。そうしたら猪木さんが「そうなんだよ。俺もあれはガッカリしたよ」って。

一同 ガハハハハ！

カーン それで「わかった。小澤、申し訳なかった」って言って、坂口さんの肩のところにテーピングやって、何日か休ませたの。猪木さんが。

ガンツ へぇー。カーンや長州にやられたダメージが大きいっていうのを、あとから猪木さんが演出したんですね。

カーン だから、坂口征二は結局三流なんですよ。立川談志さんも言ってたけど、「プロレスは確かに

裏はあるだろう。あんな鍛えた大男たちが、毎日本気でやったら死んじゃう。でも、裏はあったとしても目の前で百何十キロある人間がぶつかりあってる。それは日頃から練習やってるから、ああいうことができるんだ」って談志さんはそういうふうに見てくれたんです。だから坂口もね、俺や長州に袋だたきにされたときも、痛くないかもしれないけど、痛そうな格好するのが仕事でしょ！　ホンットにもう……。

一同　ダハハハハ！

カーン　だから、アメリカでたまーにしか試合が貰えない前座だったんですよ。上まで上がった人間は、みんなそんなことわかってる。

玉袋　カーンさんが、アメリカでそれがわかるようになったっていうのは、やっぱり経験を積んでいったからですか？

カーン　それはそうですよ。「俺をこういうふうに必要としてるな」とかは、英語がロクにできない頃からわかったから、会社の命令に従ってきっちり仕事して。それで「キラー・カーンは使える」となって、はじめてチャンスが貰える。そのあと、マネージャーとともに、いいインタビューやって、いい試合やってお客が入る。それでメインイベンターになればカネも入る。WWFでマネージャーやってくれたフレッド・ブラッシー[※36]なんか奥さんが日本人でね、ホントによくしてもらいましたよ。

ガンツ　ミヤコ夫人ですね。

カーン　ブラッシーは言ってましたよ。「力道山の空手（チョップ）はもの凄い痛かった」と。でも一発で倒れたらお客が熱くならない。やられて、金髪振り回して「カーッ！」って堪えることによって、日本人のお客が「何で力道山の空手チョップで倒れないんだ！」ってカッカして、それで最後に倒れるから盛り上がるんだって。それができるから、フレッド・ブラッシーは一流中の一流なんだよ。

玉袋　観客の心理を操れるっていうね。

カーン　そういうことなんですよ。だからね、プロレスはただやってるだけじゃダメなの。マサ斎藤さんも言ってたけど、お客さんが何を望んでるかっていうのを、絶えず気にしながら闘わなきゃいけない。だから、プロレスはバカじゃできない。頭で考えて、観客の心理を感じとる能力がないと。それをあんな坂口みたいにさ……あ、名前呼び捨てだけど、悪いね。

ガンツ　アッハッハッハ。

カーン　もうホントにさ、人のカネごまかしたりさ、試合も満足にできないでさ。向こうが何だかんだ言ってきたってね、ホントのことだからね。証人いっぱいいるんだから。

ガンツ　坂口さんに名勝負がないってのはそういうことなんでしょうね。

玉袋　そうなんだよ、名勝負なしなんだよ。確かに。

カーン　あの人は猪木さんがお客さんを呼んで、そのナンバー2でできたからやってこれただけでね、自分でメインイベントはできないですよ。でも、俺は新日本プロレスからひとつも援助貰わないで、それでメキシコ行って、アメリカ入って、一つひとつ積み重ねてメインイベンターになったんだから。

ガンツ　しかもMSG（マジソンスクエアガーデン）[※37]のメインですからね。

カーン　だって俺、新聞さんから電話入って「次のシリーズ、日本に帰ってこいよ」って言われたとき言ったもん。「新聞さん、いい加減にしてくださいよ。俺に何の援助もしないでね、アメリカで売れたからっていきなり帰ってこいはないでしょう。俺は絶対に帰りませんよ」って言ったら、「おまえはどっちの人間なんだ」って新聞さん怒っちゃってさ。そうしたら**ビンス・マクマホン・シニア**[※38]が間に入っていろいろ話してくれて、それで何とか丸く収まったんだけどね。

玉袋　ビンスの親父が仲裁に入るんだから、凄え話だよ。

カーン　新日本は俺を利用だけしようと思ってたわけ。俺はギャラでガタガタ言わなかったからね。だから、俺はアメリカが好きだったわけですよ。

ハルク・ホーガンをスカウト

玉袋　アメリカのほうが、ギャラ関係もピシッとしてたわけですか？

カーン　アメリカはお客の入りを見て「ああ、今日はいくらぐらいだ」ってわかるもん。それで絶対ごまかさないもん。その代わり厳しいですよ？「コイツを上に上げてもお客が呼べない」ってなったらすぐ落とされるんですよ。落とされるだけじゃなくて、前座でもやらせてもらえない、試合も組んでもらえない。

玉袋　寄席の「割《ワリ》」と一緒ですよね。寄席もお客が入った分でギャラを割っていくから。

カーン　だからやりがいあるし、俺がメインイベンターになってお客が入れば、それだけ俺も貰えるけど、下のヤツも潤うわけ。
ガンツ　だからこそ、客が呼べるメインイベンターは尊敬されるわけですよね。
カーン　だから、客を入れられないメインイベンターは足を引っ張られるけど、入れられるとなったら、みんなゴマスリですよ。
椎名　カーン派閥に入っていくわけですね（笑）。
カーン　あの**ハルク・ホーガン**[※39]だって、俺がプロレスラーにさせたんだから。
ガンツ　ホーガンもフロリダ出身ですもんね。
カーン　そう。俺がフロリダのタンパにいたとき、ホーガンがよくプロレス会場に来てたんだよ。ものすごい身体してるから声をかけたら、昼間はボディビルやって、夜はミュージシャンだと。でも、稼げてないみたいだったから、「おまえ、プロレスラーになれ」って言ったら「俺でもなれるか？」って言うんで「なれるよ」って答えて。「いま、新日本プロレスはボスの猪木さんが人気が出てお客が入ってる。俺が**ヒロ・マツダ**[※40]さんを紹介するから、いろいろ習って日本に行くだけで、おまえは身体だけでカネ取れるから、週に1万ドル、2万ドルはラクに取れるようになる」って言ったら「そんなに取れるのか！」って驚いて、それでプロレスラーになったんだけど。新日本での最後は週5万ドル取ったらしいよ（笑）。
玉袋　凄え！　でも、ホーガンにとってカーンさんは恩人なわけですね。
カーン　だから俺がプロレス辞めるとき、（最後の試合をやった）ニュージャージーの会場の控え室まで来て、「何で辞めるんだ、辞めるな！」って大変だった。**ビンス・マクマホン・ジュニア**[※41]もね、「どんな日本のトラブルでも、アメリカのトラブルでも、俺が全部解決してやる」って言ってくれたしね。
椎名　ビンス、カッケー！（笑）。
カーン　「おまえでメインイベントも組んであるんだぞ」って言われて、スケジュール見せてもらったら、ほとんどメインイベントでね。そのときに俺、思ったもん、「ここで1万5千ドル取れるな」「ここで2万ドル取れるな」って。

玉袋　アッハッハッハ。こりゃ、稼げるぞと。

カーン　そう思ったんだけど、自分がやる気なくしたんだから、やる気なくした人間がごまかして上に上がっていくのはマズいから辞めたんですよ。

椎名　そこまで思ってしまった原因っていうのが、ジャパンプロレス分裂なんですよね。

カーン　そう。俺たちは猪木さんを裏切ってまで始めてね、船出するときは大きい居酒屋行って、「この会社がダメになったらみんなでプロレス辞めよう、乾杯！」ってやったわけですよ。

椎名　一蓮托生で。

カーン　そうしたら、そう言ってた張本人である長州が、たった2年ちょっとでカネに釣られて、また新日本に戻ったわけですよ。俺はそれをアメリカでホーガンとやってるときに聞いたんですよ。「おまえ、ちょっと待てよ。何だそれ⁉（怒）」って。よくよく聞いてみたら、**谷津**[※42]**（嘉章）**が全日本に残って、**（アニマル）浜口**[※43]さんが辞めて、あとはほとんど長州についていくって。もう俺は嫌になってね。天龍が「馬場さんが『小澤ならいいよ』って言ってくれるから」って**全日本**[※44]に誘ってくれたけど、自分たちの関係がおかしくなってバラバラになったあと、いまさら同郷の先輩である馬場さんのお世話になるなんて言えないし。新日本からも「戻ってこい」って言われたけど、一度猪木さんの顔に後ろ足で砂かけた人間が戻るのはできないと思って。それで一晩考えた末、スパーッと辞めたんですよ。

一同　ああー……。

カーン　そうしたら女房がびっくりしちゃって。「どうやってメシ食わせんだ」って。

玉袋　いやー、ホントですよね。

カーン　俺はもう、「土方やってでもメシ食わせてやる」って言ったんです。それで辞めて日本に帰ってきたんですよ。

玉袋　カーンさんはそのときいくつですか？

カーン　40歳です。

玉袋　うわっ、まだバリバリじゃないですか！

カーン　身体的にはバリバリできたけどね。気力なくした人間がごまかしてリングに上がるなんて、お客さんは高いカネ払って来てくれるんだから失礼ですよ。

ガンツ　ジャパンの分裂で、プロレス自体が嫌になっちゃったんですか？

カーン　うん。俺らは子どもたちに夢を売る商売じゃないですか？　その人間が裏で「カネ、カネ、カネ、カネ、カネ」ってね。とんでもない。髪の長いの（長州）は何千万も貰っといて、またカネに釣られて戻るとかね。それでいまだにやってるでしょ？　長州と**藤波**[※45]**（辰爾）**が組んで、藤原と**佐山**[※46]**（サトル）**なんかも出てさ。

玉袋　**レジェンド・ザ・プロレスリング**[※47]ですね。

カーン　試合するのもいいけど、本来はおまえらが辞めて、鬼コーチにならなきゃダメだろうと。いまのプロレス見てみなさいよ。身体はカッコいいかもしれないけど、胸出し合って、エルボーで「はい、あなたの番」「私の番」って、ハエも死なないだろって！

一同　ガハハハハ！

椎名　ホントですよね（笑）。

カーン　あんなんじゃなくてね、お客が「うわー、凄い」っていうそういう技をひとつ、自分から身につけなきゃダメなんだよ。だから、いま日本人がアメリカ行ったたって誰も通用しないんですよ。身体もそんなに大きくないし。

アンドレの放屁

玉袋　やっぱりカーンさんがアメリカで成功したのは、恵まれた身体があったっつうのも大きいんですかね？

カーン　それもありますね。でも、このあいだお客さんが、俺の試合の映像持ってきて、俺が天龍にドロップキックやってたんですけど、ウチにいる（店員の）女の子ひどいですよ。マミちゃんっていうんだけど。「マスター、昔は飛べたんだね。いまは10センチも飛べないけど」だって（笑）。

一同　ガハハハハ！

椎名　アルバトロスなのに（笑）。

カーン　いま左足がダメだから、歩くのもしんどいけどね。だって左足がダメになるの当たり前ですよ。トップロープからバーンと落ちるとき、左足に90パーセント体重かけてたんだから。

椎名　凄え。

カーン　それでもキレイに、ダブルに、五分五分に落ちてるように見せてたんだから。それがプロですよ。

ガンツ　あのニードロップは誰のアイデアなんですか？

カーン　自分ですよ。自分でたまたまやってみたら、「あの技は凄いな」って言われてから使うようになったんですよ。

玉袋　**モンゴリアンチョップ**[※48]はどうなんですか？

カーン　あれは、もともと**ミスター・モト**[※49]さんとか、マサ斎藤さんがみんなやってたんですよ。

ガンツ　へえ、チョークなんかと一緒で、**オリエンタル殺法**[※50]のひとつだったんですね。

カーン　日系のレスラーがみんなやってたんだけど、ひとつ違うのは、俺は声が出たんですよ。「キエー！」って。

玉袋　あの声が最高！

カーン　それを**古舘伊知郎**[※51]さんが「モンゴリアンチョップ」って名前つけたらバーンってブレイクしたんです。だから、自分の特許でも何でもないんですよ。

玉袋　でも、あのモンゴリアンチョップを食らったアンドレが、アフロをグラングラン揺らして崩れるのが最高なんですよ！

椎名　名シーンですよね！（笑）。

カーン　でもね、全部話すけど、アンドレが日本に来たときに俺はガイジン係もやってたからアンドレの世話もしたんですよ。だから俺がアメリカでトップになったとき、アンドレは自分のことのように喜んでくれたんです。

一同　へぇー。

カーン　もし、アンドレが性格悪かったら試合にならないですよ。お互いの信頼と日々の鍛錬があるから、あれだけの試合ができたんですよ。

玉袋　カーンさんにはやっぱりアンドレの思い出話を聞きたいんですよね。

カーン　アンドレの思い出話はたくさんありますよ。例えば四国のどこかで、エレベーターに俺とアンドレともうひとりガイジンが乗ったんですよ。そうしたらアンドレがね、エレベーターのドアが閉まってから屁ぇこいたんですよ。オナラが「ブルブルブルブル、ブルブルー！」って。あのクサさはいまだに忘れない！

一同　ガハハハハ！

カーン　開けようと思ったらアンドレがボタンの前に立ちふさがってね、ギャーギャー大声で笑うんですよ。あのニオイはいまだに覚えてますよ。

ガンツ　密室事件ですね（笑）。

玉袋　究極の毒ガス室だよ（笑）。

カーン　アンドレは食うし飲むから、あのクサさ！俺も田舎が新潟だから、肥溜めのニオイも知ってるけど、肥溜めどころじゃないんですよ！

一同　ガハハハハ！

椎名　オナラもジャイアントだったんですね（笑）。

玉袋　でもね、カーンさんはその**アンドレの足を折った**※52という事件があるじゃないですか。

カーン　あれはもう完全にアクシデントだからね。

玉袋　俺たちは、ファンとして観てたから「あのアンドレの足を折った」つったらそれだけでもう「凄え！」って興奮しましたよ。
カーン　折ったっていうかヒビが入っただけなんだよ。ヒビを入れるとかそういうことはプロとしてもう二流なんですけどね。相手だって生活かかってるんだから。
玉袋　アンドレとはそのあと何かあったんですか？
カーン　いや、ないですよ。アンドレが退院したとき、フレッド・ブラッシーがアンドレのとこに行って「キラー・カーンが申し訳なかった」って言ったら、アンドレが笑って「俺がカムバックしたら2人でカネ儲けしようぜ」って言ってくれて。
椎名　心もジャイアント！
カーン　それを**ミスター高橋**[※53]さんは「アンドレが勝手に転んで足を捻ったのを、キラー・カーンが機転をきかせて折ったように見せた」とか書いたでしょ？
ガンツ　『流血の魔術・最強の演技』で書いてましたね。
カーン　高橋さんもいろいろあって、猪木さんとか新日本に頭にきて、裏側をいろいろ書いたかもしれないけど、ホントのことだけ書いてもページ数が足らなかったから、おもしろおかしく書くために、自分が知らない俺のことなんかも書いて厚くしてカネ取ったわけでしょ？　実際、高橋さんの本に書いてあるようなことだったらアメリカのリングサイドで観てた人が気づくよ。
ガンツ　高橋さんはその場にいない人ですもんね。
カーン　だから、あの人のこともときどき聞かれるけど、みじめだなと思いますよ。高橋さんは**山本小鉄**[※54]さんと凄く仲が良かったのに、山本さんのお通夜にも来れないんだもんね。
玉袋　同級生の通夜にも顔を出せなくなって。それは寂しいでしょうね。
カーン　俺もかなり長州とか、坂口征二さんのこと言ったから、通夜には出れないかな？（笑）。
玉袋　いやいやいや（笑）。

カーン　でも俺は自分なりに一生懸命やったから、威張るわけじゃないけど、いまでもプロレスラー時代を誇りに思ってますよ。何千人もレスラーがいるアメリカで上に上がって、WWFのメインイベントまでいったんだから。だから俺は坂口が、長州が、藤波が何を言ったって、心の中では「俺が一番だ」って思ってますよ。

玉袋　俺たちキラー・カーンファンとしても、そこは誇りだよね。ちなみに、猪木さんのアメリカ時代っていうのはどうだったんですかね？

カーン　猪木さんは……日本では凄いですよ？　それ以上は俺に言わせないでください（笑）。俺の先生だもん。

ガンツ　そりゃ、そうですね（笑）。

カーン　でも、坂口だけは三流！

一同　ガハハハハハ！

カーン　まあ一流は女房じゃないの？　カネ稼ぐのうまいから。

引退後の活躍

玉袋　でも、そのカーンさんが、このお店をはじめ違うリングでいまでもがんばってるっていうのがいいですよ。ドラマなんかにも出てね。

椎名　引退後、芸能界でもすぐ売れましたもんね。

ガンツ　『お笑いウルトラクイズ』とかも最高でしたよ。

玉袋　「字読みクイズ」な（笑）。

カーン　そういうお話が来るのはありがたいですよね。このあいだもコマーシャルの話、貰って。

ガンツ　「住宅情報カーン」ですよね（笑）。

カーン　あと、いまは歌をやってるからね。日本クラウンからCDも出して。このあいだも南浦和の「健康ランド武蔵野」ってとこで、2時と7時からショーやってきたよ。何回もやってるから、おばちゃんたちが千円札持って待ってて。「日本クラウン、キラー・カーン・オン・ステージ〜！」って幕が上がって。

玉袋　そのコールを**倍賞鉄夫**[※55]にやってほしいね（笑）。

カーン　幕が上がって俺が歌うんですけどね、「はい、おばあちゃんのアイドル、おじいちゃんのライバル、キラー・カーンがまたまたやってまいりましたよ〜〜！」って言って。大ウケ（笑）。

一同　ガハハハハ！

カーン　それで歌いながらおばあちゃんたちと握手してると、みんな千円札くれるんだよね。で、戻るときに「すいません、集金にまわったりして」って言って（笑）。

玉袋　おひねりですね。いいね〜（笑）。

カーン　ギャラよりおひねりが多いんだもん。健康ランドはいいね。あとスナックとかそういうとこでね。何周年とかで「誰か歌手呼ぼうか」ってなっても、売れてない歌手呼んでもつまんないわけですよ。でも1回でも売れた歌手になると金額違うでしょ？　だから俺がちょうどいいわけですよ。歌は売れてないけど名前が少々あるから。

玉袋　名前あるよ〜。ゴールデンタイムに出まくってたんだから！

カーン　だからスナックの何周年記念とかそういうとこで、「特別ゲスト　キラー・カーン」っていうのが多いんですよ。

玉袋　そのスナック、行きてえな〜（笑）。

カーン　演歌のいいとこはね、おひねりがあるんですよ。これがロックとかだと、握手しながら貰えないですからね。

椎名　カッコ悪いですもんね（笑）。

カーン　あとね、歌やりながら老人ホーム慰問のボランティア活動も今年で9年間やってるんですよ。

玉袋　もうハッキリ言うよ。「世界のオザワ」はね、指揮者じゃないよ、キラー・カーンだよ！

椎名　アハハハハ！　世界のオザワが健康ランドに

来てくれるんだから、最高ですよ！（笑）。

カーン　だからボランティアやって、歌やって、店やって、いい人生かもしれないですよ。

ガンツ　プロレスファンが日本一集まる店ですしね（笑）。

カーン　俺がプロレス辞めて西武新宿線の中井でスナックやったとき、お客さんによく言われたんですよ。「カーンさん、プロレスラーのときといま、どっちがいいですか？」って。「そりゃいまのほうがいいですよ」「何でですか？」「そりゃそうですよ、生ビール1杯ごちそうになって、それが伝票ついてカネ貰えんだから」って（笑）。

一同　ガハハハハ！

カーン　あの頃はバブルがはじけるちょっと前だったから、けっこうお客さんにお金使わせてたんですよ。俺なんか飲み助だったからさ。氷入れるアイスペールあるでしょ？　あれにヘネシー1本入れて氷入れてかき混ぜて一気飲みですよ。

玉袋　ワハハハハハ！

カーン　飲ましてもらって伝票つけて、またカネ貰えるんだから。こんないい商売ないよ。プロレスは裏があるとか何だかんだ言ったってね、やっぱり引っぱたかれたら痛いんですよ。

ガンツ　そうですよね（笑）。

カーン　それ言ったらお客さん大笑いしてたけど（笑）。

玉袋　いやあ、いい話だらけだよ。でも、いま振り返ってみて、やっぱりプロレスラーになって良かったですよね？

カーン　もちろんですよ。俺はプロレスがあるからこそキラー・カーンって名前もあるわけだし。若い頃、三橋美智也さんに「歌手にならないか」って誘っていただいたことがあるんですけど、あのとき弟子になってたらキラー・カーンっていう名前もなかったし、売れたかどうかもわからない。この顔じゃちょっとね（笑）。

玉袋　んなこたあないですよ。

カーン　最初、歌舞伎町で店をやったとき、俺の歌声がある人に伝わって日本クラウンの人がみんなして聴きに来てくれて。それで俺が3曲ぐらい歌ったらね、有名な作詞家の志賀大介先生とかが「出そう、出そう」って言ってくれたんですけど俺は断ったんですよ。「無理ですよ、この顔だから。ラジオの時代ならまだしも」って。そうしたらクラウンの制作本部長が「カーンさん大丈夫ですよ、天童よしみさんもいるから」って（笑）。

一同　ダハハハハハ！

カーン　天童さん、すみません（笑）。

玉袋　もうね、いちいちオチをつけてくるね。さすが立川流！

カーン　でも楽しいですよ。いまもおじいちゃんおばあちゃんとこに行って歌ってるとね、お礼状が来るし。みんな喜んでくれますよ。日本というボロボロになった敗戦国をね、立て直したのはおじいちゃんおばあちゃんだから。そのおじいちゃんおばあちゃんを大事にしないで誰を大事にするんですか。

玉袋　凄い。カーンさんはね、相撲、歌、プロレス、談志師匠の落語と、日本の芸能をすべて網羅してるね（笑）。

カーン　そんなことはないですけどね。でもホントにね、楽しい人生だと思いますよ。

玉袋　聞いてておもしろいですよ、ホントに。映画化決定ぐらいだよね。

カーン　だって悪く考えてもしょうがないし。一時はね、「何で人に入るカネをごまかすんだ、この野郎」って悔しかったけど。そんなこともいまは笑い話で話せるんだからいいですよ。もちろんもう時効だしね。

ガンツ　いい時効のときに話が聞けましたね（笑）。

カーン　ジャンボ（鶴田）が亡くなったからってこんなこと言いたくないんだけど、何かプロレス雑誌読んだら、彼が「キラー・カーンは顔が悪いからトップになれたんだろう」って言ってたのを見つけたんですよ。

椎名　それを鶴田が言いますか！（笑）。

カーン　俺はそれ読んでね、「バカ野郎、顔だけでなれるんだったら、よっぽど俺よかひどいのいるって。フザけるなと。おまえなんか馬場さんに敷かれたレール歩いただけじゃないか」って思いましたよ。だけどやっぱりね、人間がんばっていけば何とかなりますよ。でもホントにね、ジャンボも早く死んじゃったしね。

玉袋　そうなんですよ。

カーン　このあいだ、女子医大で俺の大腸ガン手術をしてくれた先生が「俺にやらせれば鶴田も助かったのにな」って言ってましたけどね。

玉袋　とにかくボクらは、ちっちゃい頃にファンだったプロレスラーの方が亡くなっていっちゃうのがホント悲しくて。

カーン　寂しいですよ、ホントに。

玉袋　だから、カーンさんにはいつまでも元気でいてほしいし。もちろん猪木さんも元気だしね（笑）。

カーン　ちょっと前に猪木さんと話したら、糖尿病もあんまりよくないみたいなんですけどね。そのとき猪木さんは、俺に「ビール飲んじゃダメだぞ」って言ってた。「麦焼酎ならいいよ、芋はダメだよ」って心配してくれて。

玉袋　いいなあー。あの頃の新日はやっぱ最高ですよ。

カーン　猪木さんはやっぱりカリスマですよ。猪木さんはいま、ちょっとタレント的になってて、国会議員になったけどね。ホントはあの人にもっとしっかりプロレス界を見ててほしかったよね。こんなこと言うのは失礼かもしれないけど。あの人がしっかり見ててくれてれば、やっぱりプロレス団体はこんなにいっぱい増えなくてデタラメにならないでしょ。

玉袋　イライラしたんじゃないですか？　要するに、自分みたいなことができないヤツが多すぎて。「何で俺が言うことがわかんねえんだ」って。

カーン　それもあるかもわかんないね。

玉袋　だって、明らかにものを見てるステージが違うじゃないですか。

カーン　猪木さんはいまタレントみたいになってきてるけどね、ああいう生き方もあるし、それで成功してるんだから。国会議員になったのも素晴らしいと思いますけど、俺から言わせれば、やっぱり猪木さんが目を光らせといて、厳しくやってほしかった。それができないなら藤波・長州がやるべきですよ。

ガンツ　では、まだまだ聞いていたいんですけど、お店も開店時間を迎えてお客さんも増えてきたので、そろそろお開きにしましょうか。

玉袋　いやあ、今日はいい話を聞かせてもらいましたよ。

ガンツ　この続きは、読者の皆さんそれぞれが「居酒屋カンちゃん」に来て聞くということで（笑）。

玉袋　そうだな。そんときは、坂口さんの話ももっとしてくれるでしょう（笑）。

カーン　ワハハハハ！　まあ、今日は好きなこと言っちゃったけど、いまのキラー・カーンがあるのは、坂口さんが新日本プロレスに連れてきてくれたからですよ。それ、最後に入れておいてください（笑）。

玉袋　ダハハハハ！　坂口さんのおかげですってことで、今日はありがとうございました！

獄門鬼

マサ斎藤

マサ斎藤（まさ・さいとう）

1942年、東京都生まれ。1963年にレスリング全日本選手権に優勝し、1964年にフリースタイル・ヘビー級日本代表として東京オリンピックに出場。1965年に日本プロレスでデビュー。その後、東京プロレスを経てアメリカに渡り、一匹狼で全米を渡り歩き、トップレスラーとして活躍。1987年に新日本に本格復帰し、アントニオ猪木と巌流島での死闘は語り草。1990年2月10日東京ドームでは、日本人として二人目のAWA世界ヘビー級王者にもなった。現在は重いパーキンソン病と闘っている。

ガンツ　今回の取調室には、何とマサ斎藤さんに来ていただきました！

玉袋　マサさんは凄いよ、アメリカで実際に取り調べを受けてるんだから！（笑）。

ガンツ　ケン・パテラ[※56]の不祥事に巻き込まれて、警官を大勢ぶっ飛ばして、刑務所入りしたという（笑）。

マサ　ありゃあ、ひどい目に遭ったよ。

椎名　でも、やっぱりマサさんは男の憧れだよね。アメリカの警官ぶっ飛ばしちゃうとか、カッケーって（笑）。

玉袋　憧れだよ～！　では、マサさん。今日はひとつよろしくお願いします！

マサ　はい、よろしく。

玉袋　で、マサさん、お飲物はカルピスを水で薄めない原液のままでいいですか？（笑）。

マサ　原液で飲むわけないじゃん。カルピスは水で薄めないとうまくないよ～。

玉袋　あ、カルピスをロックでガンガンいってるっていうのは伝説なんですね（笑）。

マサ　飲んだことないよ。

ガンツ　失礼しました（笑）。マサさん、最初にご紹介しておきますが、横にいる玉ちゃんは、ビートたけしさんのお弟子さんなんですよ。

マサ　あ、ホント？

玉袋　たけしプロレス軍団[※57]（ＴＰＧ）以来の再会です。両国国技館始まって以来の不祥事といわれた、あの暴動以来です（笑）。

ＴＰＧの参謀格[※58]

マサ　ＴＰＧ、あれは時代が早すぎたね。

玉袋　そうですよねえ。おもしろい企画だったんですけどねえ。

ガンツ　人気絶頂時のビートたけしさんがプロレスに乗り込んでくるって、いま思えば夢のようですけどね（笑）。

玉袋　そしてマサさんはたけし軍団とプロレス界との橋渡し役で、『オールナイトニッポン』に出演した際には、おもいっきり放送禁止用語を連発していたという。

ガンツ　ハハハハハ！　マサさん、覚えてます？

マサ　うん、二回ね。

玉袋　それでマサさんが放送でしゃべってるとき、ニッポン放送の下の階になぜか木村健悟さんが乱入して、ガードマンに押さえつけられていたんですよ。

マサ　そんなことあったの？

玉袋　あったんです。翌日、東スポにちっちゃーく載ってて。

ガンツ　健悟さんなりに、ＴＰＧとの抗争アングルをやってたんでしょうけど、木村健悟乱入じゃ、どうにも記事にならない（笑）。

玉袋　だって、健悟さんを押さえつけてたガードマンって60歳超えてるんだよ？

椎名　おじいちゃんガードマンに乱入を防がれる木村健吾（笑）。

玉袋　定年終えた元サラリーマンなんだから。

ガンツ　それにしても『ビートたけしとマサ斎藤のオールナイトニッポン』って、音源残ってたらぜひもう一度聴きたいですね（笑）。

玉袋　殿（ビートたけし）とマサさんが一緒にブースに入って話してるんだから。マサさん、ＴＰＧ構想っていうのは、もともと**ビッグバン・ベイダー**[※59]のデビューありきだったんですか？

マサ　覚えてない（アッサリ）。

ガンツ　覚えてませんか（笑）。でも、ベイダーを連れてきたのはマサさんなんですよね？

マサ　それはそうだよ。シカゴで見て「これは使えるな」って思ったのよ。あの頃、新日本は〝大砲〟をほしがってたからね。

玉袋　あんだけデカくて動けるのは、アンドレに次ぐもんな。

マサ　それでベイダーに「どうだ？」って言ったら、「日本に行きたい」って言うから呼んだんだけどね。ただ、あの頃はまだフットボールから転向してきたばかりで、プロレスが下手だったから、いろいろアドバイスして。それで日本に来ることになったら、誰かが「たけしとくっつけちゃえ」って言ったんじゃない？

玉袋　それは間違いなくアゴの長い人が言ったんでしょうね（笑）。

ガンツ　マサさんからしたら、よく状況も理解できないまま、ＴＰＧの参謀格になったわけですか？

マサ　そうよ。全然、日本の状況は知らないからね。

玉袋　日本のテレビ状況なんて、知るわけねえもんな。

ガンツ　じゃあ、言われるがままにいろんなことをやったのに、その結果が大暴動になってしまったという（笑）。

マサ　あれにはビックリしたよ。大阪でも暴動起きたんだけど、ＴＰＧは大阪の前？

ガンツ　いや、大阪のあとですね。大阪城ホールの暴動が3月にあって、その年の年末が両国暴動ですから（笑）。

椎名　**海賊男**[※60]の教訓を生かしてないんだ（笑）。

玉袋　そして、なぜか暴動には必ずマサさんが絡んでいるというね。

マサ　あんなの手錠に繋がれたら何もできないよ。

ガンツ　**ブラック・キャット**[※61]扮する海賊男が間違えてマサさんに手錠かけたんですよね（笑）。

マサ　よく知ってんじゃない（笑）。

椎名　アメリカで手錠に繋がれたあと、まさか日本のリング上でも繋がれるとはね（笑）。

玉袋　でも、自分が絡んだ仕事でお客さんが大暴動を起こしたというのはショックじゃないですか？

マサ　いや、ああいう暴動は、まあいいんじゃない？いま考えたらおもしろいよ。

椎名　暴動がおもしろい（笑）。

マサ　大阪のときは客席に火をつけられてね。で、そのあと納会があったんだよ。
玉袋　暴動のあとの打ち上げですか、そりゃ行きたくねえな～（笑）。
マサ　それに行ったらさ、新日本の社員とかが、いかにも悪人が来たような目で見るのよ。
ガンツ　ハハハハハ！「あんたのせいで暴動になった」ってことになってるんですか。
玉袋　ひでえなあ。マサさんは言われたとおりにやってるのに。
マサ　シラーッとした顔で見てんのよ。
玉袋　ヒールって職業はつらいなあ。マサさんは、海外でもあれぐらいの暴動ってありました？
マサ　あんだけのはないね。向こうは客が怒るところ（ナイフで刺す仕草）だよ。
玉袋　うわっ！　ブスリといかれちゃうんですね。時にはこっち（拳銃）もあるんですか？
マサ　それやられたら死んじゃうよ。俺も向こうにいたときは持ってたけどね。
ガンツ　護身用に。クルマの中に常備してたりしたんですか？
マサ　うん。
玉袋　全部アウェーの中で、自分の命は自分で守んなきゃいけねえんだもんなあ。凄え世界だ。

東京オリンピック世代

ガンツ　マサさんが初めて渡米したのは何年ですか？
マサ　１９６８年。
椎名　１９６８年⁉　俺が生まれた年だ。凄え！
玉袋　そのときマサさんは何歳ですか？
マサ　25、26とかじゃないか？
ガンツ　１９６４年が東京オリンピックで、その翌年にプロレス入りですから、それくらいですよね。
椎名　そうか、マサさんは東京オリンピックに出てるんだもんね。

ガンツ　だから「東洋の魔女」とか、歴史上の人物と同世代のアスリートだったたんですよ（笑）。

玉袋　マラソンの円谷（幸吉）なんかとも一緒ってことだもんな。

ガンツ　それがマサさんの場合、10年ちょっと前まで現役バリバリだったわけですからね。

椎名　東京オリンピックって、坂口征二も出てたんだっけ？

ガンツ　いや、坂口さんは出てないですね。

マサ　猪熊（功）が出て、坂口は出なかったんだよ。

ガンツ　猪熊！　また歴史上の人物の名前が出てきましたね（笑）。

椎名　出てくる名前がみんなレジェンド（笑）。

マサ　それで無差別級は神永（昭夫）さんが出たから、出られなかったんだよ。俺は坂口が出たほうがよかったんじゃないかと思ってたんだけど。

椎名　じゃあ、荒鷲が東京オリンピックで（アントン・）ヘーシンク※92とやるかもしれなかったんだ。

ガンツ　選考っていうのはいろいろあるんでしょうね。

玉袋　学閥とかな。

マサ　俺は坂口が出たほうがよかったと思う。だって、坂口は1メートル95もあるんだから。

ガンツ　外国人相手でも身体で負けないわけですもんね。

玉袋　柔道時代から世界の荒鷲だったんだよな。

椎名　マサさんは坂口さんと大学（明治大学）一緒ですよね？

マサ　うん、同級生。

ガンツ　獄門鬼と世界の荒鷲が同級生！　凄い大学があったもんですね（笑）。

玉袋　しかも、その後輩にビートたけしがいるんだからな（笑）。

椎名　TPGは大学の先輩後輩だったんだ（笑）。

玉袋　マサさんはプロレス入りして、アメリカに渡ったとき、向こうで世話になった人は誰なんですか？

マサ　ひとりで行ったんだけど、ミスター・モトさんがプロモーターだったから、いろいろ教えてもらったよ。そのあと、サンフランシスコでホントの日本人がほしいってことで呼ばれて、そこで稼いだ。

ガンツ　日系アメリカ人じゃなくて、本物の日本人レスラーとして。

玉袋　1ドル360円の時代だから、そりゃ凄え稼いだんだろうなあ。その稼いだ金は全部使っちゃったんですか？

マサ　いや、けっこう残った。向こうだと試合で忙しくて、食ったり飲んだりしか使い道ないから。

玉袋　（小指を立てて）こっちのほうはどうだったんですか？

マサ　そんなヒマないよ（笑）。

ガンツ　マサさん、以前聞いた話と違います（笑）。

マサ　グフフフフ。

玉袋　とっかえひっかえだろうな（笑）。

椎名　アリーナラットとかいるんですよね？

マサ　意味わかってる？

椎名　マサさんの自伝で読みました（笑）。

マサ　そんなの載ってるの？

ガンツ　しっかり証拠が残ってます（笑）。バーにいるんですよね？

マサ　レスラーが集まるバーがあるのよ。

ガンツ　「インペリアル・ラウンジ」※63ですよね？（笑）。

マサ　よく知ってんじゃない（笑）。

玉袋　そこに張ってんだな。でも、女はベビーフェイスのほうに行っちゃわないんですか？

マサ　ヒールが好きな女もいるんだよ。

椎名　悪の魅力ですね（笑）。

ガンツ　だから当時はサーキットに出て、試合して、飲んで、女の子と遊んでって感じだったんですよね？

マサ　フロリダがそうだった。試合が休みなかったから、毎日試合やって、毎日ビール飲んで、何でも毎日やってんだよ。

椎名　毎日ヤっちゃってたんだ（笑）。

玉袋　フロリダの気候がそうさせるんだろうな（笑）。ビールだって何杯飲んでも酔っぱらわねえよ。汗で出ちゃうんだからよ。
椎名　マサさんは、最高でどれくらいお酒を飲みましたか？
マサ　わかんないね。でも、**巌流島**[※64]**（の決闘）**をやった晩にビール54缶飲んだな。
椎名　ご、54缶！（笑）。
玉袋　そりゃ2時間以上闘ってんだもん。でも、54缶は凄えな（笑）。
マサ　興奮してるのと身体が痛むので眠れないんだよ。それでビール飲んで、痛みをごまかしてね。
玉袋　高ぶっちゃうんでしょうね。
マサ　そうなると寝ようと思っても寝られないんだよ。ビッグマッチのあと、すぐ寝られるようなレスラーは、いい仕事してないってことよ。
玉袋　カッコいいな〜。

猪木との巌流島

椎名　巌流島はやっぱり相当興奮しましたか？
マサ　興奮したね。
玉袋　野試合だからね。草試合だから。猪木さんも離婚のショックとかいろいろあって、もうあれをやるしかなかったっていうね。とにかく巌流島をやって、奥さんや借金のことを忘れたい。それで闘いに没頭したというね。
ガンツ　マサさんも「無の境地になった」みたいなことを言ってましたよね？
マサ　試合が始まってずいぶん経って、気がついたら闇夜でね。たいまつの明かりだけで、何か変な気分だったね。夢の中で闘ってるような、現実じゃない感じだったよ。
玉袋　人間の闘争本能だけで闘ってる感じなんでしょうね。

ガンツ　でも、お客がいない中で闘うっていうのは、難しかったんじゃないですか？

マサ　最初はそう思ってたけど、やっていくうちに乗ってきたんだよ。他が何も気にならなくなって、俺とアントニオ猪木だけの世界になってたから。

玉袋　お互いが異常なテンションになって、お互いが高めあって、ああいう異様な試合になったんでしょうね。

マサ　詳しいね。

玉袋　ありがとうございます（笑）。あの試合をやったのは、いくつぐらいの時ですか？

マサ　いくつかな？　40代半ばだったと思うけど。

ガンツ　マサさん、西暦何年生まれでしたっけ？

マサ　１９４２年。

ガンツ　じゃあ、巌流島は１９８７年だったんで、45歳ですね。

玉袋　俺が今年45歳だよ（笑）。あ～、ちょうど俺ぐらいのときにやってんのか。人生いろんなことがあって、厄も明けて、人生のターニングポイントなんだろうな。俺もやろう、巌流島漫才！

ガンツ　ダハハハハ！　観客なしで漫才（笑）。

玉袋　小舟でやってくる（水道橋）博士を巌流島で待ってたりしてな。

椎名　巌流島はマサさんにとって生涯のベストバウトだったりしますか？

マサ　いや、あれは試合とは言えないよ。乗ったけどね。試合として一番っていうのは、新日本の初期に鳥取でやったアントニオ猪木との試合よ。あれは自分がやりたいプロレスができた試合だったね。

玉袋　ベストバウトがビッグマッチじゃねえってところがカッコいいな。巌流島は人生の出来事なんだろうな。

椎名　出来事っていうと、マサさんはクマとも闘ってるんですよね？（笑）。

マサ　フロリダでやったよ。

玉袋　それもフロリダ。クマも暑かったろうな（笑）。

マサ　クマは臭いんだよ。試合前に小便しやがって、それが身体について臭くて臭くて。クマとはやりたくない。

椎名　もうクマだけはゴメンだ、と（笑）。

ガンツ　あのときマサさんは、よく読まずにクマと闘う契約書にサインしちゃったんですよね？

マサ　そうよ。

玉袋　ダッハッハッハ！「誰とでも闘う」ってサインしたらクマだったんだろうな（笑）。クマとのファイトマネーはよかったんですか？

マサ　たいしたことない。

玉袋　そりゃあ踏んだり蹴ったりだ（笑）。

椎名　クマと闘ったのって、マサさん以外だと**ミスター・ヒト**[※65]ぐらいですかね？

玉袋　『クマと闘った人』っていう中島らもさんの本にもなってるからな。

マサ　彼は元気？

ガンツ　いや、ヒトさんはもう亡くなっちゃいました。

マサ　えっ！　何で死んだの？

玉袋　確か糖尿か何かですね。

マサ　糖尿で死ぬ？　そしたらレスラーみんな死んじゃうよ。

椎名　レスラーはみんな糖尿病なんですか（笑）。

玉袋　まあ、合併症だったんでしょうね。

マサ　レスラーは死ぬの早いね。元気なのはアントニオ猪木ぐらいよ。

警官にタックル

玉袋　猪木さんこそ、糖尿病だったんですけどね。じゃあマサさん、このへんでそろそろ獄中生活についてもちょっと聞きたいんですけど。

マサ　あれは最悪よ。

椎名　最悪（笑）。けっこう長いこと入られてたんですか？

マサ　1年半だよ。
椎名　大変でしたねえ。
マサ　全然俺は悪いことやったと思ってないんだけど、入れられちゃったんだよ。
椎名　ケン・パテラが悪いんですよね？
マサ　あのバカ、知ってる？
椎名　何か、そもそもの発端はケン・パテラがハンバーガーショップに岩を投げ入れたのが原因だとか。
マサ　あいつは砲丸投げの選手だったんだけど、岩を投げるこたあねえ。
椎名　バカですねえ（笑）。
玉袋　当時の詳しい状況教えてもらえますか？
マサ　あのときは試合が終わったあと、ケンと同じモーテルにチェックインして、もうレストランが閉まってる時間だけど、腹が減ったからケンは「ハンバーガーを買いに行く」って出ていったのよ。そしたら全然帰ってこなくて、ようやく帰ってきたと思ったら凄い興奮してんのよ。
ガンツ　ハンバーガー買いに行っただけなのに。
マサ　それで、あとで知ったことだけど、ハンバーガー屋に行ったけど、もう営業時間が終わってて、売ってくれなかったらしい。でも、ケンは「そこにあるじゃねえか！」ってなってね。
ガンツ　営業時間は終わってるけど、ハンバーガーあるんだから、それを売れ、と（笑）。
玉袋　言ってることが子どもだよ。
マサ　ケンはヒールだから嫌われてたんだよ。
椎名　あ～、そういう理由もあるんですか。
ガンツ　「おまえに食わせるハンバーガーはねえ！」と（笑）。
マサ　そしたらケンが怒って、外にあった岩を店に向かって投げちゃったんだよ。でも、そんなこと俺は知らねえじゃん。
ガンツ　部屋で待ってただけですからね。
マサ　だから、ケンがハンバーガー買ってこなかったから、もうメシ食わないで寝ちゃおうと思ったたん

だけど、そしたらお巡りがノックしてくるんだよ。で、ツーベッドあって、俺がドアの側のベッドだったの。

玉袋　あ、それでマサさんが対応に出ちゃったんですか!

マサ　でも、相手は女のお巡りもいて、こっちはパンツ一丁で寝てたから「ズボンぐらい穿かせてくれ」って言ったんだけど、「ダメだ。出てこい」って言うのよ。それで押し問答してたら、突然、ケンが後ろから走ってきて、お巡りをパカーンって殴っちゃったんだよ。

ガンツ　ダハハハ!　突然、襲いかかったんですか?　バカですねえ。

椎名　どうしようもないね!

マサ　そしてケンを警官が取り押さえようとしたら、あのバカ、警官を壁にぶん投げたんだよ。

椎名　岩に続いて、今度は警官も投げた!（笑）。

マサ　それを見て警官が拳銃を抜こうとしたんで、「ヤバい!」と思ってね。

玉袋　それでマサさんも襲いかかったんですか？

マサ　「撃たれる！」と思った瞬間、レスリングのタックルで倒してね。そっからは、もう破れかぶれになって、やっちゃえって。

一同　ガハハハハハ！

ガンツ　そこから拳銃と警棒を持った何人もの警察相手に大立ち回りしたんですよね？

マサ　向こうはナイフステッキってのを持ってたんだよ。鉛の棒で。あれは痕《あと》が残るから、翌日は身体中傷だらけよ。で、警察に行ったら顔にでっかいテープ貼ってるヤツとか、松葉杖ついてるヤツがいて、「どうしたんだ？」って聞いたら「おまえがやったんじゃねえか」って言われてさ。

一同　ガハハハハ！

玉袋　破れかぶれの結果が警官大ケガだったんですね（笑）。

マサ　それで俺も捕まったんだよ。

刑務所で強くなる

椎名　でも、マサさんは正当防衛だと思うんですけど、弁護士は付けなかったんですか？

マサ　付けた。でも、田舎町だから警官も裁判官もみんな仲間で、俺が何を言ってもダメよ。

玉袋　裁判所までアウェーなのかよ〜。凄え世界だ。

マサ　でも、試合の休みがなくて忙しかったし、身体もキツかったからちょうどよかったんだよ。

ガンツ　刑務所でリフレッシュしちゃったんですよね（笑）。

玉袋　お務め終わったら、よけい強くなってんだから凄えよ！　刑務所ではどんな作業をしてたんですか？

マサ　薪《まき》割りだよ。斧を持って、ひたすら薪割り。これが重くてたいへんなんだよ。

玉袋　薪割りトレーニングって、ヒョードルもやってるからな。マサさんはそれをいち早く刑務所で取り入れちゃってんだよ（笑）。

ガンツ　あと、マサさんはコックもやってたんじゃなかったでしたっけ？

マサ　いや、キッチン担当だけど皿洗いだよ。

ガンツ　刑務所って一番模範囚がやらせてもらえる作業がキッチンで、食べるもんには事欠かなかったんですよね？

マサ　オレンジジュース飲み放題、パンケーキ食べ放題だね。

ガンツ　マサさんは自分がキッチン担当なのをいいことに、食事でも自分の分はタマゴ3つとか入れてたんですよね？

一同　ガハハハハハ！

椎名　模範囚になると意外と自由があるんですね（笑）。

玉袋　ケンはそのときどうなったんですか？　一緒の刑務所ですか？

マサ　ムショにもランクがあって、ケンは別のムショで石運んでたらしい。

玉袋　石投げて捕まって、刑務所で今度は石運んでるわけか（笑）。

マサ　ケンは大変だったと思うよ。

玉袋　マサさんがお務め中、知り合いが訪ねてきたりとかはなかったんですか？

マサ　あったよ。日本からテレビが来た。長州が来て「テレビ撮っていい？」って。

玉袋　ガハハハハ！

椎名　マサさんが一生懸命お務めしてるのに、長州力はテレビの仕事を兼ねて来たんだ（笑）。

ガンツ　そのときの模様はプロレス雑誌でも大きく掲載されましたよね。マサさんが見事にビルドアップされた身体で、服役中なのに筋肉ポーズで写真に収まっているという（笑）。

椎名　でも、あの刑務所時代を経て、子供心にマサさんの強さの格が上がったよね。ホントに強いんだろうなって。

玉袋　そりゃ強えよ。荒くれ者が集まるアメリカの刑務所でよけい強くなって出て来てるぐれえだから。

椎名　刑務所では何人部屋だったんですか？

マサ　最終的には1人。でも、最初は6人部屋で、いろいろ性格とか見られるのよ。

椎名　でも、6人部屋って怖くないですか？

マサ　怖くはないよ。

ガンツ　いろんな罪の人が集まるなかで、マサさんは警官を何人もぶっ飛ばして入れられてるから、周りから一目置かれてたんですよね？（笑）。

玉袋　罪状で格上なんだ（笑）。

マサ　でも、中には変なヤツもいてね。自分の息子を犯しちゃったヤツとか。そういうヤツは相手にされないんだよ。

椎名　受刑者の中でも軽蔑されるんですね。

ガンツ　そしてマサさんは逆に受刑者に尊敬されるという（笑）。

マサ　周りは何でも言うこと聞いたよ。

玉袋　カッコいいな〜。塀の中のエリートだよ！

椎名　ちなみにケン・パテラとその後、会う機会はあったんですか？

マサ　去年の6月にレスリングの式典に招待されたとき、ケンに会ったよ。

玉袋　どんな様子だったんですか？

マサ　もう何だか……バツが悪そうにしてて、「ハーイ」しか言わなかったよ。

椎名　そりゃ、顔向けできないですよね（笑）。

玉袋　しょうがねえなあ、ケン・パテラは。

ガンツ　でも、マサさんはあの事件を機にさらにレスラーとしてランクアップしましたけど、ケン・パテラはあそこからフェードアウトしちゃいましたからね。

玉袋　そうだよな。

ガンツ　やっぱり、プロレスラーはホントの意味で強くないと生き残れないってことなんでしょうね。

「強い」と言えば、アメリカのどこかのバーにマサさんの名前を冠した「ミスター・サイトー」っていう強いカクテルを出すバーがあるんですよね？

マサ　ミネアポリスの「ロニオ」っていうバーにあるんだよ。5杯飲んだら倒れちゃうよ。

ガンツ　その「5杯」ってマサさん基準ですか？

マサ　そう。そっちなら1杯でダメだろうね。

玉袋　ハハハハハ！　それ、ほとんどガソリンだよ！

ガンツ　でも、甘い酒だって聞きましたよ。

マサ　甘い酒のほうが強いのよ。

ガンツ　「口当たりが甘いけど、もの凄く強くて危険」っていうのがマサさんのイメージと合うから「ミスター・サイトー」っていう名前が付いたんですよね？

マサ　そうよ。

椎名　アハハハハ！　甘くて強くて危険！　カッコいい！

玉袋　やっぱりマサ斎藤こそ、男の憧れだな！

プロレスリング・マスター

武藤敬司

武藤敬司(むとう・けいじ)

1962年、山梨県生まれ。プロレスラー。GENスポーツエンターテインメント代表取締役社長。1984年に新日本プロレスに入門。その類まれなる素質とテクニックで頭角を現し、アメリカでは「グレート・ムタ」としてトップレスラーに君臨。2002年2月に全日本プロレスに移籍。日本プロレス界の至宝であり、プロレスに必要とされるすべてのセンスを高次元で併せ持っているレスラーとして、世界中のレスラーから「ジーニアス」と尊敬を集めている。2013年5月に全日本を退団。同年9月にさらなる理想を求めて、新団体・WRESTLE-1を旗揚げした。

ガンツ　玉ちゃん、今日はプロレス取調室史上、もっとも高級なお店での開催となりました！（笑）。

玉袋　世界の**グレート・ムタ**※66をお迎えしてるからな。いつもみてえに雑多な汚ねえ居酒屋でやるわけにはいかねえだろ。

椎名　初の個室ですからね（笑）。

ガンツ　というわけで、今回は武藤敬司さんに来ていただきました！

武藤　どうも。今日は聞き手も含めて、みんなで飲むって企画なの？

玉袋　そうなんですよ。武藤さんを囲んでの飲み会なんです。

武藤　デタラメだな～（笑）。

玉袋　デタラメな企画なんですよ（笑）。

武藤　で、お名前が、たまぶくろきんたろう……。

玉袋　すじたろうです、すじたろう！（笑）。

武藤　普段はなんて呼ばれてるんですか？

玉袋　俺、玉ちゃんです。

武藤　ああ、「玉ちゃん」って言えばいいのか。ウチの女房がこのお店のママと仲いいから、今日の企画の話をしようとしたんだけど、「あのう……たまぶく……」って、お互いがお互い、名前を言えなかったんですよ（笑）。

椎名　名前を名乗らせるだけで、セクハラになるという（笑）。

玉袋　そうなんだよ！　存在自体がセクハラなんだもん。それで芸能界を遠回りしちゃってるんだから、大変だよホントに（笑）。まあ、今回は武藤さんと初めてじっくり飲ませてもらうってことで、よろしくお願いします！

武藤　よろしくお願いします。（何やらサプリを取り出して）まあ、酒飲むんだったら、これどうぞ。俺、コマーシャルやってるんですよ。

玉袋　「酒席革命」！　凄い商品名ですね（笑）。

武藤　沖縄だけなんですけど、ウコンみたいなもので。飲む前に2錠飲んで、飲み終わったあとに2錠飲んだら、肝臓にやさしいんですよ。
玉袋 早くも一服盛られちゃったよ（笑）。ウコン系だ。よし、これで下地はできた！
ガンツ 武藤さんは、いまでも毎日トレーニングは欠かさないことで知られてますけど、それって毎日お酒を飲むためでもあるんですよね？
武藤 そうそう。まあ、半分アル中ですね。
玉袋 よかった～、仲間がいて（笑）。お酒はけっこう若い頃からいってたんですか？
武藤 まあ、ウチは実家が植木屋さんやってたんだけど、雨降ったら、職人さんが俺んちに集まってきて、朝から酒盛りだからね。
玉袋 ワハハハハ！ じゃあ、デビューは早いですね（笑）。実家が植木屋っていうのがバカボンみたいでいいよ～。お父さんは、職人さんを何人か囲ってたんですか？
武藤 まあまあ、俺がガキの頃にはね。
玉袋 いい家庭環境で育ってたんですね。
武藤 富士急ハイランドに100分の1サイズの富士山があるんだけど、あれ作ったのウチの親父だからね。
玉袋 ええ⁉ 凄いじゃないですか！
武藤 俺が小さい頃だから、50年近く前に作ったらしいから。
玉袋 いいなぁ～！ それを見に富士急行きたくなってきたよ。俺、富士急の会員だから。
武藤 俺、絶叫大使なんですよ。
玉袋 えっ！ 俺も絶叫大使ですよ！
ガンツ 絶叫大使同士！（笑）。
玉袋 けっこう営業で行かせてもらった関係で、絶叫大使になってるんですけど、武藤さんは？
武藤 富士急の社長は俺の先輩なんですよ。その先輩の親父は衆議院議員でね。そんな縁から、全日本時代から巡業バスを富士急から借りてたんですよ。
玉袋 あ、なるほど！
ガンツ 全日のバスは、富士急のバスだったんですね（笑）。

玉袋　言ってみれば、武藤さんも山梨の名士だもんな。

武藤　いや、名士じゃないけど、地元に助けられたりもしたんですよね。富士急にしろ、いまはもう終わったけど、サンリオとかさ。

玉袋　サンリオね。山梨はサンリオとかシャトレーゼとかよっちゃんイカとかさ。

椎名　よっちゃんイカ！

玉袋　そうなんだよ。海がねえのによっちゃんイカなんだよ。だから、甲州商人のたくましさっていうか、海がねえところでイカで商売しちゃうっていう。じゃあ、お父さんは無尽をやって。

武藤　そうそう。無尽って、いまだに俺たちみたいな若いヤツでもやってますよ。

玉袋　やってますよね。山梨の無尽つって、お金を積み立ててやる会があって。だから、山梨の人は毎日飲み会つったら、無尽の飲み会なのよ。

武藤　そうそう！　何口か入ってる。

椎名　横の繋がりが強いんですね。

武藤　あとね、山梨はマグロの消費量が全国で2番目ぐらいなんよ。

椎名　好きなんですね。

武藤　好きなの。海に憧れて。

ガンツ　海に憧れて（笑）。

玉袋　あと、宝石も山梨だから。

武藤　そう！　水晶とかね。玉ちゃん、山梨に詳しいね？

玉袋　詳しいんですよ、俺は山梨に。

武藤　生まれはどこなんですか？

玉袋　ボク、東京です。だけど山梨の石和温泉に友達がいたんで、よくフィリピンパブに遊びに行ってたんですよ。

武藤　ああ。あのへんのガラの悪さも日本一だよね（笑）。

玉袋　でもね、武藤さん、石和はダメ。もう地盤沈下しちゃった。

武藤　ホント？　まあ、山梨に行ったら、俺は暴力団撲滅みてえなポスターになって貼ってあるからさ。

ガンツ　ガハハハ！

（ここで刺身の舟盛りが到着）

玉袋　おお、すげえ舟盛りだ！

武藤　どうぞどうぞ、食べてください。玉ちゃんは格闘技も好きじゃん？　この店ね、**所英男**[※67]っていう格闘家も応援してるんですよ。だから、パンツに「せんざん」って入ってるよ。

ガンツ　所英男って、こんないいところに応援してもらってるんだ（笑）。

椎名　フリーターキャラなのに、セレブじゃねえか、アイツ（笑）。

高校時代に山ごもり

ガンツ　武藤さんは子どもの頃から、運動神経は抜群だったんですか？

玉袋　抜群でしょう！

武藤　まあまあ、大きかったから。４０００グラムで生まれて。

椎名　デカいな（笑）。

武藤　幼稚園のときの写真を見ても、だいたい飛び出てるし、だいたい人生、大きい街道できてますんで。

椎名　身体は大きいのに、バック転とかもできたんですか？

武藤　そうっスね。家の周りに田んぼがあって、藁《わら》とかフカフカのものをマット代わりにして。そっから仮面ライダーごっこをしたり。

玉袋　やっぱりライダーですか。ライダー直撃ですか？

武藤　ウルトラマンも好きだったんですよ。でもウルトラマンはデカすぎて、自分がなろうとは思わなかったからさ（笑）。だから等身大の仮面ライダーに憧れてね。
玉袋　グレート・ムタだから、その頃から変身願望があったんだ（笑）。
ガンツ　柔道はいつからやられていたんですか？
武藤　俺が小学校2年生ぐらいのときに、『柔道一直線』っていうのが流行って、周りの人間がみんなやりだしてですね。
玉袋　『空手バカ一代』じゃないんですか？
武藤　『空手バカ一代』はもっとあとだもん。玉ちゃんって、歳いくつ？
玉袋　俺、今年47です。
武藤　俺より4つぐらい下か。だから、『空手バカ一代』なんだよ。それより前が『柔道一直線』だからね。
玉袋　球技にはいかなかったんですか？
武藤　球技もいったよ。俺ミーハーで、すぐ周りに流されてたから、柔道2年ぐらいやったあとに『巨人の星』が流行りだしたら、もう野球ですよ。
ガンツ　その時々の流行の漫画に左右されて（笑）。
武藤　サッカーだってやってたからね。あの頃、サッカーなんてマイナーだったけど、それも漫画であったんだよ。
玉袋　『赤き血のイレブン』！
武藤　そう！　あれ見て、かぶれちまってさ。
玉袋　そこに『タイガーマスク』は入ってこなかったですか？
武藤　いや、『タイガーマスク』も見てはいたけど、プロレスっていうのは俺たちとは違った世界というかさ。怪獣とか、そっちのほうが、まだ身近に感じてるくらいだったから。
ガンツ　プロレスは、怪獣以上に人間からかけ離れた世界ですか（笑）。
玉袋　ワハハハ！　わかる。
武藤　周りにやってる人もいないしね。
ガンツ　確かに（笑）。
武藤　で、中学入って、野球の流れで、最初に野球部に入ったんですよ。でも先輩にちょっと小突かれちゃって、1日で辞めて、柔道部入ったの。

玉袋　へぇ！　武藤敬司を小突くとは、いま何やってんだろうな？

武藤　いや、わかんない。名前も覚えてない。

ガンツ　柔道は中学時代から結果も出してたんですか？

武藤　そうっスね。まあ、レベルが低かったからね。山梨県って、当時は40校ぐらいしか柔道部がある中学がなかったからね。で、中学校のときに山梨で1番になれたんですよ。高校のときも1年から国体の選手だったし。

玉袋　すげえな。じゃあ、「柔道は俺に向いてるな。天職になるんじゃねえか」とか思いました？

武藤　いや、ちょうどそのへんから『空手バカ一代』も入ってきたんだよ。

ガンツ　柔道の国体選手になったのに、また漫画の影響で空手に浮気ですか（笑）。

武藤　友達に極真の野郎もいてさ。うちの近くに大石代悟って、漫画にも出てくる人がいて、その門下生でね。そのへんから俺も若干強さへの憧れっていうのが芽生えてきたよね。だから、その友達と一緒に山ごもりなんかもしたし。

玉袋　山ごもりしたんですか！（笑）。

武藤　でもさ、山は大変だよ。朝起きて、メシ炊いて、メシ食って。ちょっとしたら、今度は晩飯の支度を始めなきゃいけなくて。一日がメシのことだけで終わったよ（笑）。

椎名　明るいうちに、食事の準備は済ませないといけないわけですもんね（笑）。

武藤　だから山にこもっても、格闘技は強くならねえな！

ガンツ　それが結論（笑）。

武藤　俺はべつに1回ちょっと山にこもったんじゃなくて、ちゃんと2回こもってるからね。

玉袋　2回！　いまは引きこもりが多いけど、武藤さんは山ごもりだったんですね（笑）。
武藤　ただ、山ごもりって言っても近所の山だからさ。大山倍達みてえにずっと山の中にいたわけじゃなくて、風呂だけは家に帰って入ってたしね（笑）。
玉袋　それ、山にこもってないよ！（笑）。
椎名　通いの山ごもり（笑）。
武藤　俺の柔道の先生に「山にこもりたいんですけど」って言ったら、テント買ってくれてね。泊まりはそこに泊まってさ。
玉袋　単なるアウトドアじゃねえか（笑）。『空手バカ一代』に影響を受けながら、眉毛も剃らず、風呂に入りに家に帰りながらの山ごもりって、おもしろすぎるよ！（笑）。
椎名　まあ、富士山が近いから、あのへんの山はパワースポットが多そうですけどね。
ガンツ　富士山といえば高校時代、武藤さんは富士山を見ながらオナニーしてたってホントなんですか？（笑）。
武藤　それはあれだよ！　富士山っていうのは、やっぱり穴も付いてるし、曲線の丸みがあって女性的に見えるじゃん。
ガンツ　富士山が女性に見えるって、めちゃくちゃイマジネーション豊かですね（笑）。
玉袋　富士山でヌいたっていうのは凄えなあ。やっぱり、硬派だったんですか？　スポーツ万能でモテたと思うんですけど。
武藤　いや、ボチボチぐらいですね。まあ田舎だったし、俺が中学生ぐらいで初めてバレンタインデーができたぐらいの時代だから。
玉袋　じゃあ、チョコなんかもいっぱい来たんじゃないですか？
武藤　いや、柔道部は人気ないっスよ。やっぱり野球、サッカーじゃないと。
ガンツ　まあ、プロになってから、さんざんモテましたからね。その柔道では、大学からの誘いなんかもたくさんあったんじゃないですか？

武藤　大学からは5校ぐらい来たよ。
玉袋　それはどういうカタチでオファーが来るんですか？　学費免除だとか？
武藤　いろんなパターンですね。たしか、俺んとこに来たのは、駒澤、専修、日体大、東海大、國學院だったかな？
ガンツ　でも、武藤さんは大学には行かなかったんですよね、なぜですか？
武藤　うちはべつに豊かな家じゃないし、親父もそれこそ土方商売してる中で、東京に遊びに行く感覚では行けないじゃん？　あと、俺にテント買ってくれた柔道の先生が、骨接ぎ（接骨院）やってたんだけど、凄え羽振りが良かったんですよ。その羽振りの良さに惹かれて、俺も柔道整復師になろうと思って、柔道専門学校に行ったんですけどね。
ガンツ　ちゃんと将来を考えてのことだったんですね。
武藤　それで、結果的に整体師になったんだけど、その柔道の先生は、何で羽振りが良かったかって言ったら、全国柔道整復師の会の会長やってたんだ。保険を扱うような。だから、山梨の長者番付でいつも1位、2位とかだったんだよ。
玉袋　それ羽振り良すぎますよ！　いま問題になってる。

木村政彦の指導を受ける

ガンツ　その羽振りの良さに憧れて、柔道の専門学校に行っちゃったんですか。
武藤　そうそう。その先生は保険で莫大に儲けてたけど、基本的に当時は柔整も意外と儲かってたんだよね。いまほど保険の締め付けもキツくないし。
玉袋　そうですよね。いま保険の仕組みが変わっちゃって大変みたいですけど。学校はどこだったんですか？
武藤　仙台ですよ。東北柔道専門学校（現・仙台医療整骨専門学校）っていって、柔整の資格を取る学校。高校柔道って県で1～3番ぐらいまでは大学に行くけど、4～5番ぐらいはここに来て、かつ大学卒業したあとに入ってくるのもいたんで、柔道のレベルが凄え高いんですよ。

ガンツ　柔道の猛者だけが集まる学校ですもんね。

武藤　で、柔道の練習だって、120人くらいでやってたからね。全員柔道部だもん。

椎名　全員柔道部（笑）。

玉袋　テニス部とかいらねえ学校だもんな（笑）。

椎名　大会は、大学の体育会のチームも参加してきたんですか？

武藤　いや、大学は別だね。ただ、北海道警だとか青森県警だとか出てきて、そいつらとガブリ四つぐらいでやってたよ？

椎名　へえ！

玉袋　学校は全寮制になるんですか？

武藤　1年生は全寮制だった。

玉袋　じゃあ、2年からひとり暮らしをしたわけですか？

武藤　いや、俺、幹部だったからさ。で、俺の1コ上の先輩には大学卒業してから入って歳は全然違うけど、西先生がいたよ。

玉袋　おお、**西良典**[※68]！　一緒だったんですか！

武藤　一緒だよ。

ガンツ　そういえば西さんは、東北柔道専門学校に行きながら、空手の**大道塾**[※69]にも通ってたんですもんね。

椎名　大道塾は仙台だもんね。

玉袋　武藤さんと西さんが一緒だったって、最高だな～！

武藤　あの人も飛んでるからね（笑）。柔道場で選手がコーナー代わりになって、柔道の帯でロープ作って、リング作ったんよ。それで俺、西先生とプロレスの異種格闘技ごっこやったから（笑）。

ガンツ　武藤敬司vs西良典の〝異種格闘技戦〟がそ

こで実現してたんですか（笑）。

玉袋　おもしれえ！　おもしろすぎる！

ガンツ　西さんは、拓殖大卒業したあとに入ってきたんですか？

武藤　うん。俺よりだいぶ歳上だけどね。そういや、さっきの大学からの誘いの中で、拓大も入ってたんだよ。山梨県の柔道連盟って、拓大とコネクションが強くて、高校時代から県の練習になると拓大と練習してたし。もしかしたら、西先生もそのへんからかすってたかもしれねえな。で、そのときに稽古つけてもらったのが**木村政彦**[※70]先生だからね。

玉袋　ええっ!?　武藤さん、木村政彦の指導も受けてたんですか！

武藤　うん。で、そのときはプロレスにも興味あったから、木村先生にプロレスの話もちょっとしたと思う（笑）。

椎名　「何で力道山に負けたんですか？」とか（笑）。

玉袋　それ、木村先生に禁句だよ！（笑）。

ガンツ　でも山梨県と拓大の結びつきを考えたら、拓大からの勧誘はかなり熱心だったんじゃないですか？

武藤　結びつきは強かったんだけど、当時の拓大はガラ悪くてさ。

椎名　確かに、ガラが悪い大学の代名詞でしたよね（笑）。

玉袋　入学した時点で「前科」って言われてたんだから！（笑）。

ガンツ　ガハハハハ！

武藤　いや、そうっスよ。柔道家で耳沸いてなかったら、石で潰されるんだから。俺、耳がキレイだったからさ、やべえなと思って、逃げるように柔専に行ったから。

ガンツ　ガハハハ！　拓大回避のための柔道専門学校入学（笑）。

玉袋　拓大はヤバいよな～（笑）。で、柔道専門学校時代は、先生の羽振りの良さを見ちゃってたことで、まだプロレスに行く気には全然なってなかったんですか？

武藤　プロレスは好きだったけど、プロレスは身近になくて、プロレスラーになりたいヤツなんて誰もいなくて、ブラウン管の中の世界だったからね。

椎名　プロレスファンの友達みたいなのもいなかったんですか？

武藤　いなかったっスね。

玉袋　でも、けっこう武藤さん世代でも、憧れてプロレス入りする人多かったですよね？

武藤　ただ、俺らの世代は（裏番組の）『太陽にほえろ！』もあったからさ。

玉袋　何で、そっちにいっちゃうんですか！

武藤　いや、題名が「ジーパン死す」とかだと、どうしてもそっちに（笑）。

ガンツ　新聞のラテ欄に左右されて（笑）。

武藤　全日本も裏番組が『8時だョ！　全員集合』だったんで、そっち観ちゃってたしね。『全員集合』はコント観るより、出てくる女の子を観てたんだけど。

玉袋　ゲストで出るアイドルを観てたんだ。

椎名　『全員集合』だと、アイドルがいつもやらないことやりますもんね（笑）。

ガンツ　体操のコーナーとか。坂道を駆け上がって、パンツが見えたり（笑）。

玉袋　武藤さんのアイドルは誰だったんですか？

武藤　天地真理に決まってんじゃん！

玉袋　おお！　真理ちゃん！

武藤　俺、100パー天地真理。『真理ちゃんとデイト』とか『となりの真理ちゃん』とかずっと観てたもん。俺が小学校2年ぐらいのときだったけどさ。

玉袋　へえ！

椎名　凄い人気でしたよね。

武藤　でも、あれ詐欺だよね。あとになって、あんなに太ると思ってねえもん。俺の夢を、俺の気持ちを返してくれって（笑）。

椎名　でも大人になってから、全盛期の天地真理を見ても、「どこがかわいかったんだろう?」って思いませんでした?（笑）。

武藤　いま見ると、全然感覚違うよな!

椎名　南沙織のほうが全然かわいかったですよね。

玉袋　そりゃ南沙織とか麻丘めぐみのほうがかわいいよ。でも、そこは意外にベタだったんだね、天地真理さんにいっちゃったってことは。

武藤　俺、流行に流されるタイプだったからね。

玉袋　ある意味、敏感だったってことですよね。で、柔道専門学校を出たあとは、整体師になったんですよね?

武藤　そうです。

椎名　ちゃんとやってたんですか?

武藤　まあまあまあ……。

玉袋　まああって、ちゃんとやってないんじゃないの?（笑）。

武藤　やってないのが原因でプロレスに来たんだから。

ガンツ　ダハハハ!　やってなかったんだ（笑）。

武藤　羽振りのいい俺の柔道の先生がいるじゃないですか?　俺、そこのインターンで入ったんですよ。でも先生は骨接ぎの看板は出してるけど、自分は違う保険の仕事をしててさ。

ガンツ　もっとカネになる仕事を。

武藤　そっちが忙しくて、俺、インターンで入ったばかりにもかかわらず、「武藤、おまえに任せた」って言われて（笑）。

ガンツ　いきなり院長（笑）。

武藤　だけど、おじいちゃんおばあちゃんが治療に来て、俺みたいな何も知らない若造を「先生」って呼ぶんだ。で、「先生、何でここ痛いの?」って聞かれたら、嘘でも何でも答えなきゃいけない（笑）。

椎名　よくわからないけど、それらしいことを。

武藤　その苦しみが嫌だったんだよな（笑）。で、俺の1コ上の先輩が経堂の菅谷整骨院というところで働いていて。たまたまその先輩に菅谷先生っていう、佐山さんの奥さんのお父さんを紹介されたんだよな。

玉袋　ええ⁉　そうなんスか⁉

武藤　いまはどんな関係か知らないけど、当時、新日本の選手がケガしたら絶対に行くっていう整骨院だったんよ。

椎名　そうなんだ！

武藤　で、その先生に紹介されて入ったんよ。「プロレスやらない？」って。

玉袋　佐山さんの義理のお父さんの紹介だったんだ、知らなかったな〜。

新日道場に引き留められる

武藤　ちょうど骨接ぎで患者さんに嘘八百言うのも嫌になってたし。俺は植木屋の跡取りだったけど、継ごうかどうしようか考えてるときに「とりあえず見学に行ってみるか」っていう気持ちで新日本に入ったんですよ。

ガンツ　そんな体験入門的な考えで入ったんですか（笑）。

武藤　ちょっと様子見っていう、若干安易な気持ちで入ってるから、入門してすぐに「何でここまでスクワットやんの？」っていう感じで、「山本さん、俺もう辞めますわ」って言ったら、「待て」って引き止められて、「え？　俺、もしかしたら才能あんの？」って勘違いしちゃって（笑）。

ガンツ　新日道場で新弟子が引き留められるって、前代未聞ですよね（笑）。

武藤　ほかの野郎が「辞めます」って言ったら、「あ、そうか。バイバイ」って感じだけど、俺だけ「もう少し、がんばってみろ」だったからね。

玉袋　小鉄さんもこんだけ身体がデカくて、柔道でも実績がある逸材は手放せなかったんだろうな。

武藤　でも新日本に入るとき、自分がデカいとは思ってなかったよ。だってパンフレット見たらさ、「藤波辰巳、186センチ・105キロ」ってなってて、俺とほとんど同じサイズで、体重は俺より重いから「俺、ジュニアでがんばろう」って思ってたんだから。

ガンツ　ガハハハ！　小さく見える藤波さんだけど、俺よりデカいんだから自分はジュニアヘビー級だろうと（笑）。

玉袋　でも会ったら、「あれ？」って（笑）。

武藤　それどころか、道場行ったらみんなちっちゃくてさ。俺よりデカい野郎、誰もいなかったよ（笑）。

玉袋　俺は身長180センチなんですけど、藤波さんと並んで写真撮るとき、「ヤベぇ」と思ってヒザ曲げたもんな。

武藤　これ、プロレス界がもっとメジャーになったら、詐欺って言われるよ。芸能人なんか、歳ちょっとごまかしただけで叩かれるんだから（笑）。

玉袋　で、武藤さんは新日本に入って、あの合宿所で暮らすわけですよね？

武藤　そうですね。ただ、俺は入門当時の記憶ってそんなに残ってないんだわ。すぐに海外に行っちゃったっていうのもあるし、入ってすぐ**UWF**[※71]勢がいなくなって、維新軍がいなくなって、凄い激動のときだったからね。

ガンツ　だから有名な話で、維新軍の新日本離脱が発覚した日に、**ドン荒川**[※72]さんが**橋本**[※73]**（真也）**さんと武藤さんを連れてソープランドに行ってたんですよね（笑）。

武藤　そうそう。千葉の栄町に（笑）。

ガンツ　よりによって維新軍離脱の日だから、新日本は「荒川が長州と一緒に若いデカいのを連れて行った」って大騒ぎになってたら、行ってる場所が違ってたっていう（笑）。

武藤　道場に帰ってきたら、坂口さんに抱きつかれたもん。

ガンツ　ガハハハ！　「よく帰ってきてくれた！」って（笑）。

武藤　いや、ホントホント！

玉袋　引き抜かれたと思ったら、抜きに行ってたっていうね（笑）。でも、あれだけのメンツがいなくなっちゃったら、新日本は大変だったんじゃないですか？

武藤　でも、俺はイチ練習生だし、イチ下っ端だったから、会社がどうなるとか考えることもないし。もう先輩がいなくなるだけでハッピーだよ！

玉袋　ワハハハハ！

ガンツ　だから**闘魂三銃士**[※74]の世代は、みんな伸び伸びやってたんですよね。

武藤　そう！　俺、柔道時代から強要されて練習したことってないんですよ。学生の頃からウチは自分たちだけで練習してたからね。だから、俺が何で柔道もったかって言ったら、ほかの学校みたいに強制的にやらされなかったからだよな。昔は柔道部なんか、先輩とか監督からぶん殴られるのが当たり前だったけど、そういう教わり方をしてないんですよ。

椎名　『柔道部物語』ですよね。

玉袋　そうだよな。『柔道部物語』だよな。

武藤　それはプロレスに入ってからも同じで、俺がもっと早く新日本に入って、たくさん先輩がいる中で強制的にイジメみてえな練習させられてたら、すぐ辞めてただろうね。

玉袋　古い人はああいう昔ながらの教育があるから育つって言うじゃないですか？　でも、武藤さんはまったく違う伸び伸びプロレスやって天下を獲ったっていうのが凄いね。

武藤　だってプロって、またアマチュアとも違って、社会人だから。学生みてえな先輩の上から目線ってそんなに通用しないよ。学生みてえに3～4年で終わるもんじゃなくて、いつかは後輩のほうが強くなったりするわけだから。

玉袋　武藤さんは道場でスパーリングとかして、「俺、大丈夫だな。やっていけるな」って思ったのは、けっこう早い段階だったんですか？

武藤　意外と俺、柔道強かったから、スパーリングとかあんなのは強かったですよ。

玉袋　あんなの（笑）。

武藤　「ああいう類い」って言ったほうがいいか（笑）。

ガンツ　船木[※75]（誠勝）さんに当時の話を聞くと、「みんな必死にセメント強くなろうとやってるのに、その練習に参加してない武藤さんがぶっちぎりで一番強かった」って言いますからね（笑）。

武藤　柔道って肌触れ合って組むから、もう道衣を握った時点で、「コイツ強え！」ってわかっちゃうんだよね。でも新日本の道場で、そこまで圧をかましてくる人はいなかった。柔道は勝てねえヤツには絶対勝てねえもん。

玉袋　新日本は昔から「プロレスこそ最強」っていう理念がありましたけど、武藤さんは強いのにそっちには行かないんですよね。

武藤　だって、柔道で強えヤツってホントに強えから。そういうの知ってたら、とても自分たちが最強なんて名乗れねえよ。

椎名　そういう〝勘違い〟をしないっていうことですよね？

武藤　うん。だから長州さんにしろ、マサ（斎藤）さんにしろ、坂口さんにしろ、アマチュアでオリンピックに行くような人は、そっちにはいかないよね。

玉袋　なるほど。

武藤　でもアマチュアで格闘技をやってない人は、想像力豊かでそっちにいけるかもしれないけどね。

玉袋　砲丸投げとか、街のケンカ屋とか（笑）。砲丸投げ出身とかさ（笑）。

椎名　リトルリーグ出身とか、そういう人たちですよね（笑）。

ガンツ　だから武藤さんって年齢もそうですけど、入門したときから大人でしたよね。それまで新日本って、中卒、高卒で入って、道場での非科学的トレーニングで「プロレスこそ最強だ」って、ある意味洗脳されて自我を形成してたわけじゃないですか。

椎名　サティアンだよね（笑）。

武藤　でもさ、新日本プロレスの道場で凄ぇキツい練習をしてたのは確かだけど、やってる人数はMAXで十数名だよ？　でも、俺が行ってた柔道専門学校は120人で練習してて、ほかの日体大とかは200人ぐらいで練習して、そん中でさらに強ぇヤツらが選抜されてるんだから。十数名の中で誰が強いとか言うのとは、ちょっと意味が違うよな。

玉袋　小さな世界でのいさかいだと思っちゃったんだろうな〜。

武藤　ただ、明治維新とかやった人たちも、そういうちっちゃな私塾みたいなところの輩が同じ釜のメシを食った仲間で行動を起こして、明治政府を作ってるよね？　ああいうエネルギーは素晴らしいですよ。

玉袋　カルトだよね。言ってみりゃカルトだよ。

武藤　カルトの中でカルトがすべてをひっくり返したときは強いスよ。猪木さんが新日本プロレスってもんをあれだけにしたのも、UWFが総合の**PRIDE**[※76]みたいなもんを作ったのも、そういうエネルギーだったと思うからね。

玉袋　でも武藤さんは、そういう新日本イズム、猪木イズムみたいなものと違ったところから出てきたから、新しかったんだろうな。

闘魂三銃士、結成

ガンツ　武藤さんってデビュー当時からちょっと特別で、若手なんて最初は連敗続きが当たり前なのに、ずっと勝ってましたもんね。

武藤　そうそう。俺、デビュー戦から勝ってるもん。

玉袋　それは凄いね！

武藤　それは相手が同期の**蝶野**[※77]**（正洋）**だからっていうのもあるけど。2〜3試合目で、もう同期以外にも勝ってたからね。まあ、直接の先輩じゃなくて勝っても差し障りのない、**キム・スーハン**[※78]とか、**ロ**[※79]

ツキー・イヤウケアとかだけど（笑）。

ガンツ　留学生枠なら勝ってオッケー（笑）。

玉袋　でも、それだけ期待されてたってことですよね。

武藤　デビュー戦も越谷市体育館だったんだけど、シリーズ開幕戦でテレビ放送が入ってたからね。

ガンツ　そこはいきなり野外だった橋本さんとは違う（笑）。

武藤　橋本のデビュー戦なんか、二度と行かねえような野外の会場で、ドレッシングルームが近所の民家だからな（笑）。

玉袋　ワハハハハ！　一間お借りしますってな（笑）。

ガンツ　練馬南部球場特設リングですよね。やっぱりテレビマッチと〝特設リング〟じゃ、扱いに大きな差がありますよ（笑）。

玉袋　片やテレビ用の明るいライトで、あっちは虫が飛んじゃってる裸電球だからな（笑）。

武藤　俺は新弟子の頃、荒川さんと木村（健悟）さんに可愛がってもらってたんだけど、デビュー戦ではその2人がセコンドに付いてくれて、その2人のタニマチから激励賞をしょっぱなから貰ってるからね。

玉袋　凄いじゃないですか！

武藤　海外遠征だって、俺はヤングライオン杯で優勝しているわけじゃないのに一番先に行かされてるしね。

玉袋　あんときは、「おいおい、武藤ってもう海外行けちゃうの？」って思ったもんな。

ガンツ　しかもヤングライオン杯で、早くも**ムーンサルトプレス**[※80]をやってるんですよね。

椎名　当時は**初代タイガーマスク**[※81]しか使えない技なのに、ヘビー級の若手がタイガーよりキレイなフォームでやってて驚いたよね。

武藤　まあ、あれはできるのに隠しておくのもなんだし、さっき言ったように、うるさい先輩がいなくなってたから自由にやってたよね。（素顔時代の**獣**[※82]

神サンダー・）ライガーなんて、俺以上にもっと派手なことやってたし。

玉袋　でも、同期の武藤さんが最初から派手に活躍してて、橋本さんなんかは悔しい思いをしてたんだろうな。

武藤　いや、とりあえず蝶野とか橋本に関しては、嫉妬なんかなくて、凄え応援してくれてたっスね。時代の壁みたいなのがあったから。

椎名　なるほど！　武藤さんが上に行けば、同期の自分たちも時代の壁を突破できると。

武藤　やっぱり同期の争いなんかよりも、縦の崩しのほうが難しいからね。

ガンツ　当時は特に縦社会ですもんね。ちゃんと若手、中堅、メインっていう層がハッキリしてて。

武藤　そうそう。だから俺たちは逆にライバルでも何でもなかったっスね。

ガンツ　で、武藤さんは歳上でしたし、同期のトップランナーって感じですよね？

玉袋　いい話だな～。

武藤　蝶野のことは従兄弟がたまたま蝶野と知り合いだったから、入門前から知ってたし、橋本も柔道やってて、柔専では高校時代に橋本より強かったヤツが俺の後輩だったりするからさ。

ガンツ　へえ！

椎名　じゃあ、その後輩を通じて、だいたいどれぐらいの強さかわかるんですね（笑）。

武藤　うんうん。だから一応、俺のことは気ぃ遣ってたよな、橋本は。

ガンツ　なるほど。

武藤　まあ、私生活は相当デタラメなヤツだったけどね（笑）。

ガンツ　ダハハハ！　柔道時代からいろんなトンパチを見てる武藤さんからしても、飛び抜けてデタラメでしたか（笑）。

武藤　まあまあ、両親もいないところで育ってるからね。そういう境遇が作り上げたっていうか。蝶野とは真逆だよね。蝶野のところなんて財閥だからね！

椎名 財閥なんですか⁉

玉袋 財閥だよ。おぼっちゃまだもん。

武藤 アイツの親父が亡くなられたときだって、経済新聞に出たからね。

玉袋 親から「まさひろさん」って呼ばれてて、それで窓から抜け出して暴走族やってんだから。

ガンツ いいとこのおぼっちゃんなのに、モヒカン刈りだったんですよね（笑）。

玉袋 でも三銃士っていうのは、華やかな武藤さんと、クレバーな蝶野さんと、豪快な橋本さんで、見事にカラー分けできてましたけど、何かそういう話し合いみたいなものはあったんですか？

武藤 ないっスよ（笑）。闘魂三銃士なんて、俺、迷惑だったもん。

ガンツ ガハハハ！　一緒にするなと（笑）。

武藤 相当迷惑だったよ（笑）。俺ひとりでプエルトリコに行って、がんばってトップで仕事してるのにさ、また何で同じ括りにされなきゃいけないんだって。同時期に海外行ってたって言ってもさ、俺は食っていけたけど、アイツらの海外遠征はどうしようもないよ？　特に橋本なんか、試合組まれなくて食えねえから、スズメを罠仕掛けて捕まえて食ってたっていうんだから（笑）。

ガンツ 橋本さんは、カナダで干されてたんですよね（笑）。

武藤 アイツ、最終的にカナダを追い出されたんだよ？　何で追い出されたか知ってます？

玉袋 何かやらかしたんですか？

武藤 会場に行って、客の女の子に「サインください」って言われたら、オマ○コのマーク書いたの（笑）。で、その女の子が家に帰ってお母さんに「サインしてもらった」って、オマ○コの絵を見せたら、お母さんが怒っちゃってさ。それが日本大使館まで話が行って、強制退去だよ（笑）。

玉袋　ワハハハ！　国辱もんだよ！（笑）。武藤さん、おもしれえな。話が全部おもしれえよ。

武藤　昔はおもしろかったですよね。いまのほうが世の中が固まりすぎちゃって。

椎名　三銃士結成のときって、同時期に海外遠征していたときに、橋本さんが猪木さんのクレジットカードを持って、武藤さんのところに来たことがあったんですよね？

武藤　そうそう！　俺のところに会いに来たんだよ、それ持って。

椎名　武藤さんがそれを見て、ピシャって窓を閉めたって聞いたんですけど（笑）。

ガンツ　破壊王を門前払いですか（笑）。

武藤　いや、それは蝶野が勘違いで言ってるっていうか、でまかせだよ。ただ、俺は一生懸命プエルトリコで仕事していたんだけど、プエルトリコの幹部たちまで全部呼んで、橋本がそのクレジットカードでごちそうしてくれたんだよ。

ガンツ　ガハハハ！　猪木さんのカードで（笑）。

玉袋　あのブルーザー・ブロディ刺殺事件[※83]に関わった、**ホセ・ゴンザレス**[※84]とか、**カルロス・コロン**[※85]にもおごっちゃってたっていうね（笑）。

ブロディにはかわいがられた

ガンツ　プエルトリコは、〝スペース・ローン・ウルフ〟になってから2度目の海外遠征で行ったんですよね？

武藤　そうですね。

ガンツ　最初の海外遠征は、デビューしてどれくらいで行ったんでしたっけ？

武藤　1年ちょっとだよ。

玉袋　早ぇ！　でも、デビュー1年で海外に行くっていうのは、プレッシャーとかなかったですか？　まだグリーンボーイが、言葉も通じない中でどうしようとか。

武藤　いや、楽しみでしたよ。俺、山ばっかりの山梨から東京に行ってるから、都会に憧れてた部分もあってさ。東京であれだけ都会だから、アメリカって自分のイメージの中ではもっと凄えんだろうなって思ってたんだよ。でもフロリダに行ってみたら、山梨よりもっと田舎だった（笑）。

玉袋　ワハハハハ！

ガンツ　ビーチと荒野しかないっていう（笑）。

武藤　プラス、姉ちゃんとかも、六本木に行ったら、いい女がいっぱいいるじゃん？　あっちに行ったら、いい女がいっぱいいるんだろうなって思って行ったら、こ〜んなデブのばっかり（笑）。

玉袋　アメリカって、たいていデブしかいないんですよね（笑）。

武藤　橋本よりもデカいのばっかりなんだもん（笑）。

玉袋　ファラ・フォーセットとかそういうのがいると思ったら（笑）。

武藤　探してもひとりもいないよ！　でも海外に行って良かったのは、あっちに行って初めてプロレスがどんなもんなのか気づかせてもらったっていうかさ。フロリダなんて、タンパを中心に日曜日はオーランド、水曜日はマイアミとか、興行がだいたい決まってるんだけど、そこのお客はみんな、昔の紙芝居屋が来るような感じで楽しみにしてるんだよね。

玉袋　紙芝居屋感覚っていうのは、おもしれえな〜。

武藤　そういうカルチャーっていうかさ。当時は情報社会じゃないし、エンターテインメントも少ないから、そういう娯楽として、俺たちが来る日を楽しみにしていてくれた。プロレスの原点って、こういうもんなんだなってアメリカで感じたね。

玉袋　大衆娯楽としての姿を、アメリカで感じたっていうのが凄いね。

武藤　で、フロリダに行って初めて「自分はプロだ」っていうものを感じさせてもらったんですよ。新日本ではサラリーだったけど、フロリダに行ったらギャラは集客のパーセンテージなんだ。

玉袋　お笑いの寄席と一緒ってことですよね。

武藤　で、フロリダでは**バリー・ウィンダム**[※86]とか**ケンドール・ウィンダム**[※87]っていう地元の連中がベビーで、俺はヒールでやってて。**NWA**[※88]傘下の団体だったから、たまに本隊から**リック・フレアー**[※89]とかが来て、ハウス（集客）がガーッと上がると、ロイヤリティだから俺らの給料もガーッと上がるんだよ。

ガンツ　ああ、そうなると、トップであるフレアーをみんな尊敬しますね。

武藤　3倍から5倍くらい上がったからね。まあ、こういうロイヤリティっていうのは昔のスタイルだけどな。いま、ウチ（**WRESTLE-1**[※90]）がそれでやったら、みんなギャラ500円とかだよ（笑）。

玉袋　ワハハハハ！

武藤　で、途中から桜田（一男）さん、つまり**ケン・ナガサキ**[※91]さんがフロリダに合流したんですよ。大先輩ですよ。

ガンツ　日本プロレスからいる人で、アメリカ生活も長い、本当に大先輩ですよね。

武藤　でも、桜田さんが第3試合くらいで、俺がセミとかでやってたからね。俺のほうが給料いいんですよ。日本では絶対にありえない！

玉袋　でも、そんときに桜田さんが先輩風吹かすとかなかったんですか？

武藤　ないですよ。海外はそういうのないもん。

玉袋　じゃあ、先輩がいない新日本道場に続き、海外でも伸び伸びプロレスやって成長したってことですね。

武藤　そうっスね。俺は向こうの水が合ってたから。

ガンツ　武藤さんはフロリダでもプエルトリコでもチャンピオンになってるんですよね？

武藤　俺、行くところ、行くところ、全部チャンピオンだもん。

玉袋　ワハハハ！　全部チャンピオンってのは凄えな（笑）。

武藤　いい意味で信用性ですよ。信用されてないとベルトも獲れないし。

ガンツ チャンピオンとして認められたからこそ、ベルトが巻けるわけですもんね。

玉袋 プエルトリコっていうのはブロディさんが殺されたりとか、怖いイメージがあるんですけど、どうだったんですか？

武藤 俺、ブロディが刺されたとき、いたんですよ。

玉袋 あの場にいたんだ！

武藤 いたいた。ブロディが死んだとき、俺はヒールで、ブロディはベビーフェイスだから、ドレッシングルームは別だったけどね。あのとき、野球場でのデカいビッグショーが、3～4日連続であったんですよ。その初日のサンファンっていうところでのビッグショーでブロディは死んだんだよ。

ガンツ ビッグマッチ3～4連戦の初日に亡くなったんですか。

武藤 そう。そのビッグショーのために、アメリカ本土からけっこう名のあるレスラーを呼んでてさ。ブロディが死んだ翌日も違う場所でビッグショーが組まれてて、もうチケットはソールドアウトしてたんだけど、死んだ直後はレスラー間で情報が錯綜しててさ。最初はファンに刺されたんだと思ってんだよね。ところがマッチメイカーに殺されたっていうことがわかって、みんなレスラーは落ち込んじゃって、次々と試合をキャンセルして、プエルトリコを出て行っちゃったんだ。

椎名 みんな、マッチメイカーがレスラーを刺すようなところには、いたくないですもんね。

武藤 でも、俺は残ってもよかったんだけどね（笑）。俺、チャンピオンで、お客も待ってるわけだからさ。でも結局は周りに同調するカタチで、俺と桜田さんもキャンセルしてプエルトリコを離れることにしてね。そしたらオフィスのほうからさ、「ベルトはどっかの島で落とした（王座転落した）ってことにしていいか？」って言われてさ（笑）。

ガンツ 公式には「スーパー・ブラック・ニンジャ

（現地でのリングネーム）は、某所で誰々に負けて王座転落した」ってことになってると（笑）。

武藤　そうそう。誰に負けたのかも知らねえけど、どっかで落としたことになってるんだよ（笑）。

玉袋　あのブロディが刺された現場にいたっていうのが凄えな〜。

武藤　俺、ブロディにも可愛がってもらったんですよ。

ガンツ　へぇ！

玉袋　よく偏屈だとか言われるじゃないですか？

武藤　ブロディはデカいレスラーが好きなんだよ。俺、日本人の中ではデカいからさ、凄いかわいがってもらったんだよね。

玉袋　俺はブロディの元彼女と付き合ったことありますけどね。

武藤　それも凄いな（笑）。

玉袋　ブロディの日本の彼女で、ずいぶん歳上だったから、もうおばあちゃんだけど。

武藤　でもアイツ、ツナ缶とかそんなもんしか食わないよ。よくこんなデケえ身体でいられるんだって不思議でしょうがなかったね。

玉袋　おもしろいな。武藤さんにはいろいろガイジンレスラーの話も聞きたいね。

武藤　ブロディはそんなに性格のいいヤツじゃなかったよ。

玉袋　でも、プロには徹してるんですか？　ギャラに関してとかスタイルは変えないとか。

武藤　そのへんのこだわりは凄いですよ。それが原因でやられたと思うんですよね。オフィスの要求にも絶対に折れねえから。

椎名　それで新日本とも揉めてましたもんね。

アメリカで学んだ「プロレス」

玉袋　リック・フレアーはどうでした？

武藤　リック・フレアーは、レスラーとして素晴らしいし、いいヤツだったんだけど……最後、まいっちゃったからな（笑）。
ガンツ　ガハハハハ！　全日本に呼んだ時、試合直前にドタキャンしたんでしたね（笑）。
武藤　それまではいいヤツだったんだけどな（笑）。
玉袋　でも海外に行くと、その土地その土地に順応しなきゃいけないわけじゃないですか？
武藤　そうですね。
玉袋　プロモーターも癖のあるヤツもいるだろうし。武藤さんはどうやって順応したのかなって。
武藤　いや、俺は幸い行ったところが、タンパとかプエルトリコとか、土地柄がおおらかでやりやすいところが多かったんですよ。
ガンツ　気候もいいですしね。
武藤　だから半分バケーションだよな。
玉袋　ワハハハハ！　武者修行じゃなくて、バケーション！
武藤　ホントにそうだよ（笑）。そういう場所なんだもん。
ガンツ　マサさんも「フロリダは最高だ」って言ってましたよね。「仕事ができるヤツが揃ってるし、気候はいいし、女は尻軽だし」って（笑）。
玉袋　やっぱり、武藤さんはこっち（小指）方面もエンジョイしたわけですか？
武藤　まあまあ、アメリカは楽しかったですね。最初にフロリダ行ったときは、ドライビングライセンスを持って行かなかったんですよ。でも行ってわかったのは、アメリカってクルマがなきゃ生きていけない世界なんですよ。だから、生き残るためにアッシーを探したよな。
ガンツ　あ！　男と女、逆なんですね（笑）。
玉袋　女アッシーを捕まえるんだ！
武藤　だって、探さねえと生きていけねえもん。足なかったら、ちょっと隣の家に行くのだって大変なんだから。
玉袋　その女アッシーを見つけるには、寄ってきたものをいただく感じですか？

武藤　そうそう！　それしか方法なかったっスね。

玉袋　でも、デブばっかりなんでしょ？

武藤　その中でもいいのを選んでね。……高校生だったんだけど。

ガンツ　アメリカのＪＫを捕まえましたか！（笑）。

武藤　ちょっと犯罪に近いけどな（笑）。

玉袋　大丈夫です！（笑）。

武藤　向こうは高校生でも運転できるからね。で、やっぱりビザを持ってないと生きるのが大変なんですよ。だから、マジでコイツと結婚してやろうかなっていうヤツもいたよ。ビザがほしいから。

ガンツ　みんな、それ目当てもあって結婚するんですね。

玉袋　もう、日本に出稼ぎに来てるフィリピン人の女と一緒だよ！（笑）。

武藤　そうそう！　一緒だよな。ビザ持ってないと、それぐらい不便なんだ。

玉袋　グリーンカードってどうやって取るんですか？

武藤　結婚したら取れるでしょ？

玉袋　そうか、そうか。

武藤　「もし、日本とアメリカが戦争したら、あなたはどっちの兵隊で出ますか？」ぐらいは聞かれるんじゃねえのかな？

玉袋　多民族国家だもんね。

武藤　それを猪木さんはね、グリーンカードを20万円ぐらいで取っちゃったんだよ。**モハメド・アリ**※92の弁護士を使って。

玉袋　ワハハハハ！　やっぱり、猪木さんはスケールが違う（笑）。

椎名　裏の手の回し方が違いますよね。「モハメド・アリの弁護士が出てきちゃうって、どういうこと？」っていう（笑）。

玉袋　でも武藤さんは、そういう生きていくためのインフラも含めて、レスラーの仕事っていうもんをアメリカで覚えていったんですよね。

武藤　いろんなものを勉強させてもらいましたね。ストーリーの転がし方だってそうだし。向こうだと基本的にひとつのテリトリーにいる間は、同じ野郎とずっとやらなきゃいけないし。

ガンツ　要は〝演目〟が同じってことですよね。

武藤　それでも、飽きられないようにするにはどうしたらいいのかっていうのも、レスラーの技量だからね。

ガンツ　新日本プロレスの道場では、基礎体力運動とか受け身は徹底的にやっても、そういういわゆる〝プロレス〟はいっさい教えてくれなかったんですよね？

武藤　そうそう。

玉袋　だから、海外で学んで来いっていうことだったのかな？

武藤　そうっスね。ただ、いまは経験できないですよね。時代が違うから。

玉袋　でも、何にも知らねえところから、アメリカでイチから覚えてトップまでいっちゃうっていうのが凄えよ。前にこの取調室にキラー・カーンさんに出てもらったとき、「俺はニューヨークでトップ獲ったんだから」っていうのを凄い誇りにしてたんですよ。やっぱり、カーンさんなんかも凄かったんですか？

武藤　ああ、凄いですよ。WWF（現・WWE）のメインでホーガンとかとやってるんだもんね。ホントのトップですよ。まあ、トップと言っても（ベビーフェイスの）対抗としてだけどね。

玉袋　でも、武藤さんとかカーンさんとかが活躍した80年代っていうのは、『**週プロ**』[※93]なんかの影響もあって、「アメリカより日本のほうがレベルが高え」みたいな風潮があってさ、俺なんかもまんまと乗せられちゃってたんだけど、いま思えば、アメリカで活躍するっていうのは、もっともっと評価されるべきだと思うんですよね。

武藤　まあまあ、言ってもプロレスの本場だからね。

玉袋　俺が最近読んだ本に、三船敏郎の評伝があってさ。三船敏郎は役者として黒澤映画で何十本も出て、海外でも評価は凄いと。で、帰ってきて三船プロを作って、成城に撮影のセットまで作ったわけだよね。それ読むと、三船ってどれだけ凄かったっていうんだっていうスケール？　今後二度と絶対出ないっていうところで改めて凄えなって思ったんだけど。三船＝武藤っていうのが、いま繋がったよ。

武藤　ただ、文化の違いっていうのはあるからね。メキシコにはメキシコのプロレスがあって、アメリカにはアメリカのプロレスがある。感性が日本と違うから。やっぱりWWEが日本に来ても、脅威ではあるけど文化が違うから、何度も来て通用するかっていったらどうなんだっていう部分もあるからね。アメリカと日本って、ホントに観る側の考え方が違うんだよな。アメリカはデカけりゃデカいほど、強けりゃ強いほどベビーフェイスなんだよ。だからアンドレみたいなのは、日本では絶対にヒールだけど、アメリカではベビーフェイス。向こうは浪花節がいっさいないからね。『フランダースの犬』だって書き換えられてるんだから。

椎名　そうなんですか？

武藤　『フランダースの犬』なんて、アメリカではただの負け犬だからね！

玉袋　ワハハハハ！　負け犬！（笑）。

武藤　『フランダースの犬』って最後死んじゃうじゃん。あれはアメリカでは合わない。死んでいくっていうのは負け犬になっちゃうから。勝たなきゃダメだから。それを踏まえてプロレスを作っていかなきゃいけないから、違うんだよな。

ガンツ　最終的には「正義のアメリカが勝つ！」ってことにならなきゃいけないんですね。

SWSからの誘い

武藤　そういうこと。だから俺は[※94]WCWでヒールのトップだったけど、それもあって日本に帰ってきた部分もあるからな。
ガンツ　そうなんですか？
武藤　うん。あの頃、グレート・ムタがベビーターンする流れっていうのがあったんだよ。で、その前に俺はマネージャーの**ゲーリー・ハート**[※95]から「日本人だから、いくら何しようがベビーフェイスにいったときはおまえは落ちるよ」っていうことを言われてたんだよ。
ガンツ　なるほど。星条旗を背負えないとダメだってことですよね。
武藤　実際、アメリカ人以外の野郎で、ベビーフェイスにターンして、人気が落ちてクビになったヤツを何人も見てるからね。だから俺はベビーフェイスにターンされるのが嫌で日本に帰ってきたの。
ガンツ　そうなんですか！
武藤　しかも、そういう中でＷＷＦからコンタクトがあったんだよ。俺のことを「ほしがってる」っていうのを何回か聞いてるから。で、やっぱりＷＷＦでトップ獲るっていうのは、ひとつの夢じゃないですか？
椎名　当時から、もう世界一の団体でしたもんね。
武藤　で、そのときにたまたま日本でＷＷＦと新日本と全日本が一緒にやるってことになって。
ガンツ　１９９０年4月13日の「**日米レスリング・サミット**[※96]」東京ドーム大会ですね。
武藤　で、坂口さんから「じゃあドームの合同興行のとき、俺がビンス（・マクマホン・ジュニア）を紹介してやるから帰ってこい」って言われて、「じゃあ俺、帰ります」って言って帰ったんだよ。
椎名　で、紹介してくれたんですか？
武藤　一向に紹介なんかしてくれねえよ！
玉袋　ワハハハハ！　ビッグ・サカに対して、武藤さんが「人間不信」になっちゃうというね（笑）。
武藤　で、そんな話と同時にメガネスーパーからの話もあったけどね。

ガンツ　ＳＷＳ！※97

玉袋　じゃあ、新日本、ＷＷＦ、ＳＷＳがみんなほしがってたってことか。やっぱ、武藤敬司はすげぇな～！　３団体がドラフト1位指名だからね！　その競合から、どうやって新日本が獲得できたかを聞きたいね。

椎名　どんな裏の手を使ったのか（笑）。

玉袋　「空白の一日」みてぇなのがあったんだよ、きっと。

ガンツ　では、時系列に沿って聞きたいんですけど。まず当初は、１９９０年2月10日の東京ドームで、リック・フレアーvs武藤敬司のＮＷＡ世界ヘビー級選手権が発表されて、そこで凱旋するはずだったんですよね？

武藤　あれは俺、知らなかった。

ガンツ　知らなかったんですか！（笑）。

武藤　やるっていうようなことは聞いてたけど、それはＷＣＷの仕事としてやるっていうことで。何か、俺のところまでは情報が入ってなかったですね。

椎名　じゃあ、新日本が先走って発表しちゃったんですか？

武藤　全然わかんない。何か、ハワイでやるようなことは言われた気がするんだけど。

玉袋　ハワイと日本じゃ、全然違うよな（笑）。

ガンツ　じゃあ、フレアーvs武藤が中止になったことで、新日本vs全日本の対抗戦が実現しましたけど、そもそもフレアーvs武藤は決まってもいなかったわけですか（笑）。

武藤　何か、わかんないけどね。とにかく俺は聞いてなかったから。

ガンツ　で、そのあと、4月13日にＷＷＦが全日本・新日本と協力して東京ドームで「日米レスリング・サミット」をやるわけですよ。

武藤　そのとき、俺は試合には出てないけど、会場にはいたんだよ。控え室で「いつになったら坂口さんはビンスを紹介してくれるのかな？」って思ってたんだけど（笑）。

玉袋　ワハハハハ！

ガンツ　で、SWSから誘いがあったのは、どのタイミングなんですか？

武藤　SWSはもっと前だね。俺がまだアメリカにいるときで、**（将軍KY）ワカマツ**[※98]さんがアメリカまで来たもん。

ガンツ　あっ、そうなんですか！　じゃあ、メガネスーパーがプロレス団体をやるっていうことがまだ水面下でしか進んでなかった頃、武藤さんにはすでに話が行ってたんですね。

武藤　たぶん、俺が最初に声かけられたと思うよ。

玉袋　武藤さんが最初なの？

武藤　コンタクトはたぶん最初。俺がエースって話だったから。

椎名　マジっスか？

武藤　「天龍さんにも声をかけるかも」って話は聞いてたんだけど、「まさか天龍さんが、絶対に移籍なんかないよ」って思ってたからね。

ガンツ　天龍さんのところには、武藤さんに断られたあと、ダメ元で行ったら、オッケーだったんですよね。

武藤　だから、もし俺より先に声かけられたのがいるとしたら、船木とかそのへんだよ。

椎名　あっ、UWFだ！

ガンツ　メガネスーパーの**田中八郎**[※99]社長は、最初、UWFが丸ごとほしかったんですよね。

武藤　だから、ワカマツさんのプランでは俺が一番最初で、田中八郎さんのビジョンには、船木や**鈴木**[※100]**（みのる）**なんかだったかもしれねえな。

玉袋　ちなみに、生臭え話になっちゃうんですけど、武藤さんの条件は？

武藤　条件は、俺が作りたいように団体を作っていいよっていうのと、家も用意してくれるって。

ガンツ　家が付いてきますか！（笑）。

武藤　あと、年俸は数千万だったな。

玉袋　それは新日よりも圧倒的にいい条件ですよね？
武藤　そうそう。
玉袋　もったいねえなぁ！

前田日明と殴り合い

椎名　何でSWSには行かなかったんですか？
武藤　俺、自信なかったんスよ。
玉袋　武藤敬司が自信がない!?
武藤　だって、あの頃の日本はまだUWFブームだったじゃん？　そんな中で、自分が団体を引っ張るなんて、自信がなかったですね。
ガンツ　確かにUWFはブームでしたけど、もうピークは過ぎていて。逆に武藤さんに対しては、帰国前からファンの期待感が凄く高まってたんですけど、そういう日本の空気はわかってなかったんですね。
武藤　うん。俺、アメリカにいるんだもん。
ガンツ　日本ではプロレス雑誌で、武藤さんがNWAでトップ取ってることが繰り返し報道されてたんで、幻想が高まってたんですよ。だから、ドームでフレアー戦が発表されたり、東京ベイNKホールでの凱旋帰国マッチは、いきなりあんなに盛り上がったんですよ。
武藤　そうだったんだ。ただ、そのわりには扱いがあまり良くなかったような……。
玉袋　ワハハハハ！
武藤　いや、ホントに帰国してからも、そんな騒ぐほど素晴らしい扱いをしてくれなかったよな。長州さんが俺のプロレス大嫌いでね。
玉袋　親方とソリが合わねえっていうのはツライな（笑）。
椎名　きっと、武藤さんがトップ獲ったら、全部持ってっちゃうからですよ（笑）。
武藤　プロレスの感性、全然合わなくてな。
玉袋　器用、不器用で言うと、武藤さんは器用さが凄えもん。で、長州さんやUWFの連中はぶきっちょだと思うんだよな、表現者として。そこが合わねえんじゃねえかな？

武藤 そうっスね。運動神経とかは別としてね。凄い才能があるにもかかわらず、生き方とかね。

玉袋 だから「UWFって何だろう？」って考え直すと、不器用なんじゃねえかなって。

武藤 ワハハハ！ でも、不器用だからよく見えたんだよ。

玉袋 そう！ だから、東映映画で言うとピラニア軍団なんだよ。一流の東映のスターがいるんだけど、ピラニア軍団が上がって、ブームになって、川谷拓三さんとか室田日出男さんとかがみんな上がったみたいな。

武藤 いや、プロレスもそうですよ。じゃあタッグマッチで、4人の中で、ひとり不器用なヤツがいると、その不器用な野郎が一番目立つからね。

ガンツ なるほど！

武藤 そらそうよ。みんな、その不器用に合わせなきゃいけなくなるから。だから新日本とUWFがやったときは、向こうに合わせるようなカタチになったわけでね。

椎名 そういうことなんですか！

ガンツ 武藤さんは、スペース・ローン・ウルフ時代にUWF勢と対戦してますけど、強さっていうのは感じましたか？

武藤 いや、柔道時代に凄え強いヤツと組んだときに感じたような強さとは違うよね。ただ、あの頃の俺はまだ若いし、キャリアがないから、知らないことを仕掛けられたらわからないわけで、対応したくてもできない部分はあったよ。

ガンツ 地力の強さというより、知らないことをやってくる怖さを感じたと。

武藤 まあ、言葉では説明できねえけど。地力の強さでとんでもなく強いヤツっているからな。

ガンツ あと、当時の話だと、有名な熊本県人吉の

旅館ぶっ壊し事件[※101]内で実現した、**前田日明**[※102]vs武藤敬司がありますよね（笑）。

椎名　新日本とUWFの懇親飲み会で、武藤さんと前田さんが殴り合ったんですよね？（笑）。

武藤　でも、あれは殴り合いじゃないんだよ？「ジャンケンで負けたら一発ずつ殴られる」ってことで。前田さんが後出しジャンケンして、俺だけが殴られてたんだよ。

ガンツ　でも、そのジャンケンのきっかけになったのは、武藤さんが前田さんに「あんたのプロレス、つまらない」って言ったからですよね？（笑）。

武藤　まあまあ、俺も若気の至りですよ（笑）。でも、前田さんも普通じゃねえからおもしれえよな。

玉袋　ワハハハハ！

武藤　いま改めて前田さんっていうのを振り返った場合、ホント普通じゃないから、おもしろいっスよね。たぶん、お笑い芸人も一緒だと思うんだけど、エンターティナーは普通だとおもしろくないですよね？　前田さんはもう普通じゃないんだよ。

玉袋　前田さんは普通じゃない（苦笑）。

武藤　うん、普通じゃない。まだ、**髙田**[※103]**（延彦）**さんのほうが普通だよな？　**山崎**[※104]**（一夫）**さんはモロ普通だよ（笑）。

ガンツ　モロ普通の人（笑）。

武藤　あとは佐山さんも普通じゃねえな。

椎名　佐山さんはかなりアブノーマルですよね（笑）。船木さんは大丈夫ですか？

武藤　いや、船木も……普通じゃねえからおもしろいよな（笑）。

椎名　マッドネス（笑）。

ガンツ　では、武藤さんからすると、ＵＷＦっていうのは普通じゃない人たちの集団ですか？

武藤　まあまあ、プロレスを格闘技にするっていう発想自体が普通じゃねえからな。ただ、あれだけそういうもんを掲げたんなら、本来だったら先頭切って、ＰＲＩＤＥ系に行かなきゃいけなかったよな。

椎名　ああ、やっぱりそう思いますか。

武藤　うんうん。そっちに行くってことでお客を引っ張ってたわけだからさ。でも、みんなそこには行けなかったじゃん、自分がかわいくて。そこがダメというか……。

玉袋　言わんとしてることは、わかる。

武藤　ＵＷＦが天下を獲りきれなかったのは、そこだと思うよ。やれば凄かったけど、それをやったらトップがトップのままいつづけることは不可能になるわけだから、自分がかわいくてできなかったんだよ。ガチでやったら、ＰＲＩＤＥなんかでもほかのアマチュアのスポーツでもそうだけど、自分より強い若いヤツはドンドン出てくるわけだから。

椎名　格や先輩後輩が関係なく、新陳代謝が進むわけですもんね。

玉袋　そこに武藤敬司が行ってたら、どうなってたんだろうね？

武藤　俺は行かないよ。俺は行かないから、プロレスに来たんだもん。それをやるんだったら、柔道で全日本獲ったり、オリンピックのメダル獲るぐらいの心構えでいかなきゃいけないですよね。アマチュアリズムだから。そういう意味でUWFっていうのは、プロの中にアマチュアリズムをちょっと吹き込んで、ビジネスしちゃっただけなんだよね。

玉袋　ワハハハハ！　このおじさん、おもしろい。

武藤　アマチュアリズムは大変だよ？　浅田真央ちゃん、あそこまでやって負けちゃうんだから。

玉袋　追い詰めちゃうんでしょ？

武藤　追い詰めちゃう。ああいう世界は、名前があればあるほど大変だよ。だから髙田さんなんかは、ずいぶんあとになって**ヒクソン（・グレイシー）**[※105]とやってるけど、もうあれで辞めるような感じだったじゃん？

ガンツ　ほとんど死に場所に向かう感じでしたね。

玉袋　デッドマン・ウォーキングだったもんな～。

武藤　あとは、イズムという部分でパンクラスがそっちに行ったけど、船木があんなに早く1回引退したり、鈴木がプロレス戻ってきたりしたのも、アマチュアリズムの厳しさだよな。

ガンツ　船木さんたちは、そもそも凄く若かったから、あれができたかもしれないですね。

武藤　うんうん。あとは**桜庭（和志）**[※106]とか、プロレスほとんどやったことねえ、次の世代にやらせることになったからね。

髙田戦、伝説のフィニッシュ

玉袋　桜庭さんっていう、元Uインターの選手の名前が出てきたところで、**Uインターとの対抗戦**[※107]についても聞きたいんですけど。あんとき俺、横に武藤さんがいて申し訳ないんだけど、Uインターのほうに……。

武藤　ほとんどの人がUインターのほうを応援してたんじゃないの？

玉袋　いや、会場で俺の周りは新日ファンだらけでしたよ。

武藤　あ、そう？　まあ、会場は新日本の会場だからね。でも、世論はＵＷＦだよ。やっぱり大志を持って、新しい何かを作り上げる異分子っていうのは、ファンが絶対に応援するもん。それに対して、新日本は与党だもんね。与党は意外と攻撃されるから。

玉袋　あんとき俺は完全に野党派で、「髙田！　武藤なんてぶっ殺せ！」って言っちゃってたんですよ。すいません、すいません。

武藤　いや、大丈夫。そっち方面のファンから攻撃されるのは慣れっこだから（笑）。

ガンツ　スペース・ローン・ウルフ時代から慣れてる（笑）。

椎名　あのとき、新日本の誰が髙田さんとやるかっていうのがあったと思うんですけど、「武藤さんが行くしかないな」って俺は思ってたんですよ。

武藤　そんなことないよ。こっちは意見が割れてたよ。橋本が行ったらどうとかって。

椎名　でも、武藤さんが行ったほうが安心じゃないですか？

ガンツ　ボクらの勝手な妄想ですけど、裏の実力も込みで（笑）。天下分け目の対抗戦ですから、何が起こるかわからないじゃないですか？　ましてや、髙田さんは**北尾（光司）**[※108]を完全ノックアウトしたこともある人ですから。

武藤　うんうん、仕掛けてくることもあると。

ガンツ　全面対抗戦とはいえ、メインで勝ったほうが総取りみたいなもんですからね。そこで何が起こってもいいように……。

武藤　いやあ、プロレスはおもしれえな！

ガンツ　おもしろいですか（笑）。

武藤　そこまでお客に想像させるんだから、絶対におもしろいよ！

玉袋　だから最高におもしろかったんですよ！　俺、10・9はロケを途中で中断して行ったんだから！

ガンツ　いま思うと、あのときの武藤さんはＩＷＧＰ[※109]のチャンピオンであると同時に、そういう面での信頼も一番あったんじゃないかなって。

玉袋　当時の武藤敬司には、信頼と髪の毛があったんですよ！

武藤　いまだって信頼はあるよ！（笑）。

ガンツ　で、実際、蝶野さんがチャンピオンのとき、Ｕインターがアポなしで対戦を迫ってきたときは、突っぱねたわけじゃないですか？

武藤　蝶野は苦しいかもしれねえな。

椎名　それで、長州力が「リスク料３０００万円払え」って言ってきたんだよね（笑）。

ガンツ　その「リスク料」っていうのが、まさに何かが起こったときのリスク料だと思いますけど。武藤さんは、髙田さんと対戦する前、そういう危険があるんじゃないかって考えました？

武藤　考えたよ（キッパリ）。

ガンツ　やっぱり考えましたか！

武藤　仕掛けてくるかもしれないっていうのは、考えてた。

ガンツ　だから試合観てても、凄い距離を取ってて腰高で、ハイキックを警戒してるなっていうのがわかりました。

玉袋　あれはもう一種の異種格闘技戦というか、他流試合だよな。

武藤　だからおもしろかったんだよ。どんな試合になるか、カテゴリーがそんなにわからない中でね、やっぱり緊張感あったんですよ。

椎名　そういう試合だからこそ、「武藤しかいないよな」って、あとになって思うんですよ。

ガンツ　髙田戦の半年ぐらい前まではスランプって言われてたのが、一気に大ブレイクして。

武藤　そういや俺、橋本から獲ったんだよな。

ガンツ　５月３日の福岡ドームですよね。

武藤　その試合前に寺にこもったんですよ。

玉袋　また、いちいちこもりますね！　高校時代の山ごもりみたいに、毎日、風呂入りに家に帰ってたんじゃないですか？（笑）。

武藤　いや、ちゃんとこもったよ。満光寺《まんこうじ》っていうお寺（ニヤニヤ）。

玉袋　ワハハハ！　マンコージ！

武藤　ホント、ホント！（笑）。

玉袋　（小指を立てて）レーコーの家じゃねえの？（笑）。

武藤　いや、写経やらされたんだよ（笑）。

玉袋　マンコージで写経？　射精じゃなくて？

武藤　写経だよ！（笑）。写経、厳しいよ!?　脂汗出てきたよ。

ガンツ　当時の闘魂三銃士はいろいろやらされてますね。橋本さんも[※110]**トニー・ホーム**にリベンジするために、中国の少林寺に行ったし（笑）。

玉袋　水面蹴り覚えちゃってな（笑）。

ガンツ　技と言えば、髙田戦のフィニッシュである[※111]**ドラゴンスクリューからの足4の字固め**。あれで決めてやるっていうのは、武藤さんが考えたんですか？

武藤　俺が考えた。

ガンツ　やっぱり天才ですね！　蹴りを使う髙田延彦に対して、ドラゴンスクリューでヒザを破壊したあと、4の字っていう〝どプロレス技〟で極めるって凄いですよ！

玉袋　俺なんか、髙田がよりによって4の字固めで負けたってことで、大荒れでしたよ。悪酔いしちゃって。あれは凄え！

ガンツ　あのフィニッシュは、どういう発想から出てきたんですか？

武藤　あの頃は、もうムーンサルトをやりたくなかったんスよ。このままムーンサルトをやり続けてたら、もうヒザがもたねえなって。そういう中で、温故知新じゃねえけど、古い技に光を当てるのもいいかなって。それで攻防の中で、言葉では説明できないけど、何となくね。

ガンツ　では、あの高田戦を機に、ムーンサルトじゃない、新しい自分を作りたいとまで考えていたんですか？

武藤　そういうふうには思ってたね。

ガンツ　凄いですね！

武藤　漠然とだけどね。具体的なプランニングじゃないけど、ムーンサルトはキツいなっていう部分があったのは確か。

玉袋　それで4の字固めだもんな〜。あのオチは参った。サゲだよ、サゲ。「芝浜」を超えたサゲって言われてるから。

武藤　あとドラゴンスクリューなんか、柔道の一本背負いと同じじゃん？

椎名　ああ、脚に一本背負いかける感じなんですね！

武藤　仕掛けるカタチとしては一緒だからさ、それ系の打ち込みはプロレスに入る前からさんざんやってるわけであって。生半可な普通の野郎がやるよりは、絶対俺がやったほうが……（笑）。

椎名　藤波さんがやるよりいいと（笑）。

武藤　絶対キレイになるわけだから。自信は持ってたんだよな。

ガンツ　あのドラゴンスクリューは、写真で見ると素晴らしいですよね。武藤さんの身体が空中で真横になって。

玉袋　キレイなんだよな〜。

椎名　髙田延彦が悶絶してね（笑）。

武藤　その写真、『日刊スポーツ』の見開きぶち抜きで載ったからね。

ガンツ　ああ、そうだ！　ボク、買いましたよ！

武藤　それ撮ったカメラマン、賞を獲って、俺、お礼言われたことあるもん。

玉袋　じゃあ、武藤さんの中の一番の名勝負はそれですか？

武藤　そうですね。だって、プロレスっていうのは「どれだけ多くの影響を与えたか？」っていうのが重要じゃないですか？　いいレスラーっていうのは、どれだけ多くの人間に影響を与えたか、だから。やっぱり、アントニオ猪木は一番影響を与えているわけであって。俺にとってはあの試合が一番影響を与えている試合ですよね。

ガンツ　だから、武藤さんのドラゴンスクリューからの4の字っていうのは、猪木さんで言えば、**ストロング小林戦**[※112]のジャーマンみたいなもんですよね。

玉袋　なるほど！　ガンツ、うまいこと言うね。やっぱり俺みたいなバカな客が、試合を観て泣いたりするっていうことが、レスラーとして最高の仕事じゃないですか？「ちくしょう！　髙田が負けた……」って荒れてね。

小川vs橋本戦の後始末

武藤　悔しさとかって、凄え大事ですよ。で、いまのプロレスって、意外と笑いに走るんですよ。でも、笑いっていうのは集客にならなくてね。

玉袋　俺もそう思う。

武藤　笑いだったら、べつにプロレスじゃなくて、玉ちゃんの漫才とか、そういうの観に行くって。

玉袋　今年（2012年）の1・4も観させてもらったんだけど、ドームで武藤さんが出てくると、全然違うよ。圧倒的だもんね。

武藤　ほとんど動いてないじゃないですか？（笑）。

ガンツ　そうなんですよね（笑）。

玉袋　でも、入場してきたときのオーラとか、仕草の一つひとつが違うんですよ。

武藤　もう少しヒザが良ければあれですけど、いまだに世界に行って、ホントに何の情報もないところで出ていったとしても、俺は客を沸かせる自信はあるよ。

玉袋　さすがだよな〜！

武藤　ハルク・ホーガンが来ようが、誰が来ようが、そこは意外と自信ありますよ。知らねえお客をつかむ自信はね。

玉袋　一見の客、何も知らねえ一般人をもつかむ力ってことですよね。ボクも芸人として最近糞づまってるから、そのコツをちょっと教えてくださいよ。

武藤　いや、これは神奈月[※113]が言ってたんだけど。アイツなんか、「引き出しをいっぱい持ってるけど、あえて小出しにしかしない」って言ってたよ。「ブームは絶対に起こさないようにしてる」って言ってた。

玉袋　そう！　そこ大事！

武藤　「ブームが起きたらそれで終わっちゃうんだ」って。

玉袋　武藤さんね、俺がいま一緒に番組やってるライムスターの宇多丸ってラッパーがいるんですよ。武藤さんと同じつるっぱげなんだけど、日本でナンバーワンのラッパー。そいつが言ったのは、「致命的ヒットはダメ」ってこと。

武藤　ああ！　そうだよな。

ガンツ　〝致命的ヒット〟って凄い言葉ですね。

玉袋　一発、バーンと大売れしちゃったらダメだって。武藤さんぐらい売れ続けてる人ならあれだけど、俺は致命的ヒットは出さねえ程度に生きるようにしてますよ。

武藤　だから、継続のほうがいいよね。何ごとも継続しなきゃ終わっちまうからね。それがプロレスの基本だからね。

椎名　「プロレスはゴールのないマラソン」って言ってますもんね。

武藤　そうそう。

ガンツ　だから、武藤さんの髙田戦っていうのは、もの凄いヒットでしたけど、致命的ヒットではないですよね。

玉袋　あれは違うよ！　あそこからずっと売れてんだもん。

武藤　正直、俺、あれでそのあと20年食ってますからね。

玉袋　ワハハハ！　演歌歌手みたいに（笑）。

武藤　ホントに、あれで20年食ってますよ。『週プロ』もあのときのが一番売れてるんですよ。

玉袋　そりゃそうですよ。少なくともここにいる3人、全員買ってるしね。

椎名　深夜1時にコンビニ行ってね（笑）。

武藤　あと、これは人から聞いた話だけど、あの試合はほとんどのスポーツ新聞が扱ってくれたのに、『スポニチ』だけ扱ってなかったんですよ。そうしたら、『スポニチ』の売り上げが凄い悪くて、それで『スポニチ』もプロレスを取り扱うようになったって。そういうことを聞いたよ。本当かどうかはわかんないけど。

玉袋　新聞社の方針まで変えさせるんだから、凄えよ！

武藤　で、その前の日が巨人の原監督の引退試合だったの。原監督っていうのがまたプロレスが好きで、リングサイドに観に来てて、俺の**プロレスLOVE**※114をパクって、ジャイアンツ愛を作ったんだから。

玉袋　ワハハハハ！

椎名　ラブポーズとグータッチのやり方は似てますよね（笑）。

ガンツ　まさか、武藤vs髙田戦が巨人軍にまで多大な影響を与えているとは……（笑）。でもプロレスファンには、「それぞれの10・9」がありますよね。みんな行ってるんですから。

玉袋　俺なんか、アッタマ来ちゃってしょうがなかったよ。「バカ野郎〜！　髙田〜っ！」って、あの日ぐれえ泣いて帰ったことはなかったよ。

武藤　でも、あの試合が原因で髙田さんをＰＲＩＤＥまで行かせちゃったのかなっていう気がするよね。

ガンツ　ああ、そうですよね。あの試合のインパクトが大きすぎて。

武藤　うんうん。何か、髙田さんのプロレスラー生命を奪っちまったのかなっていう。

玉袋　〝最強〟だったのが、4の字で負けてんだもん。もう、ヒクソン戦に行くしかなかったんだよな。だからある意味、ＰＲＩＤＥを生んだのは武藤敬司だったってことですよ！

椎名　そうなりますね（笑）。

玉袋　だから責任を取って、髙田さんが負けたあと、武藤さんが敵討ちで行ってほしかった。武藤さんがヒクソンとやれば勝つよ。

武藤　わかんないよ（笑）。でも、船木はホントにヒクソンに勝てると思って行ったらしいよ？

玉袋　15歳で格闘技経験なくプロレス入りした船木さんがあそこまでやったんだから、武藤さんならヒクソンを4の字で極めちゃってた可能性だってあるぞ？

椎名　**ペドロ・オタービオ**[※115]はマウントパンチで下してますからね（笑）。

武藤　まあ、あれも含めて、当時の俺は会社が言いつけてくる無理難題みてえなお仕事っていうのを、100パーセントから120パーセントでこなしてたと思うよ？

ガンツ　あのオタービオ戦というお題は難しいですよね（笑）。

武藤　でも俺は、**1・4小川vs橋本戦**[※116]でリングがメチャクチャになったあと、後始末でIWGPのタイトルマッチとかもやってるからね！

ガンツ　**スコット・ノートン**[※117]戦ですね、凄い名勝負になった。

武藤　そうそう。小川vs橋本があんな結果になって、オールキャストで乱闘になったあと、何の因縁もないスコット・ノートンだよ？　よっぽど（腕を叩いて）コレがないと。

ガンツ　そうですよ！

玉袋　完全に濁っちゃった水をキレイにしなきゃいけねえんだもんな。

武藤　ガチで**村上（和成）**[※118]をノックアウトしたりとかさ。そのあとの掃除だよ、俺！

玉袋　ワハハハハ！

ガンツ　セミ前の小川vs橋本がメチャクチャすぎて、その余韻で、メインで武藤さんが入場してきても、歓声も何もないんですよね（笑）。

武藤　そうそう！

ガンツ　で、試合は20分くらいやったと思いますけど、10分すぎぐらいから客がグイグイ引き込まれてきて、あんな騒然となった会場が、最後はハッピーエンドになったわけですもんね。

武藤　あの年、俺は（東スポのプロレス大賞で）MVP貰ったからね。一連の小川vs橋本のあとは、いつも俺のタイトルマッチで。**ドン・フライ**[※119]とか、**（佐々木）健介**[※120]とか、**中西（学）**[※121]なんかとやって興行を締めてきたから。

玉袋　健介とか中西と名勝負やるっていうのも、なかなか難しいお題だぞ？　一本調子なんだから。

椎名　武藤さんが試合を引っ張るしかない（笑）。

武藤　海外とか行ったら、どこでも順応しなきゃいけなかったし、誰とやっても消化していかなきゃいけなかったからね。だから、俺はそこまでエゴが強くなかったし。エゴだけで勝ち残る人もいるけど、エゴだけで勝ち残るにはかなり強烈な性格やインパクトがないと、勝ち残れない。俺はそっちじゃなかったから。

いま何を見せるべきか

玉袋　武藤さんの順応性は凄いな。こないだ、木村健悟さんは「海外に行っても、新日本のスタイルは変えたことがありません」って言ってたけど。

武藤　へえ〜！

玉袋　新日本のスタイルのままメキシコに行ったら、客が凄いヒートして、ヒールのトップになったたって言ってましたよ。

武藤　それ、たまたまだよ。日本でトップになってねえんだから（笑）。

ガンツ　ガハハハハ！

武藤　でも、俺は木村さんの最初の付き人だからね。

ガンツ　あ、木村さんって、武藤さんがつくまで付き人はいなかったんですか？

武藤　いなかった。維新軍が（ジャパンプロレスとして）新日本を辞めてから、付き人つけるようになったから。

椎名　長州とかいなくなったから、木村も付けていいぞと。

武藤　それで俺、立候補したんだよ。

ガンツ　一番楽そうだから（笑）。

武藤　そうそう（笑）。

椎名　実際、ラクだったんですか？

武藤　ラクだった（笑）。木村さんは、無理難題言う人じゃなかったからね。俺はかわいがってもらったし。まあ、木村さんはトップにはならなかったけど、1回、藤波さんと1試合だけで後楽園を満員にしてるからね（1987年1月12日）。

ガンツ　**ワンマッチ興行**[※122]ですよね。たった1試合で、しかも前売りなし、当日券のみで満員札止めという。

武藤　凄いよね。熱があったよな、プロレス。

ガンツ　平日に当日券だけで1600枚以上売れるって、考えられないですよね。

武藤　マジで？　凄いね。あの試合が売れた要因って、何だったの？　何があったんだっけ？

ガンツ　それまで藤波＆木村は新日正規軍の看板コンビだったのが、木村さんが突然挑戦宣言して、1987年の正月に一騎打ちが組まれたんですよ。それで木村さんが稲妻レッグラリアットで勝つんですけど、サポーターの中から凶器が見つかってノーコンテストになる。

武藤　ああ。

ガンツ　それで、その10日後ぐらいに、後楽園でワンマッチの決着戦を組むことを急きょ発表したんですよ。

玉袋　あれ、会場は前から押さえてたんだろ？

武藤　押さえてないと無理だよ。平日？

ガンツ　平日ですね。だから、たぶんたまたま空いてて、2～3カ月前に後楽園のほうから「使いませんか？」って営業があったんじゃないですかね？　それで抗争がスタートしたとき、シリーズに関係ないワンマッチとして使おうってことだったんじゃないかと。

武藤　へぇ！　羨ましいな。当時だって、新日本はそんなに景気よくないときでしょ？　それにもかかわらず、ワンマッチで後楽園埋めるって、凄いね。

ガンツ　当時はUWFと業務提携してもお客があまり入らなくて、長州さんを全日本から呼び戻す直前ですからね。その年末には、たけしプロレス軍団を投入して。

武藤　でも、そのたけし軍団が、いま新日本の中枢を担ってんじゃん？

椎名　**邪道&外道**[※123]が（笑）。

武藤　邪外だよ、いま新日本の根っこを支えてるのは。

玉袋　あの頃、俺もたけし軍団の下っ端で、邪道&外道とは一緒にスクワットやったもんね。それが、新日本であんなふうになるとは思わねえよ！

ガンツ　だから、藤波vs木村のワンマッチ興行があれだけ売れたっていうのは、新日vsUインターが発表してすぐ売れたのと、構造は似てますよね。アイデアとタイミング、企画ひとつで、ファンに火をつけることができるっていう。

武藤　でも、いまはそうそううまくいかないんだよなぁ。玉ちゃん、逆にヒント貰いてえ。いまWRESTLE-1やってるんだけど、プロレスってここ十数年で、爆弾からガチンコから全部見せてる中で、何を見せたらいいのかって。

ガンツ　あらゆるプロレスやっちゃってますもんね。

武藤　でも、人間がやることだから、どっかで戻んなきゃいけねえと思うんだわ。これよりエスカレートすることはないんだよ、きっと。ただ、な〜んかいまのプロレスって、俺が言うのもなんだけど、クソおもしろくないんだわ。

ガンツ　ガハハハハ！

武藤　これは個人的な趣味嗜好だけどな。さっき言ったスキャンダルがないというか。

ガンツ　でも、いまのファン、特に新日本プロレスの会場に詰めかけてるファンは、スキャンダルやイレギュラーを求めてないですよね。

武藤　うん。

玉袋　いま、ハプニングを起こしているのは猪木さんだけだよ。国会で「元気ですかーっ！」って。

ガンツ　ガハハハハ！

椎名　国会で大声で挨拶して注意された人、初めて見ましたよね（笑）。

武藤　あの人は絶対にまだ若いよね。

玉袋　まだ若い（笑）。

武藤　正直、俺、若い頃はそういう猪木さんの背中を見て育ってるんで、全日本に行ってみて、やっぱり感性が違ったですね。社員も選手もみんな違った。どちらかって言うと、全日本は北朝鮮みたいな感じ。

ガンツ　ワハハハハ！　全日本は北朝鮮！（笑）。

武藤　全体的にね。馬場さんが金正日みたいな。何かを生み出す発想は乏しいんじゃないかなって。

玉袋　ファンとしてもそう思いますよ。やっぱ違うもんね、猪木さんとは。

武藤　猪木さんはおもしろいっスよね。俺は嫌われてるけど。

ガンツ　そうなんですか（笑）。

玉袋　いまもダメなんですか？

武藤　いまは普通だけど、俺は坂口さん派だったからね。

自分の遺伝子を残すために

ガンツ　ただ、いまの新日ファンは、猪木さん的なものはまったく求めてないですよね。

武藤　そうだよな。じゃあ、何でいま新日本は隆盛を誇ってるの？　メディアにカネ払ってるから？

玉袋　そんな言うほどおもしれぇのかな？　とは思

うんですよね。

武藤　そうだよね？　ファッションだよね、あれね。

玉袋　今年の1・4も、**柴田**[※124]**vs後藤**とか、**飯伏**[※125]**（幸太）**の試合はおもしれえと思ったけど。

ガンツ　従来のプロレスファンとは、違う趣向のプロレスファンをたくさん育ててるんですよね。そこが凄いですよ。でも、せっかく新しいファンが増えてる中で、WRESTLE-1が、その人たちの興味の対象外にいるとしたら、もったいないですよね。

武藤　まあ、そうだよな。

ガンツ　もっと、「新日本がきっかけでプロレスファンになったけど、いま一番好きなのは**黒潮**[※126]**〝イケメン〟二郎選手**」とか、そういうファンがいてもいいと思いますよ。

武藤　おこぼれちょうだいか。

ガンツ　おこぼれちょうだいというより、せっかく新日本が開拓してくれた、新しいプロレスファンへのアプローチが、ちょっと足りないのかな、とか。偉そうな言い方になっちゃって、恐縮なんですけど。

武藤　いや、でもそうだよな。同じ土壌にいないとダメなんだよね。いま、ウチのプロレス、いままでのプロレスと違うことをしようとしていて、「俺たちのは従来のプロレスじゃない」っていうようなことをやりながら、従来のプロレスのファンしか対象にしてないからダメなんだよ。何となくわかってんだけどな。なかなか大変だよ。

玉袋　でも俺、武藤さんはすべてをカジュアルにしてくれる人だと思ってるから。武藤さんが前面に出て、ガーンとやればいいんじゃないですか？

武藤　俺、もうできねえんだよ。俺が昔みたいに動けて、自分でできたら凄え簡単なんだけど。

ガンツ　そうですよね（笑）。

武藤　でも、それはもうできねえことだから、どこかで自分の遺伝子を残さないと。

椎名　でも、武藤さんがそういうことを一番やってると思いますよ。

武藤　まあ、俺はそのつもりでずっとやってきたからね。

ガンツ　ヘンな話、いまの新日本プロレスって、猪木さんの遺伝子というより、絶対に武藤さんの遺伝子ですよね？

武藤　そうだよ。新日本のいまのレスリングの形態は、みんな俺のパクリだからね。

ガンツ　武藤敬司のパクリ！（笑）。

武藤　全部俺のパクリだよ。ロイヤリティ貰いてぇよ。まあ、（カードゲームで）若干ロイヤリティも貰ってんだけどな（笑）。

ガンツ　ボクはいまのプロレスっていうのは、1990年4月27日の東京ベイNKホール、武藤さんの2度目の凱旋帰国からすべて始まったと思ってますから。

武藤　それまではまだUWF文化が侵食してたよね。

ガンツ　猪木イズムやUWF的思考が、いま新日本にはないわけですから、武藤さんの影響って、もの凄く大きいと思いますよ。だから、初代タイガーマスクデビューと武藤敬司凱旋が、2つの大きなエポックかなって思うんですよ。

玉袋　（もはや泥酔状態）いやぁ、武藤さん、凄ぇ。もう何でもいいんだよ。武藤さんが凄いってことだ……。

ガンツ　玉さん、いまのプロレスの話になって、口数が少なくなったと思ったら、すっかり酔っぱらってますね（笑）。

玉袋　いや、ぜってぇカッコいい。とにかく武藤さんが最高だよぉ。そうだろ？（怪しいロレツで）

ガンツ　そうですね（笑）。ただ、そんな武藤さんのWRESTLE-1が、なかなか波に乗れない中で、どうすればいいかという話になってます。

玉袋　いまは新日本だもんなあ！

武藤　ただ、新日本は大枚あるからやってるけど、この形態で、若干若いヤツがいないっていうこともあって、どこまで続くかっていうのがあるよね。

ガンツ　いま、オカダ・カズチカ※127選手がトップですけど、同世代のライバルやそれに続く選手って、じつはあまり見当たらないですよね。

武藤　いない。どう育てるか、横から取ってくるのかっていうのも注目するところだよね。

ガンツ　将来的なことも考えて、飯伏選手を所属にしたんだと思いますけど。

武藤　飯伏だって、俺、7～8年前に引き抜こうとして、失敗こいてるからね。

ガンツ　引き抜こうとしてたんですか！　ある意味、先見の明がありましたね（笑）。

猪木さんはプロレスの天才

椎名　飯伏って天才ですよね。でも、ヘビー級であれをやってた武藤さんは、超天才だと思いますけど。

武藤　いや、プロレスの天才は猪木さんだよ！

椎名　武藤さんから見ても、やっぱり天才ですか？

武藤　天才だよ。だって、猪木さんは運動神経に関してはすげえドン臭いからね。

ガンツ　ガハハハハ！

武藤　デタラメにドン臭いからね。球技なんてやったら、ホントにダメ。だから坂口さんがゴルフやるようになって、そのやっかみで派閥が生まれたんだから。

ガンツ　そうなんですか！　ゴルフをやるやらないで（笑）。

武藤　そうそう。ゴルフとか麻雀をやるかやらないかの派閥だから。猪木さん、そういう方面にはホントにドン臭いから。それで何にもやらねえんだよ。

椎名　それだけドン臭いのに、プロレスだけは素晴らしいから、天才だと（笑）。

武藤　あと猪木さんで、他人に負けないことって、ビールの一気飲みが早いってことぐらいだもん！

椎名　ハハハハハ！

武藤　あの一気飲みだけは、凄えんだよ。

ガンツ　アゴに全部入れるんですよね（笑）。

武藤　そうそう！　普通の人は口の中に入る量なんかたかが知れてるけど、猪木さんはペリカンのくちばしに流すだけだから！（笑）。

玉袋　（もはや話は聞かず）いや、武藤敬司はカッコいい！

武藤　玉ちゃん、お笑いはどうなの？

玉袋　ロクなもんじゃねえよ！（投げやり）。

武藤　人前に出てライブとかもやってんの？

玉袋　やってます。おじさん、来てよ。

武藤　行くよ。どういうとこでやってんですか？

玉袋　……まあいいんだけど。

椎名　ハハハハ！　誘っておいて（笑）。

玉袋　だって、武藤さんだもん（意味不明）。

武藤　俺、普通に行くよ。

玉袋　来なくていいよ。

武藤　いま、来いって言ったじゃん（笑）。

玉袋　ワハハハ！　武藤さんのアメリカとかの話聞きてえ（支離滅裂）。

武藤　玉ちゃん、大丈夫？

玉袋　バーバーバーバー（武藤の入場曲『HOLD OUT』を口ずさむ）。

ガンツ　歌い出しちゃいました（笑）。

武藤　俺、こんな仕事したの初めてだよ（笑）。ホントに単なる飲み会で、仕事じゃないもんね？　いつもこんな感じなの？

椎名　いや、武藤さんみたいなスターと飲んで、舞い上がってるんですよ（笑）。

武藤　でも、玉ちゃんって、（ビート）たけしさんっていう、日本一のスターが師匠じゃん。たけしさんってどうなの？　俺らからしたら猪木さんみたいなもんじゃん？

玉袋　……。

ガンツ　玉さん、玉さんから見たたけしさんと武藤さんから見た猪木さんは違うのかって聞いてますよ。

玉袋　……ベロベロだよ。

ガンツ　ガハハハハ！　完全に泥酔（笑）。

武藤　どうなのかな？　俺も何回か仕事してるんだけど。まあ、少なからず猪木さんよりもカネ持ってるよな？　猪木さんはカネ持ってねえもんな。

椎名　そうですか？

武藤　猪木さん、カネ持ってねえもん。たけしさんはカネ持ってるもん。ロールスロイス乗ってさ。

ガンツ　猪木さんがあれだけ稼いだカネはどこいったんですかね？

武藤　周りが持ってったんだろう。猪木さんは、馬場さんみたいにガッチリ残さねえから。馬場さんなんて、亡くなられたあと、元子さんがガチンコで相続税払って、9億だからね。

ガンツ　ええ!?　相続税が9億円！

武藤　資産が何億だか知らないけど、その中でラスベガスだ、ハワイだって、不動産残してるから。ただ、生んだカネは馬場さんよりも猪木さんのほうが多いんだよね。

ガンツ　自分の懐に残したカネじゃなく、世の中に生み出したカネは。

武藤　馬場さんは、自分だけで貯め込んでたから。

椎名　武藤さんは、猪木さんとじっくり長く話したことはあるんですか？

武藤　いや、何の話をしたのか覚えてないけど、ロサンゼルスからラスベガスまで行ったとき、クルマの中でいろいろ話したよ。それも仕事だけどね。

椎名　猪木さんの引退前ですよね？

武藤　うん。そのときだよね。だから、俺は猪木さんとの関わりってあんまりないんだけど、新日本に入ったばかりの頃、凄い幸せな空間があってね。

ガンツ　何があったんですか？

武藤　猪木さん、当時、中途半端なリムジンに乗ってたんだよね。

ガンツ　中途半端なリムジン（笑）。

武藤　うん。で、何か猪木さんの家に連れて行かれて、そこに倍賞さんがいたんだよ。

玉袋　あ、やっぱり倍賞さんだ！　倍賞美津子だよぅ（酔っぱらいながら）。

武藤　で、倍賞さんと猪木さんと俺で席に着いたときは、すげえ幸せな空間だったね。俺、それが最初で最後だから、倍賞さんと会ったのは。

椎名　へえ！　じゃあ、そのときは、倍賞さんともいろいろお話しされたんですか？

武藤　「プロレスというものはこういうもので〜」って、女優目線で言ってたような気はしますね。

ガンツ　そんな経験をしてたんですか。武藤さんと同じ世代の人たちは、みんな経験してるんですか？

武藤　わかんねえ。蝶野とか付き人だったけど。俺、付き人じゃなかったから。ただ、猪木さんって、フラッと道場に練習に来るんですよ。1回、ひとりでフラッと来たことがあるんだ。で、練習終わって、帰るときに「ちょっと武藤、俺タクシー代がないから貸してくれ」って言われて（笑）。

椎名　それは戻ってきそうにないですね（笑）。

武藤　練習生だよ？　で、1万円貸したよ。まだ返してもらってねえよ。

椎名　アハハハハ！　やっぱり（笑）。

武藤　俺のその当時の1万円ってデカいよ？　いまで言ったら、100万円くらいの価値あるよ（笑）。

玉袋　（酔っぱらいながら）やっぱり、武藤敬司は凄い！

ガンツ　では、玉さんも酔っぱらってるので、そろそろ締めに入りたいと思いますけど。玉さん、最後に聞いておきたいことはありますか？

玉袋　いや、もう何でもいいよ！　武藤敬司は凄えんだから。ただ、あのスペース・ローン・ウルフのヘルメットはなんだったたんだ？

ガンツ　最後の質問がそれですか（笑）。

武藤　あれ、猪木さんが無理やり俺に「おまえ、これ被っていったら、ヘルメット屋のスポンサーがつくかもしれないから被っていけ」って言われて、被らされたんだから。

ガンツ　ガハハハハ！　スポンサー獲得のためでしたか！

椎名　ヘルメット屋って、凄く限られた業界へのアピールですね（笑）。

武藤　あれ、入場するまでに目の前が曇っちまうんだよ、自分の息で（笑）。目の前が見えないんだよ？

ガンツ　あのヒザ丈のロングタイツは、じつは**骨法**[※128]のコスチュームですよね？

武藤　あれも猪木さんに「穿け」って言われたんだよ。俺、骨法なんて知らないんだから。猪木さんが「行け」って言うから骨法行って、1日練習して嫌になったから辞めたんだから。

ガンツ　たった1日だったんですか！（笑）。

武藤　でも、あそこに行ったのは、俺が一番最初だったんだよ。そのあと、ライガーとか船木が行ったんだから。

ガンツ　でも、**堀辺（正史）**[※129]先生に以前話を聞いたら、「ウチに来たプロレスラーの弟子で、一番優秀だったのは武藤敬司」って言ってましたよ（笑）。

武藤　マジで⁉　俺、1日しか行ってないよ？（笑）。

椎名　1日で才能を見抜いたんですよ、きっと（笑）。

武藤　それ世の中に訴えていいから、ロイヤリティちょうだいよ（笑）。

玉袋　骨法は一番○○○○だよ！　○○○○！

ガンツ　大声で言わないでください！（笑）。では、このままでは何を言い出すかわからないので、「武藤敬司は最高！」ってことでお開きにしたいと思います！　武藤さん、ありがとうございました！

武藤　ウーシ。デタラメでおもしろかったな（笑）。玉ちゃん、また第2弾やろうよ。俺、まだ引き出しあるからさ。

玉袋　やっぱり武藤さんなんだよ。武藤だよぅ……（もはや聞いてない）。

武藤　玉ちゃん、大丈夫？（笑）。俺がCMやってる「酒席革命」（サプリ）飲んで帰ってよ。じゃあ、俺は今日、娘の誕生日だから、バイバイ！

ドン荒川

前座の力道山

ドン荒川（どん・あらかわ）
1946年、鹿児島県生まれ。1972年に新日本プロレスでデビュー。その後、新日本プロレスの前座戦線で“ひょうきんプロレス”と呼ばれるコミカルなプロレスを展開。黒のロングタイツ姿から「前座の力道山」とも呼ばれる。80年代半ばは、レスラー兼コーチとしても活躍し、1989年に新日本を退団後、SWS入り。SWS崩壊後もメガネスーパーの社員扱いで残り、ひとり「SWS所属」を名乗り続けた。長嶋茂雄をはじめとした有名人や財界人と親交が深いことでも知られている。

ガンツ　玉さん、今日は昭和・新日本プロレスの伝説の男に来ていただきました！
玉袋　いや〜、楽しみだなあ。
ガンツ　早速、紹介しましょう。元・新日本プロレス〝前座の力道山〟ドン荒川さんです！
玉袋　よっ！　待ってました！
荒川　いやいや、私はいま「ドン」じゃなくて「ドジ」だから（笑）。
椎名　いきなり荒川ギャグが出ましたね（笑）。
玉袋　俺たちのドンだよ。うれしいね〜。
ガンツ　荒川さんは何と言っても、我々の大好きな前田さん、佐山さん、さらには闘魂三銃士など、そういった大スターの素顔から性癖まで全部知ってる方ですからね（笑）。
荒川　佐山も橋本も船木もみんな私が童貞捨てさせましたから（笑）。
椎名　若手をソープランドに連れていって（笑）。
玉袋　中卒、高卒で入ってきた少年をちゃんと大人にさせてるんだよな。
荒川　私は黙ってたのに、みんな「荒川さんにお世話になった」って言っちゃうんですよ。私は結婚して妻もいるのに、立つ瀬がなくなっちゃった！
玉袋　そういうとき、奥さんには何も言われなかったんですか？
荒川　プロレスの本は絶対に見せないから。本を見せても私のいいことちっとも書いてないから（笑）。
ガンツ　では、今回は荒川さんをお迎えし、あらためて乾杯しましょうか。
玉袋　おう、しようしよう。
一同　かんぱーい！
玉袋　（一気に飲み干して）あ〜〜〜、うめえ！　荒川さんと馬力入れられるっていうのは夢のようですよ。
ガンツ　僕らは新日本上野毛道場で、レスラーたちが練習後に飲むビールに憧れてますからね（笑）。
玉袋　レスラーが練習後、上半身裸でビールを飲んでる姿が一番カッコイイよな。あとタイトル防衛後にビールぶっかけられるときの、パンツ一丁にゴム草履姿ね。

ガンツ　とりあえずリングシューズは脱いでるんですよね（笑）。

荒川　練習後はホントによく飲みましたね。亡くなった山本小鉄さんは、毎日ビール2ダースは飲んでた。

椎名　ひとりで2ダース！

荒川　だって我々の場合は1回に飲む量が1本、2本じゃなくて、10本、20本の世界だから。

玉袋　でしょうね。あれだけ練習して汗かいてたら入りますもんね。食うものだって単位が10人前、20人前だから。

椎名　やっぱりレスラーはメチャクチャ飲めるところがカッコいいですね。

荒川　新日本プロレスで宴会やったとき、「酒1升を1分で空にしたら賞金を出す」って言われたんですよ。それで私の前に1升瓶置かれたんで「あ、これはやれっちゅうことだな」ってことで、1升を19秒で飲んだんです。

ガンツ　19秒！（笑）。

荒川　これ世界新記録ですよ（笑）。

玉袋　ギネス申請したら通る！　まあ、誰もマネしないと思うけどね。ヘタしたら死んじゃうよ！

荒川　そう、マネしちゃいけません。でも、私はそういうとき命懸けちゃうから（笑）。

椎名　命懸けで飲んじゃう（笑）。

荒川　いまは一気飲みしてるの見かけたら止めますけどね。自分がさんざんやってきたから。

玉袋　やっぱり、そうやって大酒を飲んでみせるっていうのも地方興行なんかでは大事なんじゃないですか？　やっぱり当時はちょっと顔出さなきゃいけないところもあったと思うんですけど。

荒川　しょっちゅうでしたね。

椎名　しょっちゅう（笑）。

荒川　そういうところに顔出すと、途中で坂口さんが「荒川、例のあれ、やってくれ」って言うんで、一升瓶を一気飲みするんですよ。で、「こう見えて私、レスラーの中ではお酒一番弱いんです」って言うと、向こうもびっくりするんですよ。ウシシシシ。

玉袋　カッコいいね〜。

椎名　**ホイス・グレイシー**[※130]が「兄は私の10倍強い」って言うのと同じだよね（笑）。

ガンツ　ハッタリが大事という（笑）。

荒川　私、一升瓶の一気なら誰にも負けなかったんですけど、ビール瓶の一気は猪木さんに勝てなかった。猪木さんはアゴが出てるでしょ？　ビールを全部アゴの中に流し込んで飲むから、ビール1本最高で4秒！

玉袋　まさにペリカンだよ！

椎名　モハメド・アリの言うとおり（笑）。荒川さんはそれだけ飲んで、一応酔っぱらうんですよね？

荒川　一回、酔っ払ったことがある（笑）。

椎名　一回ですか（笑）。

荒川　でも、トイレに行って出しちゃったら、シャキッてなるから、みんなビックリしちゃうんですよ。それで競輪で中野浩一さんっているじゃないですか。

玉袋　知ってますよ。世界の中野ですから。

荒川　あの人がプロレス大好きで、九州に行ったら必ず来てたの。それで一緒に飲んだことがあって、「私は競輪界で一番飲む」言ってたんですよ。ところが、中野浩一さんはビールをコップに注いで飲んでるんですよ。それを見て我々は「天下のコウちゃんが何やってんの！」って。

ガンツ　天下のコウちゃんがコップでちびちび飲んでる場合じゃない（笑）。

荒川　我々はビールラッパ飲みで軽く10本20本じゃないですか。それでビックリしてましたけどね。

玉袋　でも、荒川さんみたいな上の人がそういう飲み方したら、若手も真似するでしょう。

荒川　橋本真也なんかそうでしたね。

玉袋　直系ですよね。トンパチの愛弟子！

荒川　あいつプロレスに入ってきたときは、酒はほとんど飲んだことなかったんですよ。

玉袋　女に続いて、酒も荒川さんが教えちゃったんですか？

荒川　悪いことは全部私が教えちゃった（笑）。で、橋本が初めて飲むとき「今度、付き合いがあるから、おまえどれくらい飲めるか飲んでみろ」って言ったら、また酒をコップに注いで飲んでるんですよ。

椎名　まあ、一般社会ではそれが普通なんですけどね（笑）。

荒川　でも、我々は違う世界だから。「おまえ、そんなのは年寄りの飲み方だよ。おまえの場合はカーーッて飲め」って言ったら、1升をカーーッて飲んだんですよ。それで「もう1本いけ！」って、2升目をカーーッて飲んだら、ビクともしなくなった。一瞬、死んだかと思ったら、まだ生きてた（笑）。

ガンツ　破壊王をデビュー前に殺しかけてましたか（笑）。

玉袋　破壊王をいきなり破壊してんだもん。そこで2升いっちゃう破壊王もさすがだね。

椎名　でも、それだけ毎日のように飲んでいて、二日酔いとかにはならなかったんですか？

荒川　それは大丈夫です。僕は二日酔いのとき、猪木さんに「荒川、大丈夫か？」って聞かれて、「大丈夫じゃないです」って答えると「そうか。じゃあ、休め」って休ませてもらってましたから（笑）。

ガンツ　なぜか特別待遇（笑）。

ひょうきんプロレスの裏で

玉袋　そこが不思議なんだよなあ。僕ら子どもの頃から新日本プロレスを観ていて、猪木さんのストロングスタイルの中で、荒川さんだけが〝**ひょうきんプロレス**〟[※131]をやってるのが、何でだろう？　凄えなって思ってたんですよ。

荒川　私、『オレたちひょうきん族』で島田紳助さんとも、ひょうきんプロレスやってますからね（笑）。

玉袋　でも、当時のピリピリした何かあったら暴動が起きかねない緊張感があった新日本プロレスで、荒川さんはカンチョーやってたわけですからね。

荒川　私の試合はガイジンから何から、みんな控室から出て観てたんですよ。でも、猪木さんだけはコソ～っと観てる。普段言ってることと違うことを私だけやっちゃってるから（笑）。

ガンツ　「プロレスは真剣勝負だからな！」って言ってるのに、ひょうきんプロレスですからね（笑）。

椎名　荒川さんはひょうきんプロレスをやってて、猪木さんや坂口さんに怒られたりはしなかったんですか？

玉袋　そうだよな。当時の新日本は、ダラけた試合してたりすると、小鉄さんに竹刀で殴られてた時代だもん。

荒川　ボクはリングではひょうきんですけど、練習はケタ違いにやってたから。ガチンコもケタ違いにやってたし。「文句があるならいいよ、ガチンコでやりますか？」って言ってたから。

椎名　じゃあ、みんな一目置いてたってことですね。

荒川　いや、二目か三目ぐらいかな？（笑）。

玉袋　カッコいいな～。だから〝ひょうきんプロレス〟が許されてたんだ。そこが凄味なんだよね。

荒川　当時、ベンチプレスも私が一番上げてましたからね。

ガンツ　やっぱりレスラー間の裏の評価は、ガチンコとベンチプレスですもんね。

荒川　前田日明が若い頃、「荒川さん、どうやったらベンチ上げられるようになるんですか？」って聞いてきたんですよ。それで「おまえ細いから、肉を付けろ。１２０キロぐらいの身体作ったら、そのとき上がるようになってるよ」って言ったんですよ。そしたら前田が新日本辞めるとき「ありがとうございました」って言ってきて、何のことかと思ったら

「荒川さんのおかげで、ベンチ180キロ上がるようになりました」って言うんですよ。「お〜、よかったな」っていうね。

椎名　細かった前田日明が、荒川さんに言われて、そこまでの身体を作ったんですね。

荒川　彼は入門したとき、身長1メートル90あるのに、体重は68・5キロしかなかったんですよ。

玉袋　たぶん、栄養回ってなかったんだろうな。大阪時代は、毎日チキンラーメンだったたって言うもんな。

荒川　彼は風の強い日は歩けなかった。そのくらい痩せてたから。

椎名　いまじゃ考えられませんね。

荒川　いまは身体も態度もすべて大きくなったから（笑）。

ガンツ　荒川さんは、藤原さんや前田さんと仲がいいのに、UWF勢が新日本に戻ってきたときは、一番対抗意識を燃やしてたんですよね？

荒川　私はUWFが蹴ってくるっていうんで、タイまでムエタイの練習しに行ってますから。

玉袋　それも早えよな。

荒川　私は1カ月間、タイのいろ〜んなところに行った。その前は香港に行ったんだけど、香港の○○○者をみんな案内したんだから。

玉袋　どこなんですか？

荒川　（ここからしばらく凄い話が続くが泣く泣くカット）

玉袋　いいなあ〜！

ガンツ　プロレスラーの〝本当の強さ〟っていうのは、ここまで含まれるのか、という。

玉袋　リングだけじゃなく、そのあともう一つのリングでも強いっていうな。

荒川　それで大変なことがあったんですよ。一度、○○○者の席でコブラ（[※132]ジョージ高野）が暴れちゃって。それが面倒なことになっちゃって、私は○○○者に一晩付き合ったんですよ。そういうのは全部、私なんですよ。

玉袋　トラブルの窓口ですね。凄え仕事だ。

荒川　ああいうのって度胸が必要なんですよ。だから猪木さんなんか私がいたんで、ずいぶん助かったんじゃないですか。

玉袋　おもしれえ！　ポリスマンだ、ポリスマン。昭和ポリスマンだよ。

ガンツ　プロレスは全国を回る興行の世界ですからね。そういう実力を持った人もいなきゃいけないという。

荒川　美空ひばりちゃんと小林旭が結婚したでしょ。あのとき……（このあと芸能界の凄い話が延々と続くが、泣く泣くカット）。

玉袋　何だか凄え話になってきちゃったよ（笑）。

ガンツ　それを〝ひょうきんプロレス〟の人が語ってるのが凄いですよね（笑）。

玉袋　振り幅がデカいんだよな！　ひょうきんやりながら、セメントが強くて、裏でも強いっていうね。

荒川　いや私なんか弱いんですよ。女性が上に乗っかってきたら、すぐやられちゃうんだから（笑）。

椎名　乗っかられてるほうなんですか？

荒川　いつもフォール負け（笑）。

玉袋　ワン・ツー・スリーで秒殺だ。おもしれえよ〜。

前田に仕掛けたイタズラ

ガンツ　荒川さんは「トンパチ」って言われてますけど、その荒川さんから見て、一番トンパチだと思うのは誰ですか？

荒川　レスラーはみんなトンパチですよ。コブラや前田日明なんかはとくにトンパチですけど。

玉袋　そりゃ間違いねえや（笑）。

椎名　でも、中卒とか高卒で社会を知らずに入ってくるんだから、みんなトンパチなのも当然だよね。

玉袋　その純な少年が狂気の世界に放り込まれるわ

けだからな。
ガンツ　そして荒川さんに社会勉強をさせてもらって。
荒川　デタラメな世界ですよ！（キッパリ）。
玉袋　ダハハハハ！　指導者がこうなんだから。
荒川　でも、私は若い連中にいつも言ってたんですよ。「リングを降りたら、世の中凄い人ばっかりなんだから、とにかく謙虚にいけ」と。
玉袋　いや〜、ホントそうなんでしょうね。
荒川　だから、外の世界では謙虚に。その代わり仲間内ではハチャメチャにバカやっていてもいいんです。
ガンツ　当時の新日本はイタズラのオンパレードだったんですよね？
荒川　もう毎日がギャグですよ。たとえば前田はあ見えて怖がりなんです。だから佐山と一週間前から仕込みをして、「あそこの旅館は（お化けが）出るらしい」って吹き込んで。夜中の二時頃、コブラに軍服着させて、前田の枕元に立たせたんですよ。そしたら、気づいた前田が「ギャ〜〜〜！」って外に飛び出しちゃったんですよ（笑）。
玉袋　やってることが大人じゃないよね。修学旅行だもん。
荒川　あと、前田に「新日本プロレスにはホモのカップルがいる」って吹き込んだんですよ。
ガンツ　またニセ情報を（笑）。
荒川　それで、しばらくしてから前田が部屋に入ってくるとき、私と藤原が裸で抱き合ってね。「よしちゃん！」「まこちゃん！」とか言いながら。
椎名　石野真子とはずいぶん違うまこちゃんで（笑）。
荒川　それを見た前田が「し、失礼しました！」って（笑）。
玉袋　これ『お笑いウルトラクイズ』の「人間性クイズ」だよ（笑）。
荒川　それで前田に「アキラ、いま見たことは誰にも言うなよ！」って言ったら、前田は真剣に悩んじゃったんですよ（笑）。それがおもしろいから今度は「猪木さんとストロング小林もデキてるからな」って言ったら、こっそり猪木さんに聞いたらしいですよ。ウシシシシ。

椎名　「猪木さんと小林さんはデキてるんですか？」って聞いたんですか？

荒川　そう。そしたら猪木さんが「べつにどうってことねえよ。ケツを掘り合って強くなるんだから」とか言って、そしたら前田がまた真剣に悩んじゃったんですよ（笑）。

玉袋　ガハハハハ！　猪木さんまで乗っかってるんですか。

荒川　そういう部分では、私たちツーカーだから。前田の話はほかにもあるんですよ。

椎名　まだありますか（笑）。

荒川　「アキラ、今日は**タイガー・ジェット・シン**[※133]が来るけど、おまえは新弟子だから、ニコッと笑って挨拶しろよ。『ファック・ユー』って言えば通じるから」って言っておいたんです（笑）。

ガンツ　英語を知らないことをいいことに（笑）。

荒川　そしたら案の定タイガー・ジェット・シンが怒って、前田が逃げ回ってるんですよ。それを見て僕らは大笑いしてるんですけどね。そしたら前田が戻ってきて「荒川さん、『ファック・ユー』って言ったら、何か知らんけど怒ってきましたよ」って言うから、「おまえの発音が悪いんじゃないか？　もう一回行ってこい」って言ってね（笑）。

椎名　若い頃の前田さんは純粋すぎますね（笑）。

玉袋　さっき荒川さんはストロング小林さんの話もされてましたけど、僕らファンのあいだの共通認識では、小林さんはリアルにソッチだって聞いてるんですけど。実際どうなんですか？

荒川　ストロング小林さんはね、一緒にエレベーターに乗ると必ずお尻を触ってくるんですよ。

椎名　荒川さんのですか？

荒川　いや、男だったら誰でも触るの。女は美人でも知ら〜ん顔してるけど。

玉袋　そりゃ完全にクロだ（笑）。

荒川　それで、いっつもお尻を触ってくるから、ボクが「小林さん、お尻じゃなくて、たまには前も触ったらどうですか?」って言ったら、「も〜〜う‼」って（笑）。

椎名　心は乙女みたいに純情なんですね（笑）。

玉袋　おもしれえなあ。毎日トンパチなことばっかり起こってるわけだもんな。

ガンツ　やっぱり昔の地方巡業っていうのは、楽しかったですか?

荒川　そこはあんまり聞かないでよ。のぞきの話になっちゃうから（笑）。

椎名　佐山さんが、のぞきが大好きだったんですよね?

荒川　いや、みんな好きですよ。でも、私と佐山と藤原の3人で仕切ってたんです。

ガンツ　3人がのぞきのリーダー格でしたか（笑）。

荒川　旅館に着くと、まず佐山が風呂の作りを偵察して「メガネがかかる」って報告してくれるんですよ。

ガンツ　「メガネがかかる」っていうのは「のぞきができる」っていう意味ですよね（笑）。

椎名　でも、もしいまやって見つかったら、警察に突き出されて、大事件にされちゃいますよね。

玉袋　おおらかな時代だよな。

荒川　でも、我々は絶対に見つからないんですよ。もう全国の旅館の間取りもわかってるし、見回りが来るかどうかとか全部チェックしてますから。もう探偵より詳しいから。

椎名　そこまで完璧にのぞきをするのも凄いですけどね（笑）。それって、どこからのぞくんですか?

荒川　天井裏。

椎名　それ、どうやって上がるんですか?

荒川　そりゃもう、レスラーの腕力だから、どこでも登れちゃうんですよ。コツも知ってるしね。

玉袋　そののぞきメンバーに猪木さんは入ってないですよね？

荒川　猪木さんは立場上、そういうことは注意しなきゃいけないから。猪木さんには内緒にしてるんですよ。

玉袋　まあ、あの当時の猪木さんだったら、もうその土地土地のナンバーワンの女、全部やっちゃってるだろうから、のぞく必要なんかねえんだろうけどね。

荒川　でも、猪木さんは昔一度、お忍びで〝お風呂〟に行ったことがあるんですよ。でも、アゴでバレちゃって、それから絶対に行かないんですよ（笑）。

玉袋　そりゃバレるよな。

スポンサーとの付き合い方

椎名　あと、荒川さんといえば、とにかくタニマチ、スポンサーが多いっていうイメージがあるんですけど。

荒川　おかげさまで、私はスポンサーのおかげで、ここまでやってこれてるんですよ。皆様に助けてもらいっぱなしですから。

玉袋　額はともかく、数でいえば猪木さんのスポンサーより荒川さんのスポンサーのほうが多かったんじゃないですか？

荒川　いや、そんなことないですよ。やっぱり猪木さんには勝てません。けど、私がいまこうしてあるのはスポンサーのおかげだから。

椎名　今日はそこを聞きたかったんですよ。どうやってスポンサーになってもらってるんだろうって。

ガンツ　とくにいまのマット界は、スポンサーになってくれる人が少なくて困ってるわけですからね。

玉袋　みんな堅苦しく入っちゃうからじゃないの？荒川さんみたいにパッと自然体で懐に飛び込むのがいいんだろうな。ランニング中の長嶋（茂雄）さんと友だちになって、一緒に多摩川の土手走ったりさ。

荒川　やっぱり、スポンサーを気持ちよくさせてあげないとダメですからね。ちゃんと時間を割いて会いにいけば、スポンサーもわかってくれるし、リングサイドに来てくれれば、試合中でも目で合図して「ありがとう！」って伝えたりね。

椎名　そういう細やかな気配りが必要なんですね。

荒川　あとは、お金をいただいたときは、周りにもわかるようにお礼を言ったりね。もらってることは、もうみんな知ってるんだから。

玉袋　こっそりもらったことも表に出す、と。そうするとあげたほうも鼻が高くなるんですね。

荒川　そうですよ。大事なのは「この方から貰ったんだよ！」って、顔を立てることですね。そうすると向こうは照れてるけど胸張って「今度、荒川に会ったときは、またやらなきゃいけないな」ってなるんですよ。しかも、中途半端に5000円とか1万円じゃ、あげたほうが恥ずかしいから。私は一回3万円いただいてましたよ。25年前の3万円だから、私が手にする額は相撲の懸賞金一本より上ですよ。

ガンツ　スポンサーさんが、気持ちよくお金を出せるようにちゃんと気を遣うわけですね。

荒川　それも私たちの仕事なんですよ。

玉袋　そこは単なるアスリートとプロレスラーの差なんだろうな。

荒川　猪木さんはプロレスラーとしても、もちろん素晴らしいけど、そういった面でも素晴らしかった。やっぱり猪木さんは男気あるんですよ。それでいて、自分の弱さもさらけ出すことができる。泣くし、笑うし、憎めないですよ。だから猪木さんに会っちゃうと、お金作ってこなきゃいけないから、私なんかも逃げ回ってたんだから。会っちゃうと師匠だから「はい！」って言っちゃいますからね。

椎名　荒川さんがそうなんだから、スポンサーもお金出しちゃうんでしょうね。

荒川　猪木さんは佐川急便の佐川会長から50億もらってるからね。

椎名　ご、50億ですか？
荒川　そうですよ。
玉袋　それだけの金額を出せるほうも凄いし、もらえるほうも凄えよ。それでいて、そのお金はみんな**アントンハイセル**[※134]に流れちゃってんだからよ。
荒川　昔、ハイセルのためにみんなから50万ずつ集めてましたからね。
玉袋　それ、選手からも徴収してたんですか？
荒川　選手全員ですよ。私はそのときの領収書取ってあるから。何かのときに必要じゃないかって。
玉袋　でも、それは猪木さんが語った夢に対して「それだったら出してもいい」って気持ちにさせられたんじゃないですか？
荒川　というより、とにかく泣きついてきたんだから。それは断れませんよ。猪木さんは新間（寿）さんにも泣きついて、新間さんが苦労してお金を集めたら、それが「横領」ってことになっちゃった。
ガンツ　例の**クーデター事件**[※135]はそういうことなんで

すね。

荒川　そうです。新間さん自身は横領はしてないから。

玉袋　新間さんは猪木さんを守るために、泥水いっぱい飲んでるんだろうな。

ガンツ　猪木さんの魔性の魅力がそうさせちゃうんでしょうね。

荒川　でも、猪木さんも凄いけど、長嶋監督には勝てない。

玉袋　師匠より上ですか。

荒川　本当は比べられないんですよ。昔、橋本真也が「荒川さん、長嶋さんと猪木さんとどっちが好きですか？」って聞いてきたことがあるんですよ。「馬鹿野郎！　決まってんじゃねえか！」って言ったら、「あ、猪木さんですよね」って言うから「馬鹿野郎！　長嶋さんだよ！」って言ったんですよ（笑）。

椎名　聞くまでもないだろう、と（笑）。

荒川　やっぱり長嶋監督は凄い。私は日本中のお金持ちを知ってるし、有名人にもいろいろ会ってますけど、長嶋監督はケタ違い。あの人に会ったら、誰でもみんなスポンサーになっちゃいますよ。

ガンツ　荒川さんは、その長嶋さんと親しくお付き合いをしているのが凄いですよね。

荒川　ボクはね、監督が（脳梗塞で）倒れる直前に会ってますから。長嶋監督は3月4日に倒れたんだけど、3月3日に一緒で写真も撮ってるから。（ケータイを開いて）ほら。

ガンツ　おー、長嶋さんとのツーショットですね。

荒川　ほかにもたくさんありますよ。私は長嶋監督とゴルフのジャンボ尾崎さんを引き合わせてるし、高倉健さん知ってます？

玉袋　もちろん知ってますよ！

荒川　いまから10年前、高倉健さんが長嶋監督の息子さんの一茂さんの結婚式に来たんですよ。で、一茂さんと、長嶋監督と、高倉健さんと私で写真を撮ったんですよ。もう、最高の写真！

玉袋　なぜか歴史的な対面に居合わせちゃう。ほとんどフォレスト・ガンプだよ（笑）。
荒川　私の事務所には、そういう写真がいっぱいあるから、今度見にきてください。
ガンツ　ぜひ、うかがわせていただきます。
玉袋　じゃあ、ガンツ。そろそろ締めに入るか。
ガンツ　そうですね。では、最後に一つ聞いておきたいんですけど。荒川さんがプロレス入りする前、アマレスの大会に出場して、決勝でドロップキックをやって反則負けになったという伝説はホントなんですか？
荒川　それはホントのホント。あれはジャンボ鶴田と長州力は会場で観てるはずだから。
ガンツ　それは豪華な目撃者ですね。それは決勝戦だったんですか？
荒川　いや準決勝。それで「ドロップキックをやった」っていうことだけが知られてますけど、じつはチョップもやってるんです。
一同　ダハハハハハ！
椎名　ドロップキックだけでは飽きたらず（笑）。
荒川　ドロップキックも二回出してて、一回目はレフェリーも知ら〜ん顔して反則を取らなかったんですよ。だから二発目も出したら、それはスカされたんで、頭に来てチョップの連打を叩き込んだんですよ。そしたら「ピピピピピ〜！」って笛が鳴って、反則負け（笑）。アマレスの大会で、こういうかたちの反則負けは史上初だと思いますよ。
玉袋　最高！　その反則負けは勲章ですよ。
椎名　しかも、そこまで勝ち上がってるのに、あえて反則負けになるようなことをやってるんだもんね。
玉袋　伝説の男は、プロレス入りする前から伝説を作ってたってことだな。
荒川　人には言えないことばっかり。この本も、妻には絶対に見せられませんよ！（笑）。

伝説の虎ハンター

小林邦昭

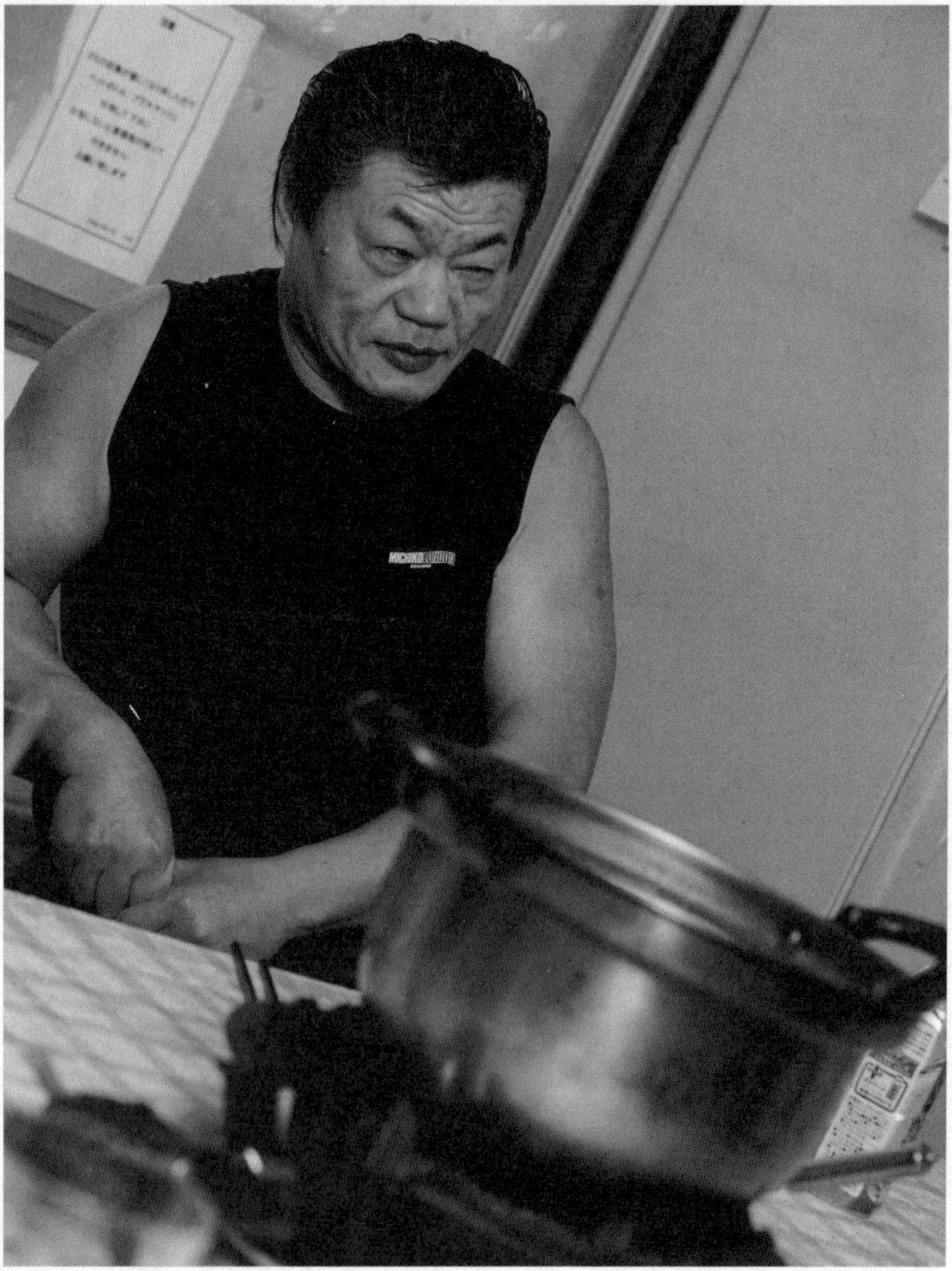

小林邦昭（こばやし・くにあき）

1956年、長野県生まれ。1973年に新日本プロレスでデビュー。メキシコ遠征から帰国後の1982年より、当時としては珍しかったパンタロン姿と“元祖”フィッシャーマンズ・スープレックスをトレードマークに初代タイガーマスクとの抗争を展開。「虎ハンター」としてタイガーのマスクを剥ぎにかかるヒールファイトは、ゴールデンタイムの観客に強烈なインパクトを残した。その後、維新軍や平成維震軍を経て2000年に引退。現在は新日本プロレス道場の管理人。

ガンツ　玉ちゃん、またまた我々の夢がかないましたね！

玉袋　最高だよ！　新日本プロレスの道場でちゃんこ鍋をいただきながら、取り調べできるんだからな。

椎名　歴代のレスラーがみんなここで食べたんだもんね。

ガンツ　というわけで、今回は新日本プロレス道場の現管理人にして生き字引である小林邦昭さんを取り調べさせていただきます！

玉袋　俺たちの虎ハンターだよ〜。小林さん、早速ちゃんこをいただいていいですか？

小林　どうぞどうぞ。今日は塩ちゃんこなんだけど、これは**新倉**[※136]**（史祐）**から教えてもらったの。

玉袋　いまは渋谷に「巨門星」というお店を出してる新倉さんに。

小林　それで、新倉の店で出しているキムチちゃんこはボクが教えたものだから。

ガンツ　新日道場の味がお店で味わえる（笑）。

小林　ボクの入門当時はちゃんこが2種類しかなかったの。豚ちりと湯豆腐だけ。それが途中から相撲出身の人が入ってきたりして、いまはウチが一番種類が多いんじゃないかな。

玉袋　40年の歴史があるわけですもんね。じゃあ、早速いただきます。（ちゃんこを食べて）うわっ！　うめえ！　塩味であっさりしてるのにコクがありますね。

椎名　ちょっと濃いめの味で、これはご飯が進んじゃうね！

小林　進んじゃうのはいいんだけど、昔はメシをどんぶりで一日30杯食べさせられたから。

ガンツ　一日30杯！（笑）。

玉袋　風大左衛門どころじゃねえよ。

小林　昔は巡業に行くと一杯ずつ盛るのがめんどくさいということで、山本（小鉄）さんからおひつを渡されてそれで食べてましたからね。

玉袋　茶碗もしゃもじもいらねえんだな。

小林　全部食うために、最後はお茶をもらって、しゃもじで混ぜて、それで流し込んでたからね。

ガンツ　超巨大なお茶漬けですね（笑）。

玉袋　永谷園じゃ商品化してねえな（笑）。

小林　だからメシのあとは毎回動けなくて、部屋で横になるしかないですよ。

玉袋　でも、身体を作るためには食べなきゃいけないんですよね？

小林　それでも太んないんですよ。カロリー摂っても、ドンドン消費しちゃって。

ガンツ　30杯食っても消費しちゃうぐらいのトレーニングでしたか（笑）。

玉袋　新日本プロレスの初期だもんなあ。

デパートで公開ブリッジ

小林　ボクが入門したのは昭和47年だから、旗揚げした年なんですよ。

玉袋　同期は誰だったんですか？

小林　すぐ上の先輩が**栗栖**[※137]**（正伸）**さんとか（**グラン**[※138]**）浜田**さん、荒川さん。ボクのあとに入ってきたのが藤原ですね。

ガンツ　小林さんって昔から若いイメージがありましたけど、じつはそのへんの大ベテランと同期なんですね（笑）。

椎名　栗栖、荒川、藤原って、若手の頃から見た目がベテランだったから、信じられないよね（笑）。

ガンツ　組長なんて藤波さんよりずいぶん後輩なのに、１９８７年の世代闘争のときは見た目でナウリーダー軍に入れられてましたからね（笑）。

小林　入門したときボクが一番若かったんですよ。16歳で入門したんで。

椎名　玉ちゃんも16歳でビートたけしさんに弟子入りしてるんですよね？

玉袋　俺は新宿育ちだから通いだもん。田舎から出てきて、プロレスの世界に入るのとは違うと思うよ。

小林　長野からカバンひとつで列車に乗って出てきましたからね。押し掛け入門みたいなカタチで。
玉袋　じゃあ、上京して即、この合宿所での生活が始まるわけですか？
小林　ええ。すぐに練習にも参加して。自分は入門する前、自己流で練習してたんで、ある程度は自信があったんですよ。だから「これで大丈夫だ」っていう思いで入門したんだけど、ここの練習はスクワットにしても数を言わないいんだよね。
ガンツ　終わりなきスクワット（笑）。
小林　それで結局、いきなり1000回ですよ。
玉袋　うわ〜、すげえ！
椎名　やっぱり小鉄さんは「とりあえず1000回」なんだ！（笑）。
小林　ボクは途中でぶっ倒れて、その晩は階段を降りれなかったね。
椎名　周りは身体ができた年上で、ひとりだけ16歳なんですもんね。
小林　だから、しばらくは筋肉が慣れなくてキツかったですよ。山本さんからも、いつも「田舎へ帰すぞ！」って怒鳴られて。あまりにヒドいときは自殺も考えましたからね。
玉袋　ええっ！　小林さんがそうなんですか。
小林　次の日が来るのが怖くて、布団の中で涙流してたから。
椎名　そこまでキツい練習だったわけですか。
玉袋　〝鬼の小鉄〟って言われてた時代で、しかも旗揚げ直後だから、とんでもねえ厳しさだったんだろうな。
小林　練習に比べたら、雑用なんて楽なもんなんですよ。でも、練習は本当に地獄だった。ブリッジなんかやったことがないのにいきなりやらされて、首の骨がしなる音がする感じで。
玉袋　あぶねえなぁ！
椎名　ブリッジの上に乗られるんですか？
小林　最初は乗らないんですよ。押すだけで。でも、デビューしてからは、ボクと藤波さんがブリッジは凄かったんですよ。首が強くなって、一番乗せたときは、90キロの人間を3人乗せましたね。だから小錦ひとり分。

玉袋 小錦ひとり分！（笑）。

椎名 その小錦を首だけで支えるんですよね？

小林 そう。手は突いちゃいけないから、腕を胸の上で組んで人を乗せるんだよね。

玉袋 凄えよ。科学的根拠があるのかどうかはわからねえけど、レスラーとしての迫力があるよなあ。

小林 だから昔は、新宿のデパートなんかで一般の人に向けたレスラーの公開練習があって。ボクは首が強いほうなんで、山本さんに「小林来い！」って言われて、ブリッジした身体の上に板を乗せられて「じゃあ、お子さんどうぞ」って（笑）。

玉袋 それ、昔の動物園のゾウのアトラクションだよ（笑）。でも、子どもだからブリッジの上で暴れたりするんじゃないですか？

小林 飛び跳ねるからね。でも、それでブリッジが崩れたりしたら、あとでボコボコにされるからこっちも必死ですよ（笑）。

ガンツ プロレスラーの凄さを一般の人に見せつけなきゃいけないわけですもんね。

小林 やっぱり昔からショーだの八百長だのって言われていた業界なんで、「プロレスラーはこんなに凄いんだ」っていうのを見せてたんですよね。「あれだけ鍛えた人間がやってる凄いものなんだ」っていう理屈で。

玉袋 それは猪木さんの方針でもあったわけですよね。「練習ありき」って。

小林 そうですね。

玉袋 猪木さんと初めて会ったときはどんな感じだったんですか？

小林 いやあ、もう憧れの人だったからね。山口県に巡業に行ったとき、名前は呼ばれなかったけど、猪木さんに「こっちに来てイチジクを食え」って言われたんですよ。それが初めて猪木さんと会ったときですね。
玉袋　イチジクの思い出で（笑）。
小林　そのとき、生まれて初めてイチジクを食ったから、特によく覚えてるんですよ。
玉袋　そっから付き人になるまで何年かかったんですか？
小林　4年くらいかかったかな。ボクは猪木さんには付いていてなくて、坂口さん、ストロング小林さん、藤波さんでしたけどね。
椎名　平田（淳嗣）[※139]さんがストロング小林さんは凄く優しかったって言ってましたよ。お小遣いくれるって。
小林　小遣いくれたけど、あんまり優しすぎて気持ち悪かったですね（笑）。
椎名　アハハハハ！　優しさの裏に危険な愛情があるんじゃないかと（笑）。

パンタロンは佐山のおさがり

玉袋　おもしれえなあ（笑）。で、小林さん、デビューはいくつのときだったんですか？
小林　17歳ですね。相手は浜田さんで。
椎名　そのときは黒パン、黒シューズですか？
小林　それは基本ですよね。
玉袋　白と黒のツートンのパンツになったのはいつからですか？
小林　白黒パンツはメキシコで穿いたんですよ。せっかく海外に出るなら変わったものにしたくて。あとマーシャルアーツのパンタロンは、もともと佐山がメキシコで穿いてたんですよね。でも、佐山はメキシコからフロリダのゴッチさんのところを経て、イギリスに行ったから、ボクがそのパンタロンを譲り受けて、そこから穿くようになったんですよ。
ガンツ　へえ、あのパンタロンはもともと佐山さんのコスチュームなんですか！

椎名　タイガーマスクの宿敵・小林邦昭のコスチュームが、じつはタイガーのおさがりだったんだ（笑）。

ガンツ　あのパンタロンは、やっぱり当時流行りのブルース・リーのイメージだったんですか？

小林　そうですね。ボクはメキシコに2年いて、ビザが切れるから2年経ったら一度出なきゃいけないんですよ。それでロスに転戦したんですけど、当時のロスはブルース・リーブームの真っ只中だったから、ボクもカンフースタイルで、名前もブルース・リーに似た名前で入ろうと思ったの。でも、メキシコを出る直前にヘアーマッチ（敗者髪切りマッチ）で負けて、スキンヘッドにされちゃって。そのままロスに行ったら、勝手に「キッド・コビー」って名前をつけられちゃって（笑）。

椎名　坊主だとブルース・リーというより、少林寺って感じですもんね（笑）。

玉袋　カベジェラ・コントラ・カベジェラ（メキシコスペイン語で「敗者髪切りマッチ」）は、誰に負けたんですか？

小林　俺と**ヒロ斎藤**[※140]とジョージ高野で組んで、**ロス・ミショネロス・デ・ラ・ムエルテ**[※141]とやって、負けて3人とも丸坊主ですよ（笑）。

玉袋　3人まとめて刈られちゃいますか（笑）。

椎名　みんなスキンヘッドで、早すぎた**反選手会同盟**[※142]みたいな感じで（笑）。

ガンツ　でも、ミショネロスって、向こうのルードのトップですよね？

小林　ホントにトップですよ。**アレナ・メヒコ**[※143]が超満員になったから。

玉袋　異国の地でトップ張ってたってことですよね。それはすげえよ。

椎名　でも、メキシコは大変だったんじゃないですか？

小林　いろいろ大変ですよ。まず、あそこは標高が高いんですよ。首都のメキシコシティで富士山の8

合目ぐらいあるから。だから、ちょっと走っただけで唇が紫になっちゃってすごいですよ。
玉袋 毎日が高地トレーニングだ。
椎名 水もヤバいんですよね？
小林 水は浄化してないからね。飲んだら一発でアウトですよ。
ガンツ でも、いまでこそミネラルウォーターが普通に買えますけど、当時はどうしていたんですか？
小林 「マサリダ」っていうりんごジュースみたいなのばっか飲んでたんですよ。あとは炭酸水。
玉袋 氷もダメなんですよね。浄化してない水で作ってるから。
小林 野菜もダメ。野菜は水で洗うから。
玉袋 厳しいな〜、メキシコ！（笑）。
ガンツ でも、現地の人たちは大丈夫なんですよね？
小林 現地の連中は蛇口に口をつけて水飲んでるよ。
ガンツ ガハハハハ！ たくましいですねえ（笑）。
小林 もう、腹に免疫ができてるんですよ。
玉袋 うちのダンカンさんも海外に行くと、かならず蛇口から水を飲むんだよ。ペルーでもそれをやってるからね。マネージャーに止められたのに、「ダメだ。まずは水からだ」って。それで大丈夫だったっていうんだから、ダンカンさんもすごいよ（笑）。
小林 ボクは凄い下痢を何度もしてますけどね。メキシコに「フレストパレス」っていうすごい高級なホテルがあるんですけど、クルマを運転していたときに、ちょうどその前でしたくなって。すぐクルマ降りて、ホテルのトイレを借りようと走って行ったんですけど、玄関の回転扉に入った途端にバーっと出ちゃった（笑）。
ガンツ ガハハハハ！ 高級ホテルの入口でぶちまけちゃいましたか（笑）。
小林 とにかく強烈な下痢なんで、急激に来るから間に合わない（笑）。それがしょっちゅうでしたからね。
玉袋 うんこ垂れ流しながらの海外修行だもん。これはつらいぜ。

小林　藤波さんが正露丸を飲んだら、そのまま消化しないで出て来たらしいですよ。

玉袋　ワッハハハ！　正露丸がまんま出て来たのはすごいな。ウサギのフンじゃないんだから！（笑）。

小林　そんな状態だから、メキシコに行くとみんな痩せるわけ。日本の女性が何十万も何百万もかけてダイエットして、それでも「痩せない」って言うけど、メキシコに3カ月いたらゲッソリですよ。

椎名　でも、漏らす覚悟で行かなきゃいけないですよね（笑）。

玉袋　成人用オムツ着用だな。

タイガーマスクの覆面を被る

ガンツ　メキシコでは佐山さんとも一緒だったんですよね？

小林　そうですね。メキシコ遠征の前半は佐山と一緒でした。

ガンツ　小林さんは佐山さんと仲良かったんですよね？

小林　仲良かったです。佐山とは一度もケンカしたことないですから。

ガンツ　あのキレることで有名な佐山さんと一度も揉めてませんか。

小林　あの当時の新日本プロレスで、佐山とケンカしてないのはボクくらいじゃないかな？　あとは藤原、荒川……ほとんどの選手がケンカしてますから。

玉袋　へえ、それは佐山さんの性格なんですか？　負けん気が強いとか？

小林　佐山は横柄な態度を取られるとキレちゃうんですよ。でも、ボクは人とそういうふうに接するタイプじゃないから。

椎名　たとえ先輩相手でもキレちゃうんですね。すごいなあ（笑）。

小林　ボクは何でケンカをしなかったかって言うと、

趣味が同じなんですよ。

玉袋　趣味が同じ？　スイーツ好きなんですか？

小林　いや、工作が好きなんですよ。

ガンツ　工作が趣味同士なんですか？（笑）。

小林　だから佐山の道場（掣圏会館本部道場）、壁とか飾り付けとかは全部佐山がやってるんですよ。

玉袋　へえ！　タイガーマスクが内装とか日曜大工をやってるんですか。

椎名　この新日本の合宿所の壁とかは、小林さんがキレイにしたんですよね？

小林　そう。ボクが全部塗り替えて、壁に絵を描いてみたり。

椎名　このフルーツの絵も小林さんが描いたんですか？

小林　そうです。メキシコの家庭って、みんな壁画が描いてあるんですよ。

椎名　ああ、映画を観るとありますね。

小林　ご飯を食べながらこういうのがあると楽しいじゃないですか？

椎名　道場の食堂が、メキシコの食卓になって（笑）。

玉袋　でも、意外なところで気が合ったんですね。それにしても、やっぱり佐山さんは気が強かったんですか？

小林　強かったですね。

玉袋　先輩でもいっちゃうタイプなんですか？

小林　いっちゃうタイプですね。ちょっと理不尽なことに対して、絶対に服従するタイプじゃないですよね。

玉袋　へえ、凄いな。道場っていう理不尽が当たり前、先輩の言うことは絶対の世界でも服従しねえんだから。

椎名　しかも、あんなに身体は小さいのにね。

小林　佐山はそんなの関係ないですからね。だから、ほとんどの先輩とケンカしてますよ。でも、ボクが佐山とケンカしたところはリング上だけですけど。

玉袋　かっけえ！　一番熱いケンカを客前で見せて

たってことか。

ガンツ　でも、佐山さんはリング外でも、みんなとやり合っていたという（笑）。

玉袋　ひとりバトルロイヤル状態だね。

小林　街でもけっこうやんちゃなヤツが向こうから歩いてくると、相手がにらんできたりするじゃないですか？　そうすると、佐山はすれ違った瞬間に引き返して、「てめえ、このやろう！　ぶっ殺すぞ！」っていくんですよ。相手はこっち（手で顔に線を入れながら）の人ですよ？

ガンツ　その筋でも関係なしに（笑）。

小林　一緒に親分がいたときは、その親分に謝らせてましたからね。

椎名　親分も「コイツはヤバいヤツだ」って気づいたんでしょうね（笑）。

玉袋　佐山さんはヤベぇよ。虎の仮面被っててよかったよ。気づかれないから。

小林　佐山には誰がいっても勝てないよね。気は強いし、キックボクシングの腕前はプロじゃないですか？　打撃のスピードがそのへんのケンカ屋とは全然違うから、たとえ何人かに絡まれたとしても、佐山ひとりに勝てないんですよ。

ガンツ　それも劇画の主人公っぽくてカッコいいですね（笑）。

椎名　伊達直人というより、矢吹ジョーって感じだよね（笑）。

小林　やっぱり街で「ぶっ殺すぞ！」ってできるのも、本人に自信があるからできるのであって、ヤバいと思ったらやらないよね。

玉袋　でも、佐山さんって、**マーク・コステロ**[※144]と異種格闘技戦をやったり、**藤原敏男**[※145]先生とキックボクシングの練習をしたり、格闘技志向が強かったじゃないですか？　その人が漫画のキャラクターの覆面を被ったわけだから、そりゃ最初は本人もいろいろと葛藤するものがあったんでしょうね。

小林　でも、タイガーマスクみたいなものをやろうとしたら、やっぱり日本中見渡しても佐山しかいなかったですからね。例えばコーナーにポンと上がるにしても、あんなに華麗に上がれるのは佐山だけ。ボクにもできないし、藤波さんにもできない。

玉袋　あれが最初の見せ場ですからね。

小林　ただ、最初はエプロンからじゃなくて「リング下からトップロープまで飛び乗ってくれ」って言われてましたよ（笑）。

ガンツ　ダハハハ！　何メートル飛ばなきゃいけないんですか（笑）。

玉袋　そりゃ、漫画の見すぎだよ（笑）。

小林　だから、トランポリンを置いてピョーンと上がるとか、いろいろ考えていたけどね。

椎名　『東京フレンドパーク』みたいな感じで（笑）。

玉袋　マジックテープでビタッと貼り付いたりしてな。でも、タイガーマスクの登場から新日本は黄金期を迎えて、視聴率もバンバン取ってたんですよね。

小林　いやぁ、凄かったですね。

玉袋　ここで小林さんがタイガーマスクの敵役として戻ってきて、さらに盛り上がって。

小林　やっぱりプロレスというのは抗争で成り立つものですから。握手で始まり、握手で終わる試合なんて、おもしろくもない。ましてや相手はスーパーヒーローだから、そのスーパーヒーローの**マスクを破る**[※146]っていうのは、最初から頭にありましたね。

玉袋　あれは、タイガーマスクの試合のなかでも一番ヒートしましたよね。

小林　逆にあそこで破らないで、普通にタイガーにやられてたら、その時点で小林邦昭は終わってましたよ。

玉袋　そっからですもんね、視聴率が急上昇したのも。

小林　これは自慢じゃないけど、ボクが覆面を破ったとき、いきなり視聴率が22・5パーセントいったんですよ。その前の週は11パーセントぐらいだったのに。

玉袋　うお〜！　凄え、2倍だ！　数字持ってる男ですねぇ〜！

小林　あのとき、何がよかったかというと、ひとつはマスク破り、それから古舘伊知郎さんの名調子、あとは**フィッシャーマンズ・スープレックス**[※147]を出したことですよね。

椎名　古舘さんが「小林邦昭に必殺技がある」ってフィッシャーマンを煽ったんですよね。「どんな技が出るんだろう」ってワクワクしてたの憶えてますよ。

小林　その3つがけっこうインパクトあったみたいですね。

追っかけに囲まれて

玉袋　ミラクルだよ、ミラクル。ミラクルが3つ重なったわけですよ。だけど、タイガーマスクとの1試合で、世間の認知度がガラッと変わったわけでしょ？『THE MANZAI』に出たら、次の日にはスターになっちゃってたのと同じように。

ガンツ　『THE MANZAI』にツービートが出てたときと、ちょうど同時期ですしね。

玉袋　あの頃、10パーセントも視聴率を上げた男が街を歩いたら、そりゃ大変ですよ。

小林　ホントに大変でしたね。マスクは金曜日に大阪で破ったんですけど、翌日東京に帰ってきて、休みだったから、ボクは渋谷のデパートに買い物に行ったんですよ。パジャマを買いに。

玉袋　虎ハンターがパジャマ買いに行っちゃってましたか（笑）。

小林　そうしたら、渋谷の街でみんなこっちをジロジロ見てくるんですよ。話しかけてくるわけじゃないんですけど、みんなこっち見て、コソコソ喋ったりして。それ以来、あんまり外に出ないようにしましたね。

ガンツ　スーパーヒーローの覆面を破った悪役です

からね。半分指名手配みたいなもんで（笑）。
小林　でも、田舎に帰ったら知らない親戚が次々と現れて（笑）。
椎名　アハハハ！　どっからか湧き出てきて（笑）。
小林　「邦昭ちゃん、おばちゃん覚えてるかい？」だって。
玉袋　おばちゃんが、虎ハンターをハントしようと探してたんですね（笑）。
小林　急に売れたりするとタレントなり、歌手なり、田舎に帰ると同じような状況だと思うんですよね。
玉袋　でも、それだけの活躍をして、視聴率もガーッと上がって、小林さんはルックスもカッコいい。そうしたらもう、悪の魅力にスッとハマっちゃう女子もたくさんいたんじゃないですかね？
小林　まあ……いましたよ（笑）。
椎名　そりゃ、いますよね（笑）。
小林　手紙なんかもたくさん来たんですけど、中にはカミソリ入りの手紙もあって、いまだにそのときの傷が親指に残っていますよ。ほら。
玉袋　うわ！
小林　斜めに入っていたんですよ。それをガーッと破ったら……。
玉袋　危ねえなあ。でも、それもヒールとして誇れる傷ですよ。
小林　まあ、それだけ本気で見てくれたってことですよね。本気じゃなかったら、あんなもの送らないですよ。
ガンツ　本気でヒートさせた証ですよね。
小林　でも、それからは手紙をたくさんもらっても、光で透かしてみてから開けたりしてましたけどね。それでも、真っ赤な字で「死ね」とか書いてあったり。
玉袋　でも、ヒールとはいえスターの仲間入りだから、生活も変わって、夜の銀座に繰り出したりしたんじゃないですか？
小林　それはないですね。ボクは酒は飲まないんでね。

玉袋　ああ、そうなんですか。そのへんも佐山さんと一緒なんですね。

ガンツ　でも、小林さんのモテモテ伝説は、いろんな証言者がいて、大変なもんだったと聞いてますけど（笑）。

小林　何か急にモテ出しちゃってね（笑）。

玉袋　マスクじゃないモノを破いちゃったと（笑）。

椎名　アハハハハ！　パンティーストッキングを（笑）。

玉袋　「虎ハンター、破いて！」って（笑）。

ガンツ　追っかけもすごかったんですよね？

小林　追っかけは、大阪に巡業で行くと東京からもたくさん来てたし、九州や四国とかからいっぱい来てましたね。みんな、なぜか同じホテルに泊まってるんですよ。

玉袋　どっかから情報仕入れて。それで待ってるわけですね？

ガンツ　小林さんの部屋の前には行列ができていたって聞いてます（笑）。

小林　それは、みんな吹いてるだけですよ（笑）。

玉袋　いや、部屋の前に女を並ばせたのはハルク・ホーガンか小林さんかっていうのは有名ですから！

椎名　でも、ほかの選手から嫉妬されませんでした？

小林　いや、あの当時はみんなモテてましたからね。この道場の前にも、土日になると女の子がかならず50人は来てましたから。信じられないかもしれないけど、スチュワーデスもいたし。

ガンツ　当時のスチュワーデスって、超花形ですよね。

玉袋　最高の高嶺の花ですよ！

ガンツ　いまで言えば、テレビ局の女子アナクラスですもんね。

小林　あとは婦人警官や教師なんかがいてね。やっぱりストレスが溜まるような人が来てたんですよ。

玉袋　普段、堅い職業の女性が、強い男の前で乱れ

るというね。一番ポルノ小説に出てくる職業ですよ！

椎名　しっかりしてなきゃいけない仕事をしてる人ほど、メチャクチャにされたい、みたいな（笑）。

ガンツ　妄想が広がりますね（笑）。

小林　道場に来る女の子たちは、冬でも外で待ってるでしょ？　だから、頭に雪が積もってたりしたから。笠地蔵だよね（笑）。

玉袋　ワッハハハハ！　笠地蔵ガールズが並んでたんだ（笑）。

ガンツ　追っかけだけじゃなくて、求婚もかなりあったんですよね？

小林　ありましたね。奈良のちょっとお金持ちの女の人がいて、クルマで高台に連れて行かれて、「見渡すかぎりウチの土地だから」って言われて。凄えなって（笑）。

玉袋　奈良の大地主ですよ！

小林　あと、「娘があなたをどうしても好きになってしまった。ビルをひとつあげますから、娘と結婚してください」とか。

玉袋 凄え！　いまならもれなくビルが付いてきますと。

小林 これがいまだったら、すぐ「お願いします」って言ってるところだけど、当時はスカしちゃったね（笑）。

玉袋 ビルぐらいじゃなびかないくらいだったってことですよね。

ガンツ よく考えたら、当時、スポーツ選手で毎週ゴールデンタイムに出てる人って、巨人軍の選手かプロレスラーぐらいですもんね。

椎名 プロサッカーはまだないしね。あとは夕方の相撲ぐらいでしょ。しかも、ムキムキの人ってプロレスラーだけだもんね。女の人って、ムキムキの人が好きじゃん。

玉袋 そりゃ、たくましい男はモテますよ。

小林 若手の頃、佐山と渋谷をブラブラしていたときに前から女の子が3～4人来て、通りすがりに「何あの腕？」って驚いてるんですよ。若手の頃って、自分の身体を誇示したくなるから、いつも袖をまくりあげて、周りの人に見せてましたね。

食堂車の全メニューを完食

ガンツ 小林さんは今日もノースリーブですしね。

小林 ボクは四季を通じてこれですよ（笑）。

玉袋 ワッハハハ！　いまだにそうなんだ。この腕はどう見ても一般人じゃないですからね。

小林 ひと夏、渋谷とか新宿を歩いても、自分と同じ腕の太さの人間とはまず会わないですね。だから、ちょっと鍛えている人が前から歩いてくると、けっこう優越感があって「見て見て！」ってなりますよ。

玉袋 ワッハハハ！　いまだにそうなんだ（笑）。

小林 あと、夏とかコンビニにこの格好で行くんですよ。そうしたら、コンビニの前でたむろしてるやんちゃなガキどもが、道をガーッと開けてくれますよ。

椎名　かっけえ！（笑）。

小林　小声で「凄えな」とか言い合ってて。それでボクが店を出てくると「すいません、どうしたらそんな腕になるんですか？」って言ってきたりね（笑）。

ガンツ　絶対にオヤジ狩りに遭わないですよね（笑）。

小林　「この人に一発殴られたら死ぬな」っていう腕だから、絶対に絡まれない。

玉袋　その身体をいまだにキープしてるわけですからね。究極のアンチエイジングですよ。

小林　ほとんどの選手が引退すると練習しなくなっちゃうんですよ。要するにリングに上がらなくなるから、身体を見せる場がないからね。でも、ボクはずっとここにいるから、若い選手が入門してきたとき「あの人、まだ凄い身体してるな」って思われたいよね。「昔は凄かったのに、いまはヒドいね」とは思われたくない。そのために練習してるから。

ガンツ　かつての維新軍、ジャパンプロレスの選手って、いまでもいい身体してる選手が多いですよね。それだけ練習好きが揃ってたんですかね？

小林　そうですね。

ガンツ　アニマル浜口さんやマサ斎藤さんもそうですし。

小林　マサさんは、いまどうなんですか？

ガンツ　言葉はちょっと出にくくなってますけど、頭はクリアで、いまだに健介さんの道場で練習してますよ。

小林　そうですか。なら大丈夫ですね。

椎名　この前、取材でお会いしたときも、迫力満点でしたから。

ガンツ　天龍さんと対談やらせてもらったとき、久々に天龍さんと会うっていうんで、しっかりパンプアップしてから来ましたからね（笑）。

小林　すごいね。マサさん、もう70だよ？

玉袋　70歳でベンチプレス、ガンガン挙げてんだもんなあ。

小林　70であんな身体だったらイヤだね（笑）。

玉袋　ワッハハハ！　さすがにやりすぎだと（笑）。

小林　ボクも服の上からだとわからないけど、身体これですからね（タンクトップをまくりあげて、手術跡を見せる）。

玉袋　すげえな……。

椎名　お腹がバッサリ切られてますね。

小林　もう3回手術したんですよ。1回目は大腸ガンで、大腸を20センチ切って。その次は肝臓に転移して、3分の2切ったんですよ。そのあと肺に転移して、肺を手術して。

玉袋　……凄え！

小林　（力こぶを見せながら）3回手術して、まだこんなんですからね。

玉袋　カッコいいなぁ！

小林　特に2度も3度も転移して生きているっていうのはなかなかいないですよ。

玉袋　でも、宣告を受けたら、普通はものすごくショックじゃないですか？　でも、やってやろうと思ったわけですか？

小林　ボクはプラス思考なんで、「あるものは取っちゃえ」みたいな。あと、入院していて、術後2日目から練習していましたからね。

ガンツ　ダハハハハ！　どんなガン患者ですか！（笑）。

小林　病室でベッドにチューブつけてガーッとやってましたから。

玉袋　傷口開いちゃうよ（笑）。

ガンツ　よく考えてみたら、**平成維震軍**[※148]や反選手会同盟で大暴れしていたときって、すでにガンだったということですよね？

小林　そうそう。最初のガンからもう20年経ちましたね。1回目のガン宣告のときはショックでしたね。そのとき、抗生物質を飲んだあとにヨーグルトとか摂って、ボクの場合、腸をキレイにしたのが良かったのかと思うね。その前はあまりやらないからね。
ガンツ　最初はまだ知識もないですからね。
小林　だから、大人から子どもまで、普段から一日少しでもいいからヨーグルトを食べたほうがいいのかなって。腸の中がキレイになるじゃないですか？　子どもに大腸ガンができないのは、まだ腸がキレイだからで、年齢とともに汚くなっていくわけだから。健康のためにもヨーグルトとかは摂ったほうがいいですよ。
玉袋　でも、小林さんが若かったら、ヨーグルト30杯とか食わされてたかもしれないですけどね。
椎名　アハハハ！　どんぶり30杯（笑）。
玉袋　そういえば、小林さんの大食い伝説で一番有名な、新幹線食堂車のメニューを全部たいらげたっていうのは、どういう状況だったんですか？
小林　あれはボクが若手の頃、新幹線でメシを食おうと思って食堂車に入ってったんですよ。そうしたら小鉄さんが先に食ってて、「小林、ここに座れ。好きなだけ食え」って言われたんです。それで「わかりました」ってカレーライスとミートソースを注文したら、「バカ野郎！　カレーとミートソースじゃねえ、全部食うんだよ！」って（笑）。
ガンツ　なぜ怒られるのか、意味がわからないですよね（笑）。
小林　「俺がスポンサーだから、全部食え」って（笑）。そのとき新幹線で東京から博多まで移動中だったんですけど、ちょうど浜松ぐらいで言われて、食べ終わったのが小倉くらい。
玉袋　ワッハハハ！　浜松から小倉まで食べっぱなし（笑）。
小林　山口あたりからもう食堂車にお客が来なくなるから、ウェイトレスとかシェフが出てきて、みんなで応援してくれるんですよ。「もうちょっとだ！」って（笑）。
玉袋　いまだったらバラエティ番組一本できあがってるよ！

小林　それで胃拡張になって、しばらくメシ食えなかったんですけどね。
玉袋　ワッハハハ！　胃拡張（笑）。
椎名　身体大きくするためなのに、意味がない（笑）。
小林　いまの選手はみんな細いじゃないですか。
ガンツ　ヘビー級の選手も身体絞ってますよね。
小林　でも、昔はとにかく大きいことが良しとされていたから、身体の大きさを誇示するために、スーツを作っても肩にパッド入れたりしてたんですよ。だから、昔の選手のスーツ姿って肩幅広かったでしょ？

『金八先生』を向こうに回して

玉袋　そういやあ、そうですね。小林さんは全盛期の体重はどれぐらいだったんですか？
小林　107キロありましたね。それでも、体脂肪率は17パーセントでしたけど。入門してから40キロ、筋肉で増やして。
玉袋　佐山さんもあそこまで増量するとは思いませんでしたけどね（笑）。
小林　ビックリしたね（笑）。でも、タイガーマスクってもう30年前じゃないですか？　でも、ボクはいまだに〝虎ハンター〟って言われるんですよ。だから、どれだけ佐山のインパクトが凄かったかってことですよね。いまはネットで試合の動画とかも観られるので、フェイスブックとかでボクにもお友達申請がいっぱい来るんですよ。
椎名　小林さん、フェイスブックまでやってるんですか（笑）。
小林　いまはけっこう増えて、友達が3000人ぐらいいますね。今年中には4000人ぐらいいっちゃうんじゃないのかな？
ガンツ　DVDマガジンの『燃えろ！　新日本プロレス』[※149]も大ヒットしてますしね。
玉袋　いや、名作は時代を超えるよ！

小林　でも、あの頃生まれた子どもがもう30歳ですよ。それがいまだに「虎ハンター、虎ハンター」、「初代、初代」でしょ？　だから、やっぱり佐山の功績って凄いんだなって思いますね。

椎名　当時のプロレスブームを引っ張っていたのは、タイガーマスク人気ですもんね。

小林　子どもが見てくれるようになって、視聴率も一気に上がったんですよ。あの頃は興行師が「売ってくれ、売ってくれ」って凄かったし、会社の人も「もうこれ以上増やせないです」っていうぐらい組んでたから、年間220試合ぐらいやってたんじゃないのかな？

ガンツ　いまDVDで見ると、全国どこでも超満員ですもんね。

玉袋　当時はファイトマネーもググッと上がったんですか？

小林　そこはイマイチ（笑）。

ガンツ　当時、○○さんの家が突然3階建ての新築になったって聞きました（笑）。

小林　ハハハハハ！　でも、あの頃の新日本プロレスは、選手と営業とか会社の人間を集めても50人ぐらいしかいなかったんですよ。それでも年商は相当あったと思いますよ。

玉袋　まだプロ野球だって1億円プレイヤーなんてひとりもいねえときだもんな。それなら、早めにこの合宿所も建て直しておいたほうがよかったんじゃねえかという（笑）。

小林　もう、ここは築50年くらい経ってるからね（笑）。

ガンツ　本来なら、普通に新日本の自社ビルとかできてたのに（笑）。

玉袋　そうだよな。ニコタマに道場と合宿所も完備した自社ビルが建ってるよ。

小林　あの当時の選手の稼ぎも相当凄かったですからね。

玉袋　それをパンツ一丁の男たちがやってるんだか

ら。
小林　テレビ朝日のお偉いさんに会ったとき、お礼を言われましたからね。やっぱり23パーセントを平均で取ってたでしょ？　裏番組が『太陽にほえろ！』と『金八先生』で、それを向こうに回して平均23パーセントですから。
玉袋　オバケ番組だよ。だから俺ら『太陽にほえろ！』も『金八先生』も見たことないですもん。
椎名　ホントに見たことないよね（笑）。
ガンツ　当時はクラスの男子全員『ワールドプロレスリング』を見てましたからね。『金八先生』って、誰が見てたんだろうって（笑）。
小林　だから、佐山は国民的スターでしたよね。
玉袋　しかも、国民的スターが正体不明ってところが凄いですよね。
椎名　素性がわからないって、いまだったら怪しまれるよね（笑）。
玉袋　そこがまたミステリアスでいいんだよな。
小林　あの頃はネットがなくてよかったですよ。あの頃ネットがあったら、タイガーマスクの素顔なんて、あっという間に出回っちゃう。
玉袋　ああ、そうですよね。あの頃はファンタジーがあったよなあ。本当にワクワクして見てたから。

新日道場の寮長時代

小林　いい時代だったんですよ。だから、あの頃に棚橋が出てきてたら、凄いことになってたと思いますよ。あのマスクであの身体だから。
ガンツ　当時は藤波さんが垢抜けて見えましたからね。よく見ると地味な感じですけど。
玉袋　ピンクのジャンパー着て入場してたからな。
椎名　かおり夫人セレクトの（笑）。「マッチョドラゴン」※150の頃ですよね。
小林　「マッチョドラゴン」聴いたとき、みんなで爆笑しちゃったよ（笑）。

椎名　やっぱり、選手の間でも爆笑だったんですか？（笑）。

小林　「こんなの買ってる人、ホントにいるのか」と思って（笑）。

ガンツ　当時、プロレス会場でサイン会やりながら売ってたんですよ。

小林　でも、当時はレコードプレイヤーにかけて、わざわざ聴くわけでしょ？　あれを自宅のスピーカーから聴いた人はどう思ったんだろうなって。

玉袋　盛大にずっこけたでしょうね。

椎名　「カネ返せ！」って（笑）。

ガンツ　当時は長州さんもレコード出したんですよね。

小林　あ、そうでした？

ガンツ　ジャパンプロレスを旗揚げした頃、「**明日**[※151]**の誓い**」って曲を出したんですけど、「さすが藤波のライバルだ」って言われていたという（笑）。

椎名　歌も同レベルだと（笑）。

玉袋　かなり低い位置で名勝負数え歌を聴かせてたんだろうな。

小林　レスラーのなかでは、マイティ井上さんが歌うまかったですね。

ガンツ　マイティ井上さんはムード歌謡とかですよね。

玉袋　夜の街で鍛えたノドだよ！

椎名　国際プロレスは演歌とかそっち系だよね（笑）。

小林　あと木村（健悟）はメチャクチャ上手いですよ。彼が入ってきたとき、「何であんなに上手いんだ」って思いましたからね。

ガンツ　強さじゃなくて、歌の上手さで一目を置かれているという（笑）。

小林　普通に喋っていても、エコーの効いた声なんだよね（笑）。

玉袋　なぜかビブラートがかかっちゃう（笑）。

小林　だって毎年、目黒の雅叙園でクリスマスディナーショーをやっているんですよ。

玉袋　へぇ！　そりゃ本職ですね。

小林　ボクも行ったことがあるんですけど、初めて呼ばれたときは200人くらいお客がいたんですよ。それが年々少なくなって（笑）。

玉袋　ガッハハハハ！

椎名　かならずオチがありますね（笑）。

小林　いまはやっているかどうかもわからないけど（笑）。

ガンツ　木村さんは先輩ですか？

小林　先輩。1年ぐらいですけどね。もともと日本プロレスにいて、坂口さんと一緒に来たんで、新日本に入ったのはボクよりあとなんですよ。

椎名　木村さんは相撲からプロレス入りしたんですよね？

小林　そうですね。その辺はキラー・カーンさんと一緒で。

椎名　キラー・カーンさんも若手の頃は、ここで一緒に住んでたんですよね？

小林　住んでましたね。

玉袋　当時の合宿所は凄えメンバーだな。

小林　前田もいましたし、髙田、藤原もみんなここに住んでましたから。

玉袋　トキワ荘どころじゃないよ！　こっちは何人スターを出してんだって。

椎名　リアル「TUF」[※152]（ジ・アルティメット・ファイター）って感じですよね（笑）。

玉袋　ホント「TUF」だよ。でも、イタズラのレベルもケンカのレベルも、新日道場のほうが上だよ！

椎名　スターを輩出してる人数も上だしね。

ガンツ　特に小林さんが寮長のときは、凄いメンバーですよね？

小林　ボクが寮長のときは平田、ジョージ、ヒロ斎藤、前田、髙田とかその辺じゃないですかね？

玉袋　それを束ねてるってすごいよな。

小林　いや、ボクが寮長の頃が一番乱れてましたよ（笑）。

玉袋　ワッハハハ！　夜遊びＯＫな寮長（笑）。

小林　ええ（笑）。一応、寮則が書いてあるんですけど誰も守らない（笑）。

ガンツ　寮長が朝まで帰ってこないわけですもんね（笑）。

小林　ねえ？　しょっちゅう（笑）。

玉袋　まあ、若くて体力が有り余ってるんだから、しょうがねえよ。

小林　あれだけ栄養を摂って、運動してるんだからね。

ガンツ　夜も寝てられないと（笑）。

小林　あの頃の元気がほしいですよ（笑）。

玉袋　充分、元気ですよ！（笑）。ガンも跳ね返す元気があるんだから。

小林　いま、レジェンド・プロレスって、佐山とかががんばってやってるじゃないですか？　それで試合とか見に行くと自分もまだ鍛えてるから、やっぱり燃えてくるんだよね。

玉袋　ワハハハハ！　リングに上がって、またマスク破りたくなるくらいの（笑）。

小林　レジェンドが後楽園で初めてやったときとか、ホントにあのときの熱気がありましたよ。カード発表のときからワーッとなって「この雰囲気、全盛期の頃もこうだったな」って思いましたね。

ガンツ　その後、メインが藤波vs長州、セミがタイガーマスクvs小林邦昭という、まさに金曜8時の黄金カードもやりましたからね。

小林　そういう歓声を聴いちゃうと、血が騒いじゃうんだよね。

椎名　やっぱり根っからのレスラーなんですね。

玉袋　そりゃそうだよ。16歳のときから、ずっと新日道場にいるんだから。じゃあ、小林さん。これからも、ちゃんこの味ともども、新日道場の伝統をよろしくお願いします！　今日はごちそうさまでした！

過激な仕掛け人

新間寿

新間寿（しんま・ひさし）

1935年、東京都生まれ。元・新日本プロレス専務取締役兼営業本部長。1966年、豊登の誘いを受け、実父の信雄とともに東京プロレスの立ち上げに携わる。東京プロレス倒産後、1972年に新日本プロレス入社。専務取締役営業本部長の肩書きで、アントニオ猪木の右腕として猪木vsモハメド・アリの実現、IWGP抗争の提唱、タイガーマスクのデビューなど、数々の実績を残す。1983年には「新日本クーデター未遂事件」で解任され、UWFを設立。1989年、猪木率いるスポーツ平和党の幹事長に就任。その後、猪木とは袂を分かつが、2002年に和解。昭和新日本を語るのに欠かすことのできない存在だ。

ガンツ　玉さん、満を持して新日本プロレス黄金時代の〝過激な仕掛け人〟新間寿さんに来ていただきました！

玉袋　めでたいね〜、何と言っても名前が「寿」だから！　新間さんはいい話が泉のごとく止まらないから！

新間　この間も偶然会って、話したじゃない？

玉袋　そうなんですよね。この前、新宿で友だちと待ち合わせしててさ、時間あったから小田急新宿駅地下の山下書店に行ったんだよ。そしたら何かこう、凄い昭和の臭気をプンプンさせた人がいてさ。

椎名　オーラが漂ってましたか（笑）。

玉袋　そのオーラに引き寄せられて顔を見たら新間さんでさ。「あ、新間さん！　お久しぶりです！」って言った30秒後には、もう猪木さんの話をしてたからね。

椎名　挨拶もそこそこに（笑）。

玉袋　早え、早え。日曜日の昼間にあんな熱い立ち話はなかったよ。

ガンツ　日曜の真っ昼間から新間節を堪能しましたか（笑）。

新間　で、今日は何を話したらいいの？

玉袋　いや、新間さんの仕掛け人一代記を聞きたいんですよ。もちろん、これまでいろんなところで話してきたと思いますけど、新間さんの話って聞くたび、読むたびに「まだそんな話があるのか」っていう発見があるんで。今日も「そんな引き出しがまだあったんですか！」っていう引き出しも開けていただいて。財宝をご開帳していただきたいなと。

ガンツ　新間さん自身が宝島ですからね（笑）。

アントニオ猪木の悪口は言わない

玉袋　そうだよ。昭和の宝が詰まってるんだから。

新間　でも、実際に日本には宝の山があるんだよ。小来川《おころがわ》鉱山っていう山が。

椎名　リアル宝の山が（笑）。

玉袋　新聞さんはその銅山で4年間、働いてたことがあるんですよね？

新聞　そう！　家を勘当されて銅山行きだよ！

椎名　なんで勘当されたんですか⁉

新聞　だって、**東京プロレス**[※153]で猪木さんから告訴されたじゃない。**豊登**[※154]と私と父親（新聞信雄。日蓮宗感通寺住職。豊登とともに東京プロレスを設立）が。それが『東スポ』の1面に出ちゃったんだよ。その頃、親父が日蓮宗の宗会議員に20年目か何かでまた立候補したんだよ。そしたら「20年は長すぎるから新聞を引きずり落とせ」って連中が反目していて、そいつらがその記事に目を留めて、リコピーができた年だったから、リコピーでバンバン刷ってさ。身延山の本山へ送ったり、日本全国にそのコピーを送ったわけ。おふくろにそれを見せられて「おまえのおかげでお父さんが選挙に落っこちた」って言われて泣かれたことは一生忘れない！

ガンツ　東京プロレスのおかげで、選挙に落ちたと（笑）。

新聞　親父は何も言わなかったけどね。

玉袋　それで銅山に行くっていう。4年間だもんな。銅山なんて、言ってみりゃ飯場ですよね。

新聞　そうそう。だから東京プロレスだって借財の山で。そっちも山よ。

ガンツ　借財の山のために、銅山に送られて（笑）。

新聞　東京プロレスっていうのは私が営業部長で、親父が監査役だったの。で、登記上の社長はマサ斎藤がやって、そのあと北沢幹之になったんだけど、実質は豊登が好き放題やっていてね。うまいぐあいに俺もハメこまれて、「豊登と新聞は一体だ」ってことで、結果的に豊登が横領したお金を親父も遣ってたという告訴状なの。

ガンツ　プロレスと関わっちゃったばっかりに新聞家は嵐に巻き込まれて（笑）。

新聞　あの頃は新宿署じゃなくて淀橋警察署ですよ。

それを捜査する刑事がいい人で、「こんな告訴状を受け取るバカがどこにいるか」って。「豊登とアンタだけならいいけど、お寺の和尚を告訴状に入れるなんてとんでもない」と。

玉袋　バチ当たりな（笑）。

新間　そしたら淀橋警察署の斜め前に、常圓寺《じょうえんじ》という有名なお寺があるんだけど、日蓮宗で親父の同級生なんだよ。

玉袋　あ、そうなんですか？　あそこのせがれ、俺の一コ下ですよ（笑）。

新間　だから、ウチの男たちは、常圓寺のことはみんな知ってるから。で、親父と主席を争ってたぐらいの頭のいい上人だったわけ。そこへ淀橋警察署が話を聞きに行ったら「新間上人を訴えるとは、とんでもないヤツだ！」って凄い激怒してくれて。

椎名　仏の怒りを買って（笑）。

新間　親父は頭が良くて、立正大学を主席で出たんだけどね。その親父を捕まえて、猪木さんも何を血迷ったのか。「新間親子、豊登、告訴さる！」なんてさ。いまだにあの新聞記事を見るとカーッ！　となるよ。

ガンツ　ダハハハハ！

玉袋　でも、猪木さんとはそのあとまたくっついたりしてるのが不思議ですよね。

新間　だから「猪木寛至」にはもう怒り心頭で、「こんな憎い野郎！」って思っていたけど、「アントニオ猪木」を見ると「やっぱり凄いな〜」となるんだよ（笑）。

玉袋　猪木寛至とアントニオ猪木は別ってことですね（笑）。

新間　だから俺が一番ズルいんだよね。猪木寛至の悪口は言うけれども、アントニオ猪木の悪口は言わない！　猪木寛至がやったことについては罵詈雑言を浴びせるけども、プロレス全体については、いい選手は「いい選手だ」と思うし、凄い試合は「凄い試合だ」って認める。でも人間性のことを言われりゃあ、レスラーたちなんてひどい連中がたくさんいるんだから！

一同　ワハハハハ！

新間　しかしそういうのをさておいて、リング上で凄い試合を見せたりとか、感動を呼ぶ試合をしてくれたり、ファンと一緒に写真を撮ってあげたり、サインをしてあげたりっていう選手については、私は尊敬の念を持つのよ。リングのなかの選手と、リング外とは別人格だと思ってる。やっとそれがわかるようになってきた。遅すぎたね（笑）。

玉袋　遅すぎますよ（笑）。いや、でも4年銅山に行かされて、一族を地に落とされて、それでも「猪木さんは凄い」って言えるのは、新間さんの懐の深さと、アントニオ猪木の凄さってことなんだろうな。

新日本プロレスの裏方として

新間　あの人はホントに凄いよ。あの人から〝リングの中のこと〟を、俺は聞いたこともないしね。昔のビデオを観ると、俺なんかよくリングサイドでヒジついて、必死になって試合を観てるもんね。

ガンツ　凄いうれしそうに観てますよね（笑）。

新間　凄い試合を観ると、うれしくなっちゃうんだよ（笑）。アントニオ猪木の試合は凄かった。だからミスター高橋が書いたような、ああいう内幕がたとえあったとしたってさ、そんなこと知ってから観ておもしろいか？　スリラー小説の最後だけ読んじゃって、最初からもう一度読み直しできるかって！

玉袋　できないですね〜（笑）。

新間　でも池波正太郎とか司馬遼太郎とか山本周五郎とかそういう人たちの小説っていうのは、最後を知ってても「最初からまた読みたい」と思うんだよね。そういう小説家と同じようなことをプロレスのリングでやってきたのが、やっぱり猪木であり、坂口であり、タイガーマスクであり、長州、藤波、前田日明。そういう人たちが新日本プロレスを作ってきたんですよ。誰を思い出しても、いい思い出ばかり。新日本プロレスにいた連中っていうのは、力道山が鍛えに鍛えた猪木の遺伝子を持って、山本小鉄、**星野勘太郎**[※155]が受け継いで、それを長州、藤波、タイガーマスク、前田日明に伝えた。この新日本プロレスの流れが本流だと思ってる。

ガンツ　佐山さんと前田さんを新日本に入れたのは新間さんなんですよね。

新間　そうそう。

ガンツ　そして藤波さんをマジソン・スクエア・ガーデンで大スターにしたのも新間さんで。

新間　藤波と初めて会ったのは、確か猪木さんの結婚式だね。鉱山から戻ってきたばかりのとき、豊登と一緒に招待されて。豊さんは行かなかったんだけど。

ガンツ　豊登さんも一応、招待されたんですね（笑）。

玉袋　で、新間さんはちゃんとご祝儀は包んだんですか？（笑）。

新間　もちろん包んでいったよ。

玉袋　さすが！（笑）。偉いな～。招待状を出す猪木さんも猪木さんだし。ご祝儀包んでいっちゃう新間さんも最高に素敵ですね。

新間　猪木さんはそのあとに会社乗っ取りの疑惑をかけられて、**日本プロレス**[※156]追放ってことになってびっくりした。私は小来川鉱山から帰ってきて1年間、豊登と一緒に「ダイナパワー」という、自動車の燃料を100パーセント燃焼させるっていう商品を、全国回って販売してたんですよ。

ガンツ　新間さんがセールスマンやってたら、凄そうですね（笑）。

玉袋　凄い記録持ってそうだよな（笑）。

新間　女房にセドリックのワゴン買ってもらってね。そこにダンボール10箱ぐらい積んで回って。こっちは売り専門で、豊さんは最初だけ顔出して「豊登と一緒に来てます」って言って。

玉袋　とりあえず、有名人の顔で会ってもらうわけですね。

新間　ダイナパワーはひとつ3000円か4000円ぐらいだったかな。ずいぶん売ったよ。でも、豊さんは最初だけ顔出して、旅館に帰ると、日本プロレス時代に泊まってた旅館だからみんな知ってるじゃない？　俺が旅館帰るといないんだよ。毎晩、麻雀やって、稼いだカネをすぐ「それ貸してくれ」って持ってっちゃって。

一同　ワハハハハ！

玉袋　日本プロレス、東京プロレスを追放されても、まだ懲りずにギャンブルで遣い込んで（笑）。

椎名　一生、治らないんでしょうね（笑）。

ガンツ　でも、東京プロレスで大変な目に遭った新間さんやマサ斎藤さん、北沢さんが、みんなそのあと新日本に合流してるのは凄いですね。

新間　営業だけほっぽり出されたけどね。

玉袋　営業はつらいね。

新間　東京プロレスが**国際プロレス**[※157]に合流するというときに**吉原**[※158]（**功**＝国際プロレス社長）さんに会って、「営業だけどうにもならないから、吉原さん、何人か面倒見てくださいよ」って言ったら「ウチはレスラーはいいけど、営業は無理だよ」って簡単に断られちゃってね。逆に国際プロレスが潰れて、新日本に吸収合併するようなときは、良い条件で会社の役員に話つけて、吉原さんにもウン千万払おうとしてたんだけど、払う日に猪木さんが来て「こんなにカネ払うのか！　冗談じゃねぇ」って言われて。それを半分に減らしちゃったんだよ。

ガンツ　一気に半額！（笑）。

玉袋　それは猪木〝寛至〟のほうですね（笑）。

新間　吉原さん、受け取りに来て金額見て「話が違う」って泣いてたもんね。で、「こんなロクでもない選手はいらねぇ」つって。目の前でパッパッと選手をチェックしていって。

玉袋　仕分け作業だ。

新間　それでウチに来たのがアニマル浜口と、**寺西**[※159]

（勇）とラッシャー木村さん。あとの連中は「この野郎」※160って思っただろうね。
椎名　団体ごと吸収合併のはずが、3人しか取ってくれなかったんですからね（笑）。
玉袋　当時の新日本なら儲かってただろうから、たくさん面倒を見ることもできたんじゃねえかと思うんだけどね。
新間　でも新日本プロレスは、最初の1年間で、あっという間に1億ぐらいの借金こさえちゃったからね。客が入らなかったもん。その前の東京プロレスなんて、最低のときは150人ぐらいしか入らなかったもんね。あまりにも客が入らないから、東京プロレスのときは6カ所ぐらい興行が中止になったよ。
玉袋　でも、それが数年で黄金時代を築いちゃって、新間さんなんかも働きっぱなしじゃないですか？
新間　忙しいなんてもんじゃなかったけど、あの頃は忙しいのが楽しみだったもんね。会社に行くのが一番早くて、一番遅くまでいたもん。でもあそこの連中は徹夜で麻雀やってきて、会社の目の前にクルマ停めて寝てて。1階の「澪」っていう喫茶店のママに頼んで、「本部長が来たら起こしてくれ」って。クルマ見りゃあ寝てんのわかるのにね（笑）。
玉袋　ワハハハハ！　テレビ朝日との交渉は、新間さんが全部やってたんですか？
新間　うん。
玉袋　じゃあ、全盛期に高視聴率取ったときはうれしかったんじゃないですか？
ガンツ　毎週25パーセントとかでしたからね。
新間　倍賞（美津子）さんの出てる『金八先生』と視聴率の取り合いだったからね、夫婦で。
玉袋　ホントだ、夫婦足したら40パーセント超えだよ。凄え！
ガンツ　あんなに脆弱だったガイジンも、新間さんがWWFやメキシコのUWAとルートを作ってから豪華になりましたもんね。
椎名　最初はカール・ゴッチだけだったのに。

玉袋　そのなかでモハメド・アリとやったり。世界統一のＩＷＧＰ構想なんてワクワクしたもんなあ。

アントン・ハイセルの出資金集め

新間　でも、いま思えば、借金をこさえては返すという繰り返しだったよ。それでアントンハイセルのカネ作りもやって、しまいにゃ、それでクーデター起こされてさ。

椎名　すべての元凶はアントン・ハイセル（笑）。

新間　猪木さんは、「ハイセルをやることで、レスラーが食えなくなっても、ブラジルの牧場で働かせてやれるんだから」なんて言ってたけど、誰もブラジルの牧場に行きたがらないだろうって（笑）。

ガンツ　そりゃ、クーデターも起こされるだろうっていう（笑）。

新間　でも、何かあれですっきりしたよ。会社の全員が反対だって言うんだから。ただ、こっちはもう家も担保に入っちゃってるんだけど。

椎名　引くに引けない状況になってる（笑）。

新間　もうこの事業は行き詰まるし、何しろアントンハイセルは、収入がない会社なんだから！

玉袋　ワハハハハ！　つれえな～。

新間　それでも毎月、経費だけは掛かっていくんだからね。技術は良かったかもしれないけど、その技術を一般化することができない研究者と組んでしまったんで、経営が素人だったんだよ。

玉袋　でも、ずーっと働き続けて収入がないって凄いね。ブラック企業だよ。

新間　ホント真っ黒けよ。ブラック企業の第一番目、背番号1だから。

一同　ガハハハハ！

新間　要するに、いまでいう未公開株だよね。投資信託みたいなもんで、債券を扱ってるわけだから。それで選手から、フロントの幹部、みんなからカネを集めてね。タイガーマスク（佐山）の奥さん実家の整骨院にも行ってさ。菅谷先生って人に「先生、1500万お願いします」って言ったら一瞬考えて「うーん、猪木さんと新間さんがやるんじゃあなあ」って出してくれて。

玉袋　へぇーーー。

新間　藤波のとこだって、藤波の奥さんの実家行って3000万よ？

椎名　3000万！　お金、持ってますね～（笑）。

ガンツ　かおり夫人と、馬場元子さんの実家は資産家なんですよね。

新間　坂口さんなんか、奥さんに内緒で坂口家の土地と自宅を担保に入れて1億だもん。それで1年ぐらい経って、うまくいかなくなったとき、奥さんが「猪木さんに会わせてください」って会社にまで来てね。「主人がプロレスで稼いで建てた家です。主人がプロレスのために自宅を提供して、会社がうまくいかなくて自宅を売却して出ていかなきゃいけなくなったのなら、私も甘んじて受けます。でもアントン・ハイセルというのは、私たちに何の関係もない猪木さんの夢の会社でしょう？　そこにウチの主人を巻き込むのはやめてください」って。

玉袋　うわー。正論ですね（笑）。

新間　「いままで1年半ぐらいお手伝いしたわけですから、このへんでウチの主人を身軽にさせてください、家族を安心させてください。それを猪木さんに言いたい」って言ってきたけど、猪木さんは会わなかったわけ。それで坂口さんの奥さんが帰ったあと、猪木さんが「新間、何て言ってきた？」「こう言ってきました」って報告したら、「アッタマきた、すぐ坂口にカネを返せ！」って言うんだけど、「返せったってカネないじゃないですか」って。

ガンツ　ガハハハハ！

椎名　さんざんカネを引っ張っておいて、「頭にきた」ってのも凄いですね（笑）。

新間　だからレスラー・アントニオ猪木は凄いけど、実業家・アントニオ猪木はまったくだね。何年か前だってさ、永久電池のために何億も使って。猪木さんの兄弟もみんなカネ出させられて、挙げ句には、猪木さんの関係者が兄弟みんな切っちゃったじゃない。

玉袋　そうなんですか。（実兄の）猪木快守さんとか。

新間　快守さん、かわいそうだった。お金がないから生活保護の申請が通って、その支給が始まる前に亡くなったんだよ。その前に、吉本興業の売れてた芸人の母親が生活保護受けてたじゃない？

玉袋　そうですね、次長課長（河本準一）。

新間　だから、あれを快守さんが受けてたら大変な騒ぎになってたと思うね。「アントニオ猪木の兄弟が生活保護っておかしいじゃないか」って。

椎名　なるほど。

新間　もちろん猪木さんのとこへも、役所からそういう問い合わせが行ってますよ。でも、快守さんの生活保護が通ったってことは、アントニオ猪木は「面倒見ない」って返事出したってことだから。

倍賞美津子に贈った花束

ガンツ　でも、猪木さんと倍賞美津子さんが2人で力を合わせて新日本を盛り立てていた美しい時代も、新間さんは間近で見てるんですよね。

新間　だって倍賞さんを紹介したのは東京プロレス時代の豊登だもん。

玉袋　ああ、そうなんですね。

新間　その前に猪木さんはすっごい美人のガイジンの奥さんがいてね。いま4人目と付き合ってるけども、その中でいちばんキレイだったのは最初の奥さんですよ。で、2番目の奥さん、倍賞美津子さんが最高だったね。あの人は凄かった。だから、そのあとは……ねえ？　人の女房のことは言いたかないけど（笑）。

玉袋　ワハハハハ！

ガンツ　でも、あの倍賞美津子さんが新日本プロレスのためにいろいろやってたんですもんね。

玉袋　ウグイス嬢とかな。

新間　宣伝カー用にマイク吹き込んでくれたんだよね。で、旗揚げ10周年の記念興行が大田区体育館であったとき、セレモニーの最後に私がマイクを持ったんだ。「さて皆様に申し上げます。新日本プロレスが旗揚げで苦しい時代、多大なる努力で支えていただいたのがアントニオ猪木夫人であり、我々の女神である倍賞美津子さんです」と紹介してね。「選手を代表して、アントニオ猪木、坂口征二、山本小鉄から花束を贈呈させていただきます」って、倍賞さんに花束を贈らせてもらったことがある。あのあと、控室に行ったら猪木さんが「10周年だから、俺も女房に何かしてやりたかったけど、誰も何もやってくれなかった。でもおまえだけはやってくれた」って言ってね。

玉袋　ああー、いい話ですね。

新間　あと、札幌に行ったときは、力道山時代からプロレスを応援してくれた三菱電機の大久保会長にリング上で花束を贈呈させてもらってね。

椎名　それもサプライズで。

新間　そしたら帰りに、大久保会長から「新間さん、猪木さん坂口さんと一緒に寿司屋に来てくれ」って呼ばれて行ったの。そしたら「猪木さん、私はいままで、会社で何千本の花をプロレスのリングで差し上げてきた。でも今日は社員のいる前でこんな花束を貰って、社員も喜んでくれたし、来てくれてた家内も喜んでくれた。こんなうれしいことはない、ありがとう」って言ってもらえてね。それで食事が終わって、タクシーで帰るときに、猪木さんに「1杯付き合わないか？」って言われて、パークホテルのいちばん上のバーに行って。「新間、おまえはホントにそういうことに気が利く。やってくれてありがたい。いままでおまえがリングに上がって何か喋ったときに『余計なことを』って思ったこともあったけど」と。

玉袋　ワハハハハ！

ガンツ「目立ちやがって」と思ってた（笑）。

新間「だけどおまえはもう、リングの上で好きなことをしろ」と言われてね。

玉袋　へぇ！　猪木さんのお墨付きなんですね。

新間　倍賞美津子さんにしても、大久保会長にしても、本当に感謝の気持ちからやらせていただいただけなんだけどね。倍賞さんなんか、姉の千恵子さんも一緒になって切符を売ってくれたりね。私と猪木夫妻がＮＷＡ総会でアメリカに行くとき、「みっちゃん、私も付いていくから新間さんに言って」なんて言ってね。

玉袋　へぇーーー！

ガンツ　倍賞姉妹がＮＷＡ総会に（笑）。

新間　そういう付き合いがあって。あるとき、「あなたにとって映画とは何ですか？」って聞かれたときに、あの人はさらっと言ったんだよね。「映画は私の人生です」と。で、今日は浅草キッド（玉袋）と会うから、「新間さんにとって新日本プロレスとは何ですか」って聞かれないとも限らねえなと思って、考えてきたんだけど。

玉袋　ワハハハ！　じゃあ、お願いします！

新間　新日本プロレスとは、私の青春をずっと持ち続けさせてくれている原動力です、と答えるね。

玉袋　いいですね〜。

新間　サミュエル・ウルマンが「青春とは人生の一時期を言うのではなく、心のあり方を言うのである」って言うじゃない。「希望を持つかぎり人間は若く、失望とともに老いる」って。まあ、新日本にいて失望は何十回もあったけどさ（笑）。

玉袋　ですよね？（笑）。聞いただけでも相当ありますよ！

新間　あったけれども、6メートル40センチ四方のリングの中で行なわれたレスラーたちの凄い闘いを観たエネルギーというのは、その失望を補ってあまりあるものを私の心の中に残してくれてるじゃない？

だから自分も14年間、新日プロで身命を賭してやってきたわけです。アントニオ猪木は、力道山、木村政彦と同じように、命懸けの真剣勝負をしてきたんだから。タイガーマスクだって香港で真剣勝負をやったし、藤波なんかも**極真とモメた**※161とき、リング下で私が向こうの人間に突き飛ばされたら、バーッと向かっていったシーンをいまだに忘れませんよ。

玉袋　あの頃の極真とやりあってるっていうのも凄いですよね。

新間　あとは「タイガーマスクに挑戦して勝ったら100万円」なんて企画をやって、各地区で予選やったんだよね。髙田がその相手役をやったんじゃないの?

ガンツ　新日本の道場で、真剣勝負を受けて立ったんですよね。

新間　だから、「いつでも真剣勝負をやってやるぞ」という気構えを持っているのが新日本プロレスのレスラーたちだったんですよ。

玉袋　ボクらもそこに憧れたんですよ！

新間　もちろん、年間200試合もやってたら、「ホントに命懸けてやってんのかな」って思うような試合も中にはあったけど、本当に凄い試合を1試合見せられたら、ほかの何百という試合はすっ飛んじゃう！　そういう印象に残る試合を、アントニオ猪木とか新日本プロレスの連中はやってきたんだ。

玉袋　やってましたよ〜。

新間　だから視聴率だって平均20パーセント以上になったわけだしね。

玉袋　俺たちなんて、そういう試合を観ちゃったからこそ、40年くらいずっと虜になってたんだもん。

ガンツ　80年代前半は「またフェンスアウトか」なんて思いながらも、凄い試合が1回あると吹っ飛んじゃいましたよね（笑）。

新間　だいたい、俺がもう虜になってたんだから。レスラーはまずフロントを虜にしないと！　レスラーが凄い試合をするから、営業マンだって本気で営業できるんだから。

玉袋　そうですよね。「ウチの新日本プロレスは凄いんです」って、本気で売り込めるわけですからね。

ゴールデンタイムを再び

新間　だから当時は、観客からも身内からも厳しい目があったんですよ。でも、プロレスは殺し合いじゃないから、猪木とタイガー・ジェット・シンだって、あれだけの抗争をしながらも、しっかりと一線は守っていた。そういう試合をゴールデンタイムで見せていたからこそ、ガキ大将がケンカをしても、「これ以上やったらダメだ」っていう頃合いがわかってたんですよ。

玉袋　そうですよね。〝ケンカのルール〟をプロレスが教えてくれてたんですよね。

新間　でも、いまはケンカのやり方がわかんないから、ボコボコにして殺しちゃう。プロレスを観ていれば、そんなことは起こらないのよ。だから、ゴールデンタイムで放送するのは大事なんですよ。いま新日プロが地方で超満員とか、今度のドームも売れてるって言うんだったら、自分のとこでカネ出して金曜の8時に放送枠を買ったっていいじゃないか。いま、親会社は何ていうんだっけ？

玉袋　**ブシロード**[※162]ですね。

新間　ブシロードか。あそこのカードゲーム、ウチの孫だって一生懸命やってるよ（笑）。

玉袋　ワハハハハ！　新間さんが、ブシロードのお得意さんなんですか（笑）。

新間　昨日だって孫のためにビックカメラに買いに行ったんだよ。それが「売り切れです」っていうから、今度はヨドバシカメラに行ったらワンボックスだけあって、ようやく買えて孫にあげたら夜に電話かかってきて「じいじ、一番好きなやつ、出なかったやつが出たー！」って。もう、こっちはブシロードのために、駆けずり回ってるんだよ！（笑）。

一同　ガハハハハ！

新間　だからこそね、ブシロードがホントにプロレス界の復興を望むのなら、テレビ朝日と組んで、土曜の深夜30分のワクじゃなくて、金曜の夜8時を買いきってみろって。年に2回でいいからやってくれって。テレビ朝日に「1時間ウチが番組買うから、あと1時間はスポンサーつけてくれ」って言って2時間スペシャルにして、ほかの団体にも声かけて、オールスター戦やればいいじゃない。春と秋に。

玉袋　それをやってくれたら、プロレスファンは大喜びですよ。

新間　そのスペシャル番組には、アントニオ猪木と坂口征二とか馬場さんの奥さんとか、そういう人を呼んで解説席に入ってもらったりね。昔の思い出のシーン、**ビル・ロビンソン**[※163] vsアントニオ猪木の最後の卍固めか何かを映してみたりさ。よく大相撲でやってるじゃない？

ガンツ　プロ野球中継でもやってますよね。昭和の名シーンを振り返るやつ。

新間　テレビ朝日の歴代最高視聴率番組に、アリvs猪木戦が入ってるんだから。あとはボウリングの中山律子パーフェクト達成と、阪急の日本一かなんかの決定戦。何てったっけ、有名な監督。

椎名　上田（利治）監督ですね。

新間　あの人がやったやつですよ。それがテレビ朝日の3大最高視聴率だっていうから。何で社長に会うなり何なりして、もしくは松本さんっていうのがいま局次長になったんだから、その人に頼んで買い取って、1時間枠、2時間枠をやりたいって言って、ブシロードがカネ出してやってくんないのかね。

玉袋　いまの新日本プロレスには〝新間寿〟がいないんですよ！

新間　ホントそう思わない？　ブシロードは、いまのプロレス界で圧倒的な力を持ってるっていうんだから、盟主として、リスクを背負ってやってほしいよ。いまは『週プロ』だってブシロードのお金で新日プロの広告を出してもらって、その広告がなくなったら成り立たないって話だから。

玉袋　そうなんだ。ターザン山本時代とは違うんだな。

ガンツ　いまは、表紙めくった最初の見開きが毎週、新日本プロレスの広告ですからね。

新間　何ならこの本の1ページ目か何かに大きく「ブシロードよ、本物のプロレスブームを作れ！」ぐらいのことを書いてもらいたいよ。地方で客が入ってるとか、大阪府立体育会館が満員とか、そんなことで満足するんじゃない、と言いたいね。

玉袋　そうなんだよな。東京ドームの興行も「お客入ってます」って聞くんだけど、こっちは一番入ってるときを見ちゃってるからさ。昔はドームツアーやってたんじゃねえのか？　って、どうしても思っちゃうんですよ。

新間　そうだよね。だから、歯痒くて歯痒くてしょうがない。あのブシロードの社長は、新日プロの会長になったとき、一時期「猪木さんにも会いたい、新間さんにも会いたい」って話をしてたんだよ。だから「そうか、会うんだったらいろいろ言いたいこともあるし、向こうもどんなこと思ってるんだろうか聞いてみるのもいいな」って思ってたんだけど、結局何も来ないし。1回、大会のときに案内状は来たんだよね。そしたらその日にちが何か間違ってたんだよ。

椎名　そんなことがありましたか(笑)。

新間　坂口さんから慌てて電話かかってきて「間違えてたから」って言うんだけど、案内状の日にちを間違えるなんて、そんなバカな話ないよね。そんなどうでもいいような案内状で「来てくれ」って言われても、「はい、そうですか」って行かないよ。俺たちだったら、来賓を呼ぶときそんな間違い起こしちゃいけないって、細心の注意を払ってたからね。坂口さんだってそれを見てたじゃないかって。あの人はそういうとこキチっとしてたから。リング上でも、猪木が熊手で引っかき集めて、それを細かい竹ボウキで集めるのが坂口だったから。そういう役割だったから。

玉袋　そういう役割があって、あのブームがあったんですね。

ジャンボ鶴田引き抜き未遂事件

ガンツ　当時、新日本はあれだけの大ブームを作りながら、さらに上に行こうとしてたじゃないですか。全日本に圧倒的な差をつけながらも、満足せずに**アブドーラ・ザ・ブッチャー**※104を引き抜いたり、いろいろ仕掛けてましたけど、本当はジャンボ鶴田さんを引き抜こうともしていたんですよね?

新間　ジャンボ鶴田は、俺が猪木さんのリムジンに乗せて、テレビ朝日まで連れていったんだよ。

玉袋　おお〜!　仕掛けてますね〜(笑)。

新間　「ジャンボよ、俺が話をするより、テレビ朝日の専務に会わせる」ってことで、テレビ朝日の旧社屋に乗り付けてね。その頃は携帯電話なんてないから、玄関の脇にクルマを停めて、ジャンボだけ車内に残してテレ朝の受付に行って、「新日プロの新間だ。専務に繋いでくれ」って言って。それで「おお、きたか」って専務室から降りてきて。専務とジャンボが2人っきりでクルマの中で話をして、私は外で待っていたんだ。で、15分ぐらいしたら専務が出てきて、「じゃあな新間、あとは頼むぞ」ってテレ朝に戻ってね。それからジャンボを駅まで送って、「よく考えといてよ」「わかりました」っていうことがあったんですよ。

玉袋　おお～、直接、テレ朝の専務に会わせるってとこが凄いね。

椎名　そうやって引き抜くんですね（笑）。

新間　もちろん、極秘で行なったことだったんだけど、ジャンボは全日プロに戻ったあと、馬場さんに「新間さんと会って、テレビ朝日に連れていかれて、専務から『新日本に来い、あとはテレビ朝日で全部面倒を見るから』って言われた」って、全部喋っちゃったんだよ！

玉袋　ワハハハハ！　鶴田さん、早え（笑）。

新間　そしたら馬場さんがカンカンに怒って、すぐ『東スポ』に飛んでいってさ。『東スポ』の井上社長に「こんなこと許せますか!?」って言うんだから。あとで井上さんに聞いたら、腹の中で笑っちゃったって言ってたけどね。「新間もよくやるな。今度はジャンボかよ」ってね（笑）。

ガンツ　馬場さんが言いつけに来るくらいですからね（笑）。

新間　で、井上社長は馬場さんが帰ったあと、**桜井**※165**（康雄）**のデブさんに「明日でいいから、新間くんを呼んでくれ」って言ったらしくてね。デブさんからこっちに電話あって、「新間さん、明日、社長から特別な話があるから、昼過ぎからでも来てくれよ」って言うから「ああ、昼メシどっかで食うか」「じゃあ近所の寿司屋で食うか。ごちそうするよ」と。「『東スポ』がごちそうするなんて珍しいな」と思いながら、「じゃあ、ごちそうになるわ」って築地の本願寺の脇の寿司屋でデブさんと寿司を食ってから、『東スポ』の社長室行ったら井上社長がこれでもかっていうぐらいのしかめっ面で、まあー不機嫌な顔して現れてね。「……まあ、そこへお座んなさい」と。

ガンツ　そこへお座んなさい（笑）。

新間　それで痩せた足をこうやって組んで「新間さん、あなたという人は……」ってね（笑）。

一同　ガハハハハ！

新間　何を言うのかなと思ったら「世の中には、触れてはならないものってあるんですよ。それをあなたは、おかまいなく手を触れようとしてる。これは私としては見逃すわけにはいきません。おわかりになりますか？」と。そこまで言われても俺はまだ何のことかわかんなかった（笑）。

玉袋　極秘の話ですもんね（笑）。

ガンツ　鶴田さんと話した翌日ですしね（笑）。

新間　こっちも、そんなすぐにバレると思わないからね。昨日のことが今日バレてるなんて。だから「社長、どうぞおっしゃってください。何ですか？　新しい企画あったらまたウチのほうで……」って言ったら、「何をバカなこと言ってるんですか……ジャンボの件ですよ！」って。

一同　ガハハハハ！

玉袋　あちゃ〜〜！（笑）。

新間　「テレビ朝日まで引きずり出してね、新間さん、ちょっと考えなさいよ。はあー……」ってため息つかれてね。そうかあ、自分は大変な悪いことしたんだなって思ってね（笑）。

玉袋　おもしれえ〜（笑）。

新間　でも、ジャンボは大学を卒業したあと、全日プロに入ったけど、本当はウチが獲ろうとしてたんだよ。

玉袋　新日に〝就職〟させようとしてたんですか。

新間　何か中央大学の鶴田がプロレスに興味を持ってるって話を聞いてね。『デイリースポーツ』かなんかから「新日プロで獲ったほうがいいよ」って言われて、こっちも検討してたんだけど、その間に、ジャンボ鶴田のお父さんが入院してた病院に馬場さんがお見舞いに行って、枕元に100万円かなんかパッと置いて帰ったんだって。

玉袋　おおーー（笑）。

ガンツ　得意の〝茶封筒〟で（笑）。

新間　さすが馬場さんだなと思って。それで中央大学の監督から「新日プロからも話が来てるぞ」って言われたんじゃないかな。でも「馬場さんのほうにお世話になります」と言って行っちゃったわけ。

玉袋　そうだったんだ〜。新日本は、柔道の**山下**[※166]**（泰裕）**さんも獲得しようとしてたんですよね？　で、契約金も払ったっていう。

新間　うん。まあ、契約金というか、内金をおじいちゃんのところにね。でも、あとで全部返してくれたけど。

玉袋　あ、返してもらったんですか。へえー。当時でいくらだったんですか？

新間　当時、契約金で1億ぐらい払うつもりでいたんだよ。でも、じっちゃんには身体のお見舞い金でもって、それは100万、200万だったけども、内金として小切手で1000万か2000万を渡してた。でもそれは「預かっときます」って言って、全然使わないまま。「泰裕が帰ってきたら話して、納得させてから」って言って、じっちゃんは使わないまま返してくれた。

玉袋　山下さん本人とは接触はしたんですか？

新間　直接は話してない。じっちゃんと何回か話しただけだね。でも4年ぐらい前かな、後楽園サウナに俺が行ったら、山下さんが中に入ってたんだよ。

玉袋　サウナでバッタリっていうのがいいね〜（笑）。いまはなき、後楽園サウナですよね。

新間　それで、こういうときこそ挨拶だと思って。

「山下先生」って言ったら「はい？」ってびっくりした顔されて。「新日本プロレスの新間です」って言ったら、立たれてね。「その節はじっちゃんが大変お世話になりました」って。「先生、ご存知だったんですね」「ずっと聞いておりました。大変ご迷惑をおかけしました」「いやいや、ご迷惑じゃなくて、ホントに私はいい夢を見させていただきました」と。

玉袋 ワハハハハ！ 凄えやりとりだな～（笑）。

新間 「先生が猪木とタッグを組んだり、そういうことを考えただけで楽しゅうございました」「いやいや新間さん、夢を壊して申し訳ない」と（笑）。

玉袋 それをサウナで、素っ裸同士っていうのが素晴らしいですね（笑）。

新間 でもそういう思い出を作れたというのも、新日プロの6メートル40センチ四方のリングの中を、何としてでもファンと一緒に楽しもうという基本姿勢が当時の営業にはあったからね。ファンと一緒の立場だったから。

リングの中のことは聞かない

ガンツ 営業本部長でありながら、ファンの気持ちを持ち続けたっていうのは、凄いですね。

新間 それは俺が、リングのマットを引っぱがした裏のことを知ろうとしなかったからなんだよ。だから紙一重のところに俺はいたのよ。レスラーたちの世界に入るか、こっち側にいるか。プロレスには「ケーフェイ」[※167]という言葉があるけど、自分は最初理解できなかったから。

玉袋 へえ、そうなんだ。

新間 東京プロレスの控え室に入ると、（小声で）「ケーフェイ、ケーフェイ」って言われる。新日プロも控え室に入ると「ケーフェイ、ケーフェイ」って言うんだよ。だから、つい2年ぐらい前に、俺が心臓手術したあとぐらいにタイガーが見舞いに来たときに「そういや佐山ちゃんよ、『ケーフェイ』ってのは『ビー・ケアフル』とかなんとかそういうことなのか?」って聞いたら、「新間さん、ホンットにいろいろ知らなかったの?」って言うから「そうだよ」って。

椎名　2年前っていうのが凄いですね(笑)。

新間　俺はリングの中のことは知ろうともしなかったし、聞いちゃいけないことだと思っていた。だから豊さんと**芳の里**[※168]さんが俺と一緒にメシ食ったときでも、芳の里さんが「豊ちゃん、新間さんはケーフエイの世界か?」つったら「そうだよ」ってそんな話をした。「そうか」って納得したみたいな顔して。

玉袋　ワハハハハ!

新間　だから、これも2年ぐらい前かな?　大塚(直樹=元・新日本プロレス営業部長、ジャパンプロレス社長)と会ったとき、「本部長、私は本部長より前に向こうの世界に入った。でも、その途端に、プロレスが本当におもしろくなくなった」って言ってたよ。

玉袋　うーん……、やっぱ知らなくていいことって、あるんだよな。

新間　「本部長は凄いですね、いまでも根掘り葉掘り聞かないでしょ」って言うけど、聞く気もないよ。だから猪木さんと会ったって、「IWGPでは、あんなところでハルク・ホーガンに負けやがって」って文句は言うけど、「何でそんなふうにしたんですか?」とか、聞く気はないもんね。

玉袋　すいません、俺、あんとき高校生で、ホーガンと再戦のときは暴動に参加してたほうなんですけど(笑)。

新間　俺だって暴動起こしたかったよ!

一同　ガハハハハ!

ガンツ　「あんなに何年もかけて実現させたIWGPをめちゃくちゃにしやがって!」と(笑)。

新間　だって、猪木さんがホーガンのアックスボンバーで〝失神〟したとき、坂口さんがアワ食って、猪木さんの口の中に草履を突っ込んだんだよ。

一同　ガハハハハハ！

椎名　「猪木さんが死んじゃう！」って（笑）。

玉袋　それで坂口さんは「人間不信」って書き置き残しちゃったんだからね。だけどその尻拭いとかも、新間さんが全部やるわけですもんね。

新間　だけどいま思えば、新日プロを盛り上げるために、猪木はギリギリまで命を懸けてやってたんだよね。そう思えたのは、あれから何年経ってからかな。10年経って、和解してからそういう気持ちになったな。

玉袋　いろんなことがありながら、和解するんだもんな〜。

ガンツ　東京プロレスで告訴されて銅山行きになり、新日本ではハイセルに巻き込まれて退社させられて、ですからね。

新間　でも、アリvs猪木戦のとき、俺が平社員に落とされて給料が3分の1になったときは、それでも大塚が社員を呼んで「いくら本部長が平社員になっても俺たちは『本部長』って呼び続けよう」って言って、率先して『本部長』と呼んでくれたんだよ。そういう気持ちはうれしかったけど、ハイセルのときは社員全員が参ってしまった。カネだけ出して収入は何年経っても入らない。それで新日プロの事務所以上の事務所を借りて、カネを遣い放題遣ってね。ブラジル行くにもファーストクラスで行ったりね。

一同　ガハハハハ！

玉袋　放漫経営どころじゃないね（笑）。

新間　こんな話したら3日3晩できるよ。毎月1冊出しても1年もつよ。

椎名　丸ごと1冊『月刊・新間寿』で（笑）。

ＵＷＦ旗揚げの真相

ガンツ　でも、そんなハイセルが原因で新日を追われながら、よくＵＷＦ設立というデカいことをやろうとしましたね。

新間　いや、ＵＷＦはもうね、俺はやりたくなかったの。だけど浦田（昇＝第1次ＵＷＦ社長）にはハイセルのときに迷惑をかけたし、フジテレビがやるって言うから動いたんだよ。だから旗揚げ前に前田日明をビンス（・マクマホン）のところに連れていってね。そのとき、「新間、ドント・ウォーリーだ」と。「ニュージャパンとは5月いっぱいまで契約があるから、おまえたちの旗揚げ戦には、ウチからは誰も出せない。でも、契約が切れたら全部、おまえのところに回してやる」って言ってもらってね。それで喜んでざまあみろと思ったんだよ。

ガンツ　ＷＷＦを丸ごと、新日本から引き抜けるわけですもんね。

新間　その話をつけたあと、永里（高平＝テレ朝から出向した当時の専務取締役）さんを呼んで、テレビ朝日の望月（和治）と話をして。「ＷＷＦは5月以降、新日プロと契約を更新しない。全員、ＵＷＦに来させることになった」と言ったらアワ食っちゃってね。「それはないだろ、新間さん」って。それじゃあ、ＵＷＦは取りやめて、前田を筆頭にみんな新日本に戻すからっていう話を俺が取り付けたんだよ。

玉袋　へぇ〜！

ガンツ　ＵＷＦは旗揚げシリーズが終わったあと、すぐに業務提携っていうカタチで戻るはずだったんですよね？

新間　そうだよ。俺が新日本と話をつけた契約というのは、選手のファイトマネーとして毎月２０００万円、年間2億４０００万円をＵＷＦに支払うっていうことと、年間6シリーズか7シリーズあるから、新日本のシリーズ終わったあとの5試合を、ＵＷＦの自主興行として外国人レスラーを少し減らして開催するっていうことだったんだよ。そうすりゃ2億4千万とあと自主興行が6シリーズ、年間30試合できれば、1千万ずつ儲けたって、年に3億入るだろうと。5〜6億あれば、ＵＷＦ所属選手全員やっていけるだろうと。その代わりに5分間でいいから、5月までに、いまの金曜8時のところに前田だけ、UWFアワーとして特別枠で出してくれっていう話にしたんですよ。

ガンツ UWFにとっては最高の条件ですよね。

新間 最高だよ！ で、浦田をウチへ呼んで、「浦田、契約書見ろ」ってパッと見せたら驚いてたね。「いやー、年間2億4000万に自主興行30試合、先輩これ、どれぐらい儲かりますか？」「自主興行だけで売り上げは3億ぐらいあるだろ」「それは助かります」なんて言ってね。「浦田、こういうことだから、俺は全部手を引くから、あとは頼むよ」と言ったら「わかりました」と。「私は新間寿になれますかね？」なんて言うから「リングでおまえが喋って、きちっとやればなれるだろう」ってね（笑）。

玉袋 ワハハハハ。

新間 「大丈夫だよ、俺がバックアップするから」って言ってね。そのとき俺はもうジャパンライフという会社から、給料を新日プロの5割増しで貰ってたから、手を引くことを決めていたんだ。これでUWFも丸く収まるかと思ったら、（新日本復帰話を）浦田にだけしゃべって、伊佐早（敏男＝のちのUWF企画宣伝部長）たちには言わなかったのが、気に食わなかったんだろうね。浦田が選手や社員に説明したら、「いまさら新日本と一緒にやるのは嫌だ」「もう新間さんの言うとおりなんかにやりたくない」って言ったらしいんだよ。

玉袋 ケンカ別れして、すぐに新日に戻れねえってなっちまったんだな。

新間 浦田が翌日電話してきたよ。実際に会わずに電話だよ？ 「先輩のところには、誰もついていく人がいません。UWFは新日本には戻らず自力でやっていきます」ってね。

ガンツ そこからザ・タイガー（佐山サトル）を入れて、UWFスタイルの興行が本格的に始まるわけですね。

新間　で、浦田が電話してきたとき、「UWFは俺が始めた団体だから、それが別れるっていうのはおかしいから、俺が辞めるっていう会見をやるよ」って言って、それで京王プラザホテルで記者会見をやったんだよ。

ガンツ　新間さんのプロレス界引退会見ですよね。

新間　あのとき、40分くらい喋ったのかな。でも、プロレスに対する悪いことは一切言わないで、「プロレスは思いやりのあるスポーツだ」っていう話で締めくくったんですよ。その会見のテープを『ゴング』の竹内の坊や（**竹内宏介氏**）[※169]が馬場さんに聞かせたらしくてね、「さすが新間だな」って言っていたらしいよ。

馬場の仏壇でお経を読む

椎名　馬場さんは、新日本と激しくやり合いながらも、新間さんの功績を認めてたんですね。

玉袋　新間さんはケンカしながらも、ちゃんと馬場さんとも通じてるっていうところが凄いよ。

新間　いや、通じてなかったよ。新日プロと全日プロがやり合ってるときなんて、馬場さんは「新間」っていう名前を聞くだけで吐き気がしたって言うんだから（笑）。「また新間がやりやがった！」って「カーッ！」となって、そんなときは地下の練習場に行って、バーベルをガンガンやって気持ちを鎮めたっていうんだから。そのあと、馬場さんと仲良くなったときに言われたことがあるよ。「新間さんが何かやるたびに、俺は練習に力が入ったから。『新間』という名前が、俺のレスラー生命を延ばしてくれた」ってね（笑）。

玉袋　いい話だな～（笑）。「あの野郎、やりやがった」っていう怒りが力になったというね。

新間　だから、馬場さんが亡くなったときにね、プロレス評論家の**菊池**[※170]（**孝**）さんから電話があって、竹内さんと一緒に馬場さんの自宅に行ったんだよ。

私は数珠を持って、そこでお経を読ませてもらった。
椎名 さすが新間上人の息子ですね（笑）。
新間 そこで読んだお経はね、「花は多く咲けども、実になるは少なし。鎧を着たる兵《つわもの》は多けれども、戦に恐れをなさざるは少ない。しかれども、ジャイアント馬場という名前は、この名前こそ、我々がいま、千歳の末にも残るような思いを残してくれた真の勇者であると私は思う」って、そういう供養文を読んだんですよ。馬場さんの奥さんが喜んでくれてね。「まさかうちの主人も新間さんにお経を読んでもらうと思わなかったでしょう」ってね。
玉袋 いや、凄え。新日と全日の大河ドラマのラストとしてすげえよ。
新間 それはね、やっぱり昭和のプロレスというものが、いかに凄かったかということですよ。俺たちはプロレスという凄いものに出会って、あの6メートル40センチ四方に関わったことを心に持ち続けているから、いまだに青春が続いているんだよね。
玉袋 俺たちもそういったプロレスラーや新間さんたちの姿を、夜空に輝く星のように見上げながら、いまだに中学2年のまんまなんですよ（笑）。
新間 だから、あの昭和プロレスをいまだに心に抱いてる人たちは、みんな気持ちが若いよね。俺だって、いまだにトレーニングしてるんだから。ワンダーコアって知ってる？ 腹筋台。
椎名 宇梶（剛士）さんがＣＭでやってるやつですね。
新間 俺は今日、あれを４００回やってきたから！
一同 ガハハハハ！
椎名 でも、新間さんが鍛えてるのは、スーツの上からでもわかりますよ。
新間 腹筋やってから椅子並べてレスラーの腕立て伏せを20回1セットで、１２０回やって朝出てきたんだよ。
ガンツ 凄い！（笑）。すいません、新間さんはおいくつになられたんですか？

新間　79歳。

玉袋　すげえ79歳だよ～（笑）。

新間　でも、日曜日かな？　孫を連れて伊勢丹だ、ビックカメラだと行ったとき、エレベーターに乗ったら、エレベーターの中って鏡になってるじゃない？　その鏡で俺の頭を見た孫が「じいじ、頭に何もないよ」なんて言うからね。ワンダーコアを600回、700回できても、頭だけは薄くなるもんだね（笑）。

椎名　それはしょうがないです（笑）。

新間　タマのほうもぶらさがって筋肉は多少衰えてきてもね、男はそっちも鍛えなきゃいけないから。これが「たまに嘶《いなな》く」ってやつでね（笑）。

ガンツ　そっちも生涯青春で（笑）。

玉袋　「アントニオ猪木のPKO」[※156]以来の下ネタ、ありがとうございました（笑）。いや～、最高、最高。

ガンツ　そんな話をしているあいだに、もう2時間半ノンストップですよ。

新間　もうそんな時間？　新日プロの話なんて、まだまだいくらでもあるからね。

玉袋　「延長」コールも聞こえてるよな～（笑）。でも、残念ながら放送時間終了ってことで、それでは興奮の蔵前国技館からお別れします。ご機嫌よう、さよなら！

女子プロ最大のカリスマ

長与千種

長与千種（ながよ・ちぐさ）
1964年、長崎県生まれ。1980年、全日本女子プロレスでデビュー。1984年、ライオネス飛鳥とクラッシュギャルズを結成、男子プロレスの要素を取り入れたファイトスタイルで人気を博し、『炎の聖書』などのレコードも大ヒット、社会現象となるほどのクラッシュブームを巻き起こす。一度は引退するが復帰、1994年には新団体GAEA JAPANを旗揚げ、里村明衣子などを育成。2005年、GAEA解散とともに再び引退。2014年3月よりプロデュース興行『That's女子プロレス』を開催し、10月には神取忍生誕50年イベントに出場。2015年3月、大仁田厚と組んで史上初の男女混合電流爆破デスマッチに出場、試合後に大仁田絡み限定で現役復帰することを宣言。2016年5月、新団体「MARVELOUS」を旗揚げした。

玉袋　いや～、今日はお店（船橋にある長与の店『Ring Side』）の開店前におじゃましちゃって、すいません。

長与　こちらこそ遠くまで来ていただいて、ありがとうございます。

玉袋　このプロレス取調室って企画は、たいがいいつも中野坂上の居酒屋にゲストを連れ込んじゃって、飲みながらやってるんですよ（笑）。

長与　ああ、そうなんですか。それは素敵な企画ですね（笑）。

ガンツ　子どもの頃からの憧れのレスラーと、大衆居酒屋で酒を酌み交わすという、ボクらにとって最高の企画で（笑）。

玉袋　プロレス界のスターを、汚ねえ地下の居酒屋に連れ込んで、煮込み食わしちゃったりしてね。ただ、さすがに女子プロレス史上最大のスーパースターをそこに連れ込むわけにいかねえなってことで、今日はうかがわせていただきました。

長与　いえいえいえ、とんでもないです。

玉袋　いや、長与さん。そこは「そうですね」って言ってくださいよ、もう。スーパースターなんだから！

長与　ありがとうございます（笑）。

ガンツ　文字通り、女子プロレス界100年にひとりの逸材ですからね。

玉袋　そして真のレインメーカーだよ！　長与千種、**クラッシュギャルズ**[※172]がどんだけ全女にカネの雨を降らせて、どんだけそれが**松永会長**[※173]のクルーザーに姿を変えたのかっていうね（笑）。

ガンツ　クラッシュギャルズ全盛期は、ホントにもの凄いブームでしたもんね。

長与　ただ、自分では当時のこと、ハッキリとは覚えてないんですよね。とにかく忙しかったことだけで。当時「コース表」っていうスケジュール表があって、それを消化すると一個ずつ黒塗りしていくんですけど、コース表が真っ黒になりましたから。最高で（年間）310試合やりましたからね。

玉袋　310試合！　そのスケジュールの組み方がもう昭和だよな～（笑）。特に**松永一族**[※174]ってとこはさ、昭和のいちばん古臭い、芸能から来てるから。

ガンツ　実際、その310試合以外に、芸能の仕事もたっぷりあるわけですもんね。

長与　だから、いま自分がどこにいて、何をしているのかわからなくなるんですよ。家になんてほとんど帰れないし。そんな中、「当時は何を必需品として持っていかれてたんですか？」ってよく聞かれたんですけど、それは10円玉ですね。ケータイも普及してなかったから。

玉袋　ああー、公衆電話で使うための10円玉か。

長与　ちょっとでも息抜きがしたいじゃないですか。だから田舎に電話したり、友達に電話したりするための10円玉が必需品でしたね。でも、すぐ電話機がいっぱいになっちゃうんですよ（笑）。

ガンツ　10円玉で満タンになっちゃう（笑）。

長与　だから毎回、「すいません、10円玉取り出してください」って言ってました。

玉袋　そうか、テレカだってない時代だもんな～。

長与　また、普通の公衆電話ならいいんですけど、フェリーで移動中の電話とかだと、10円玉の減りが早い早い（笑）。超高速。

ガンツ　バスや電車だけじゃなく、船も使って全国津々浦々を回っていたわけですもんね。

長与　たぶん、日本中ほとんど行ってます。行ってないのは父島と母島ぐらいですね。

玉袋　小笠原ね。俺もそうだな。全国のスナック回ってて、伊豆諸島あたりはみんな行ってるけど、小笠原までは行ってねえから（笑）。

長与　船が1週間に1便か2便ぐらいしか出てないんですよね。

ガンツ　行って帰ってくるだけで1週間近くかかりますもんね。それだったら、全女（**全日本女子プロレス**[※175]）はほかの場所で7試合組むという（笑）。

玉袋　じゃあ、日本全国回ってるといっても移動の連続だろうから、その土地の美味しいもんとか食べられなかったんじゃないですか？

長与　食べられない。だから、私が詳しいのは体育館だけ（笑）。あとは体育館の周りの喫茶店とか、ちょっと食事ができそうな店くらいですね。

玉袋　ナポリタン食っちゃったりしてね。

長与　そうそう、喫茶店ですからね（笑）。

玉袋　若いからできたっていう部分があるんだろうな。だって、自分がどれぐらい稼いでるかちょっとわかっちゃったら、普通は待遇面なんて絶対に文句言うもん。でも、刷り込みで、それが当たり前だと思っちゃってるからできるんだろうね。

長与　もう、当時は麻痺しちゃってましたね。

女子プロ冬の時代

玉袋　また長与さんは、スーパースターになる前の人生が凄えんだ。いろいろ本も読ませてもらったんですけど、家族も離れ離れになって、度胸一発で中学を出てすぐ全女に入ったっつうね。もう「そこしかなかった」というところに凄さを感じるな～。

長与　そうです、生きていくにはそこしかなかったんです。自分でお金を稼ぐといっても何か一芸に秀でているわけでもないし。でも、女子プロレスなら、とりあえず年齢が若くて体力的な部分があれば大丈夫と思ってましたし。あとはスクール水着でいけると思ってた、ホントに（笑）。

ガンツ　水着1枚あれば何とかなると（笑）。

玉袋　身体ひとつで、元手がいらねえ商売っていうね（笑）。

長与　昭和55年の田舎の中学生でしたから。何にも知らなかったんですよ。

ガンツ　でも、昭和55年といったら、１９８０年。日本はずっと景気が上向きで盛り上がってる中、ずいぶんハングリーだったんですね。

長与　世間は盛り上がってても、女子プロは盛り下がってましたから（笑）。

ガンツ　ビューティ・ペア[※176]・ブームが去ったあとのどん底時代（笑）。

長与　お客さんが50人しかいないなんてしょっちゅうでしたから。そんな中、これは伝説なんですけど、私たち新人は、ひとりがパンフレットを30部ずつ持って、売って歩くんですよ。観客が50人しかいないのに、新人は十何人もいましたから（笑）。

玉袋　需要と供給がまったく合ってないよ！（笑）。

長与　だけど私たちが必死で売って歩くんで、いいお父さんは2部とか3部買ってくれたりするんですよ。そこが昭和のいいところ。甘えていいところだった。

玉袋　いい！　これで買ってもらえなかったら、『マッチ売りの少女』の世界だもんなあ。

ガンツ　パンフを抱えて野垂れ死んでたかもしれない（笑）。

玉袋　あと長与さんの10代の頃の話っていうと、半年くらい前にフジテレビでやった『ザ・ノンフィクション』を観ちゃって。あれがもう、凄い衝撃的だったんですよ。

ガンツ　日曜日の昼間にやってた、**長与さんとダンプ松本さんのドキュメンタリー番組**[※177]ですよね。

玉袋　また日曜の昼っつうと、ちょうど昔『全日本女子プロレス中継』やってた時間帯でさ（笑）。

長与　しかも同じフジテレビですからね（笑）。

玉袋　その頃の刷り込みがあるから、日曜昼間、何も予定がねえとき、あそこにチャンネル合わせちゃうんだ。それで、たまたま見せてもらったとき、スーパースターの壮絶な人生に考えさせられちゃったというね。

長与　まあ、いろいろありましたね……ありました。あの頃（新人時代）のいろんなことがなかったら、その後の私は構築されてなかったんじゃないかなって。だって、帰る場所がなかったですからね。

玉袋　親父さんが連帯保証人になった保証倒れで莫大な借金抱えて、家族がバラバラにならざるをえなかったんだもんね。

長与　だから帰る場所がないので、私の居場所はそこ（全女）しかないんですよ。だから途中からは、つらくてもどうやって楽しく過ごすかとか考えましたからね。

玉袋　全女＝カルト論っていうね。帰るとこない、そこにいるしかない人たちの集まりなんだから、狂気の集団になっちゃうよね。どんなにつらくても逃げられねえんだから。

長与　でも私、1回逃げたことあるんですよね。

ガンツ　あ、そうなんですか？

長与　まだ15歳のときだったんですけど、もうしんどくて。何でこんなにブリッジとか受け身とかやらなきゃいけないんだろうと思って、早朝に寮を出て、目黒駅から電車に乗って逃げたんですよ。羽田まで行けば、飛行機に乗れるだろうという頭があったんですけど、いつまで経っても着かなくて、目黒まで戻ってきちゃったんです。山手線がグルグル回ってるって、そのとき初めて知ったんですよ（笑）。

玉袋　長崎から出てきて、新人だからひとりで電車に乗る機会もないから、知らねえか。

長与　それでしょうがないから目黒でまた降りて、道場に戻ったら、罰として道場の前で道路向きに正座させられましたね。目の前を人が通るなか、ずーっと正座です。

ガンツ　いや～、なかなか基本的人権が尊重されない世界ですね（笑）。

玉袋　それでも帰ってくるっつーのが凄いよな。

長与　私が知ってるかぎりだと、有名どころの人たちって1回は逃げてるんですよ。先輩もそうだし、同期もそうだし、**ブル**[※178]**（中野）**ちゃんたちもそうですし。でも観念してまた帰ってくるという。

玉袋　なーんか、逃れられない力があるんだろうな。

長与　全女の見えない力があるんでしょうね。

クラッシュマネーで建ったビル

玉袋　でも、戻ったら戻ったで、また大変な日々が待ってるわけだからね。長与さんの新人時代のエピソードで凄えのが、みんな受け身の取りすぎで背中がアザだらけになったとき、松永兄弟が全員に「裸になれ」って言ったっていう。

長与　私が15歳のときですよ。練習後、いきなり「裸になれ」って言われて、「どういう会社？」って。でも、周りはひとりずつみんな脱いでるから、なんか「脱がなきゃいけないんだ」みたいな（笑）。もちろん前はTシャツで隠してましたけどね。そしたら横になって、背中にサロメチール（鎮痛・消炎薬）を塗られるんですよ。しかも、普通は指先でつけるものですけど、デカい瓶に入ってるから4本指でガサッと取って、たっぷり塗られるんです。そんだけ塗られると、今度は熱くて痛いんですよ。ヒリヒリして。

ガンツ　普通、サロメチール塗ったらスースーするもんですけどね。

玉袋　それが熱持ってヒリヒリしてるっつーんだから、「因幡の白うさぎ」だよな（笑）。

長与　ホントにキツかったですけど、これ1回やってもらうとなぜか平気になっちゃうんですよね。

玉袋　通過儀礼になって。いったん強烈なのやっちまえば、身体も慣れちゃうみたいな。たけし軍団の熱湯風呂と一緒かもしれねえ（笑）。

長与　でもおもしろかったのは、松永一族の方たちって、男兄弟じゃないですか。あの人たちが控え室の中に入ってくることはほとんどなかったですね。

玉袋　へ〜、そうなんだ。

長与　試合とか私たちにあまり興味がなかったのか、レスラーに直接なんか言うってことはほとんどなかったです。

玉袋　そこはあえて泳がせておいて、遠隔操作でレスラー間の人間関係がゴチャゴチャしたところにマッチメイクしてたのかな。

長与　そういう本気のケンカをさせるのが大好きなんでしょうね。三度のご飯よりケンカが大好きという（笑）。

玉袋　仲違いさせるような状況を、松永兄弟が作ってるんだもんね。ライバル心を煽ったりとか。

長与　私、タイトルマッチで賭けの対象にされましたからね。

ガンツ　ダハハハハ！　主催者が所属選手の試合で賭けをするって、聞いたことないですよ（笑）。

玉袋　松永一族は、人生がバクチだからね。

長与　そうそうそう（笑）。

玉袋　山あり谷ありでさ、こんな人生ないぜ？

長与　だって何十億とか持ってたとしても、一瞬にしてなくしますからね。

玉袋　そうでしょ？　クルーザー買ったり山買ったり。

ガンツ　[※179]**秩父リングスターフィールド**ですね（笑）。

玉袋　道が狭すぎて観光バスが通れねえ山奥にリゾート施設作っちゃうんだから。カラオケボックス建てて、ドアから機材が入らなかった荒井注さんより凄えよ（笑）。

長与　巡業で使うバスも凄いの買いましたからね。

ガンツ　ベンツの最新型のバスを導入したんですよね。

長与　でも、高級だから窓が開かないタイプなんですよ。それなのに酷使しすぎて冷房効かなくなっちゃって、暑い暑い！　どうやってこの窓割ってやろうかなって必死でしたね。「こんなもん買いやがって！」みたいな（笑）。

玉袋　長与さんは新人時代、ずっと寮生活ですか？

長与　最初はそうですね。寮っていっても事務所の屋上にトタンで作られてる小屋なんですよ。

ガンツ　文字通り掘っ建て小屋に住まわされて（笑）。

長与　トタンだから、風が強い日とか雨が降る日は、ずっとバタバタバタバタ！　って音がするんですよね。

ガンツ　ボクが知ってる全女の寮といえば、道場と事務所と一緒になった3階建てのビルですけど、そんな時代があったんですね。

玉袋　1階が道場で、2階は事務所とレストラン「SUN族」※180があってな。

長与　あのビルは、私たちが年間300試合やってるときに建ったんですよ。

玉袋　クラッシュマネーで、ビルまで建てたっていうね（笑）。

長与　あれが建った瞬間、私は笑っちゃいましたね。「こんなもん作りやがって」って（笑）。あまりにもやることがわかりやすい人たちだったので、私はどちらかと言ったら大好きなんですけどね、そういうわかりやすさが。

玉袋　欲に忠実で、何にも悪びれずにピンハネしてね（笑）。じゃあ、恨んだりとかそういうのはないですか。

長与　私の中では恨みつらみはないですね。だってあんなことよくやるなって思うし、あの人たちじゃないとできないって凄さも持ってるし。

玉袋　言えてるな。そりゃ凄いよ。また、トタン暮らしで雨風しのぐのがやっとのところに住んでた15歳の女の子が、数年後にはビル建てられるほど稼ぐっつーのが凄いよ。

たけし軍団とレーベルメイト

長与　だからある意味、全日本女子プロレスって、ハロー！プロジェクトとかAKBの前身ですよね。

玉袋　あれを最初にやってた。毎年、新しい女の子入れて競わせて、代謝をよくしてさ。最後は引退ビジネスで儲けるっていうね。

ガンツ　アイドルの「○期メンバー」っていうのはまさに全女の「55年組」とかってことですよね。

長与　まさにそうですね。

玉袋　秋元康さんや、つんく♂の原点は松永会長だったんだよな（笑）。新人時代、メシはちゃんと食べさせてもらえたんですか？
長与　お米だけいただきました。
ガンツ　お米だけ（笑）。
長与　お米とトイレットペーパーは支給してもらえるんですけど、あとは自分たちのお金で全部やりくりしなさいってパターンだったんで。
玉袋　生きるために必要最低限のものしか与えられえんだ（笑）。
長与　だけどあるときに、寮母兼経理のお母さんみたいな人から内線電話があって、「あなたたち、最近お米食べ過ぎよ」「トイレットペーパー使いすぎよ」「こんなんだったら、もう出さないよ」って言われて、ホントに削られたときがあったんですよ。
ガンツ　それ、物資が不足してた戦時中の話じゃないですよね？（笑）。
長与　１９８０年の話です（笑）。でも、トイレットペーパーはどうしても必要じゃないですか？
玉袋　必要ですよ。ウォシュレットなんて、あるわけねえ時代だし。
長与　だけどお金もないし、どうしようかと思って。……これ、ホントはやっちゃいけないことですけど、高速道路のパーキングエリアのトイレから、トイレットペーパーをくすねてきたりとか。
玉袋　厳しいな〜！
ガンツ　全女内だけオイルショックというか（笑）。
長与　お米も買えないから、昔は1リットル瓶のコーラがあって、あの瓶を酒屋さんに返すと40円返ってきたじゃないですか？　だから、酒屋さんの裏から箱ごと盗んできて、その盗んだ瓶を返してお金もらってたんです。きっと酒屋さんもわかってたと思うけど、私たちに何百円か握らせてくれたんですよね。
玉袋　うわー、いい話だなあ。
長与　自分たちはそういう人たちにホントに支えら

れたんで。（全女のあった目黒の）不動前商店街の八百屋さんに行くと、野菜の端切れをいっぱいくれたりとか。かなり助かりましたね。あとは**デビル**[※181]**（雅美）**さんですよ。デビルさんは男気があるというか女気があるというか。北九州の女なんですよね（笑）。それで、私が寮を出たあと、落ちこぼれで試合があまり組まれなかったんで、お金がなくてアパートの家賃を滞納してたんですよ。そしたら、「みっともないことしてんじゃないよ、払っておいで」って、お金をポンと出してくれたんですよね。

玉袋 カッケーなあ、デビルさん。ただ、その家賃だって、月々の払いは微々たるもんだと思うよ。

長与 たぶん1万円台でしたね、2万円しなかったと思う（笑）。でも、それが払えなくて何カ月か溜めていたのをポンと出してもらったこともありましたし。あとデビルさんが、後援してくださってる方たちに食事に誘われることがあるんですけど、そこで自分たちも連れてってもらえるんですよ。そしたらデビルさんは食事が終わったあと、「タクシーで帰りなさい」ってポンとお金出してくれるんですよ。でも、そのタクシー代を使わなければ、それが食費に変わるので、もう何駅歩いたかわからない。途中で「ヤバい！ 朝になっちゃう！」って走りましたからね（笑）。

玉袋 やっぱり、そうやって人物形成されていくんだよな。どん底から這い上がってスターになるんだから。

長与 当時は、ケンタッキーなんか食べられたときにはもう……。

玉袋 あれがうまいんだ！ 俺もね、駆け出しの頃、ケンタッキー食えた日はうれしくてしょうがなかったね。日本テレビの麹町のスタジオで、『スーパージョッキー』の「ガンバルマン」の収録やって、井手（らっきょ）さんが「チキンフィレサンド買ってきてくれ」っつうんだよ。それを買いに行って、楽屋で食べてる井手さんが羨ましくてよ。何かのはずみのときに「じゃあおまえも買ってきていいよ」って言われたときに食べたチキンフィレサンドの味っつうのは、染み渡ったね！

長与　私、初めてケンタッキーで「コンボスナック」って注文したときに、ジーンときて涙出てきましたよ（笑）。

ガンツ　チキン2本にコールスローかなんか入ってるセットですね（笑）。

玉袋　あとラーメン屋でチャーシューメンなんか食えたときなんか、「俺ってビッグになったたな」って思ったよ（笑）。

長与　ああ、もう！　私はお寿司屋さんで初めて自分でマグロを頼んだとき、八代亜紀さんの「舟唄」が流れてて。「八代さん、私もついに頼めました！」みたいな（笑）。そんなうれしさがありましたね。

ガンツ　全女とたけし軍団の一番下っ端は境遇が同じだったんですね（笑）。

玉袋　同じだよ。絶対的な縦社会で、鉄拳制裁あたりまえ。それでカネはねえけど、身体は張るっていうね。

長与　だって、たけし軍団の方とはレコード会社が一緒でビクター音楽産業でしたし。

玉袋　そうだ。ビクター音産だったんだよ。

ガンツ　そういえば、たけし軍団はレコード出してたんですね（笑）。

玉袋　兄さん方は出してたんだよ。

長与　それで当時、テレビの特番でレコード会社対抗の運動会っていうのがあったんですよ。そしたら、たけし軍団と私たちの活躍でビクターがダントツで優勝して。

玉袋　そりゃ、強えよ（笑）。

ガンツ　バラエティでも負けることが許されない2チーム（笑）。

長与　プロレスラーとして、ほかの歌手やアイドルには絶対に負けられないと思ってたんで、必死でしたよ（笑）。

ダンプ松本とディスコへ

玉袋　新人時代は10代だから、オシャレとかにも目覚める年頃じゃないですか。そういうのは全然なかったんですか？「ジャージでいい」みたいな。

長与　いや、オシャレはしたかったんですけど、お金もないし、なかなか買いにはいけなかったですね。でも一度、竹下通りの「竹の子」（「竹の子族」の由来と言われている「ブティック・竹の子」）には行きました（笑）。

玉袋　おおー、やっぱり竹の子族だあ（笑）。

長与　そのファッションで写真撮って、田舎の友達に送るわけですよ。そうすると、「東京の人ね！」「ナウかね〜！」みたいな（笑）。

ガンツ　「ナウい」の長崎弁バージョンで言われて（笑）。

玉袋　その竹下通りに、のちにダンプさんが店出すんだから、凄いもんだぜ。でもやっぱりそういう少女の憧れとか時代に乗りたいとかそういうのもあったんだろうなあ。

長与　ありましたね。ダンプさんがまだ松本香って名前のときに一度「ディスコに行きたいから一緒に付いてきてよ」って言われて。一緒に行ったら「サンダルじゃダメよ」って言われて、パンプスを２人で買いに行って、グラグラしながら入れてもらって（笑）。そこで目覚めましたね。やっぱりいろんなことを経験したい年頃だったから。

玉袋　青春だな〜。それでも全女の大変な日々があるわけでしょ。付き人や雑用をやったりね。

ガンツ　先輩・後輩の関係がもの凄い厳しい時代ですよね。

長与　ハンパじゃないですよ。新人は、いくつかのワードしか言っちゃいけないんですよ。「おはようございます」「お疲れ様でした」「失礼します」「ありがとうございます」「すいませんでした」。この５

つぐらい。
ガンツ　使っていい言葉がたった5つ（笑）。
長与　先輩と会話してるときは目を見るんですけど、そのあとは斜め45度下を見てなきゃいけないとか。先輩の飼ってる犬に噛まれても文句言えないぐらいで。
玉袋　犬のほうが上（笑）。
長与　上ですよ、「お犬様」ですから。
玉袋　ダハハハハ！
長与　だから私、何回噛まれたかわからないですよ。
ガンツ　犬も、自分より身分が下って思ってるんでしょうね（笑）。
玉袋　ちなみに誰の犬ですか？
長与　そこって伏せてもらえますか？（笑）。Mさんとか、Jさんとかの犬ですね。
玉袋　新人はまさに スター選手の〝噛ませ犬〟だったんだ（笑）。
長与　ホントですよ（笑）。
玉袋　悪役の池下ユミ[※182]さんとかは、どうだったんですか？
長与　池下さんは全然フランクな人で、私は憧れてましたね。デビルさんにしても、マミ熊野[※183]さんにしても、カッコいいなと思う瞬間がたくさんあったんですよ。だから、私はとにかく悪役になりたかったんです。
ガンツ　外からではなく、内部に入って見たとき、本当にカッコいいのはヒールのほうだったと。
長与　私の中ではそうでした。だから何があっても絶対にヒールって思ってて。新人はある日、最終的にジャッジメントの日が来るんですよ。会社から呼ばれて、ヒールになるかベビーフェイスになるか分けられるという。そのとき、私はヒールになりたかったんですけど、ダンプさんは歌って踊れるベビーフェイスをやりたかったんです。
ガンツ　ダハハハハ！
玉袋　かわいいねえ、ダンプちゃん（笑）。

長与　ホント、かわいいメルヘンババアなので。

ガンツ　だから、のちに**桃色豚隊**《ピンクトントン》[※184]で夢を叶えたんですね（笑）。

長与　で、私が最初に呼ばれて、「私はヒールに行きたいです」って言ったら、「おまえの顔でどうやってヒールができるんだ、バカ野郎！　おまえはヒールじゃない、ベビーフェイスだ、行け！」って言われて。

玉袋　うわあ、問答無用なんだ。

長与　それで私が落ち込んで出てきたあと、ダンプさんが心配そうに社長室に入ってって、数分後に同じように出てきて。「アンタ、何て言われた？」って聞いたら「『おまえの身体で何がベビーフェイスだ！』って言われた……」って（笑）。「じゃあ、もうお互いバイバイだね」って言って。

玉袋　うわあ、いいねえ。それで一緒にディスコ行ってた2人がヒールとベビーフェイスに分かれて、のちに日本中を夢中にさせる凄え抗争をするんだもんなあ。

ガンツ　自分の運命を会社に決められることで、プロとして腹が決まるのかもしれないですね。

長与　それはありますね。

ガンツ　**アジャ・コング**[※185]さんだって、ああ見えて「私は長与千種みたいになる」と思い込んで全女に入ったのに、「バカ野郎！　おまえはヒールに決まってるだろ！」って極悪同盟に入れられて、ホントに号泣したらしいですもんね（笑）。

玉袋　そこで（宍戸）江利花ちゃんが、アジャ・コングになるわけだもんな。

長与　みんな号泣するんですよね。「ホントにそうなりたい」っていう強い思いを、10代からみんな持っていたし。それがダメになったとき、本気で泣ける自分たちもいたんですよ。

玉袋　ピュアだよな。文字通り、女子プロレスにすべてを懸けているから流せる涙なんだろうな。そっからすぐ、長与さんはスターになっていくわけですか。

長与　いや、全然です。私は落ちこぼれだったので、よく「おまえはおシャカだ」って、ハッキリ言われてたんですよ。

玉袋　おシャカ！

長与　でも「おシャカ」の意味がわからなくて、「お釈迦様のことかな？」とか思ってたら、要は「使い物にならない」とか「いらない」って意味で。

玉袋　松永兄弟はいちいちエゲつねえ。

クラッシュギャルズ結成

ガンツ　何か、長与さんは二軍に落とされたこともあるんですよね？

長与　ああ、〝Bコース〟ですね。全女があまりにもお客さん入らなくて経営難のとき、苦し紛れなのか計算なのかわからないですけど、「2班に分かれて全国回ったほうが、お金が倍入ってくるんじゃないか」という考えで、Aコース、Bコースに分かれて巡業してたことがあったんですよ（笑）。

玉袋　興行数を倍にすれば収入も倍になるって、考えがシンプルすぎるよ！（笑）。

長与　でもコースの組み方に難があって、**ジャッキー佐藤**[※186]さんがいらっしゃったAチームは都会を回って、Bチームのほうは田舎とか離島とかでやらされるんで、どうしても動員数に差が出てくるんですよね。そうするとBチームが赤字になってしまって。

ガンツ　Aチームの儲けがBチームに食われて、結局儲からないという（笑）。

長与　それで1年ちょっとやって、またひとつに戻ったんですけど。その1年でAチームとBチームでは、凄く力量の差が生まれたんですね。なぜかと言うと、Aチームに行った人はテレビ撮りが入ったりするので、Aチームはテレビに慣れてくるんです。でも、私たちBチームの新人は、田舎の巡業ばかりでそういう経験が積めないので、よけい差がついいちやったんです。

玉袋　それも悪循環っちゃ悪循環だね。でも負けじ魂は芽生えたんじゃないですか？

長与　それは凄かったです。興行はAチームが松永国松さん担当で、Bチームが俊国さんだったんですよ。その2人がもうバチバチになるんで、私たちも「負けんな、負けんな」で煽られるんです。

ガンツ　ダハハハハ！　同じ団体なんだけど、AとBで熾烈なライバル心が生まれて（笑）。

長与　だから、1年後にひとつに戻ったときも、俊国さん派と国松さん派でハッキリ派閥が分かれて、ひどかったですもん。

ガンツ　全女はいちいち対立するんですね（笑）。

玉袋　兄弟とか親族同士でな。もう大塚家具どころじゃないんだよ！

長与　でも、全女の場合は会長が絶対的なトップというのは揺るがなかったんで、どんなにケンカしても大丈夫だったんですよ。

玉袋　なるほどなあ。

ガンツ　それで長与さんは、クラッシュ結成前に「もうホントに辞めよう」って思ってたんですよね？

長与　はい。もう自分がここにいる意味はないんじゃないかなって思ってたんですよ。「おまえはおシャカだ」ってしょっちゅう言われたし、先輩からは空手の技を使うのが禁じられてたし。どうしようかと思ってたとき、（全日本シングル王座の）チャンピオンだった**ライオネス飛鳥**[※189]に挑戦できることになって。「これが会社からの最後の花道なのかな」って思ったんです。だから、どうせ最後なら、禁じ手もなく、自分の好きなように思い切りやりたいと思って。彼女に試合前、「私はこれで辞めるつもりだ。負けようが何しようがかまわない、とにかく手加減なしで思い切りやりたい」ということを言ったときに、彼女も「自分もそうしたい」と言ってきたんですよ。彼女は入ったときから将来を有望視されてたエリートだったんですけど。

ガンツ　〝ジャッキー2世〟ですもんね。
長与　だから、何でもソツなくできたんですけど、何でもできるからこそ、彼女は彼女なりに悩みもあって。
玉袋　ジャンボ鶴田みてえなもんだろうな。体力と才能に恵まれすぎて、煮え切らないっていうね。
長与　それで何だかふたりの思いが合致して。好き勝手に殴り合い、蹴り合い、手加減なしでやりあって。試合としては成立してますけど、ある意味ストリートファイトですよね。それが松永兄弟の目に止まってしまって。
玉袋　辞めるつもりでムチャクチャやった試合が認められたわけか。
長与　松永兄弟は、そういうの嫌いじゃないんですよね（笑）。
ガンツ　なるほど。感情をぶつけ合う、本気の闘いを待ってたわけですね。
長与　「お、こういうのやるヤツが出てきたか」みたいな。でも私は、嫌いで辞めようと思ったわけじゃなくて、「自分はいらない人間なんだろう」と思ってたんで、「おまえらおもしろいな」って言われたときはビックリしましたね。
玉袋　まさかそんなこと言われるとは思わないよね。
長与　で、しばらくして「おまえら組んでみろ」って言われて。そのとき、「同じように、先輩にも食ってかかっていけ」とも言われて、「もちろんです」って答えて。食ってかかっていかないと、自分たちはまた元の状況に持っていかれると思ったんで、必死でしたね。でも相手もやっぱり凄いので。**ジャンボ堀**[※188]さんと**大森ゆかり**[※189]さんですから。
玉袋　いやー、強い。WWWAタッグチャンピオンですよね。
ガンツ　だから、クラッシュギャルズは、越えなければいけない壁が強大だったのがまた良かったんですよね。ジャンボ堀&大森ゆかり組って、見るからにデカくて強い。男子プロレスで言えば、**テリー・**[※190]

ゴディ&スティーブ・ウィリアムス組みたいなチームですからね（笑）。

長与　でも立ち向かっていくしかないので。それが逆にまたウケちゃって。

松永会長のテキ屋イズム

玉袋　そっから火がつきだしてからは、お客さんも急激に増えていって、それは凄かったんじゃないですか？

長与　凄かったです。でも、ホントにあれよあれよという感じだったので、あんまり覚えてないんですよ。覚えてるのは、どこに行ってもお客さんがいっぱいになって。松永兄弟は「チケット」のことを「テケツ」って言ってたんですけど、テケツの売り場を通って控え室に行くと、もう段ボール箱からお金が溢れてるんです。それを足で踏んで蓋を閉めようとして、「入んねーんだよ！」とか言ってるんです（笑）。

玉袋　お金を足で踏むっていうね。見ちゃいけないものを見たみたいな（笑）。

長与　それが日常的な行為になりましたからね。だって物販だけでも4トントラックで来るんですもん。いま、いろんな方に「こんなグッズ出てたんですよ、買ったんです」って言われるんですけど全然知らなくて（笑）。

玉袋　ダハハハハ！　自分の知らない長与千種グッズが大量に出回ってて（笑）。

長与　「え、これ何？　エプロンまで？」みたいな（笑）。

ガンツ　でも当時はグッズのお金なんか、選手には全然入ってこないという（笑）。いまみたいに、ちゃんとロイヤリティ契約してたらとんでもないことになってたんでしょうね。

玉袋　大変だよ〜。でも給料ってのは、クラッシュで人気が出て一気に上がったんですか？

長与　上がっていきましたね。でも1試合の単価は

いまのレスラーたちより安いんです。

玉袋　えぇ〜っ⁉　そうなんだ！

長与　年間300試合以上やってたんで、年収にするとまとまった額になるんですけど、1試合の単価は、いまの中堅ぐらいのキャリアの人たちと同じくらいかな？

玉袋　それぐらいのギャラで、馬車馬のように働いてたわけか。

長与　私が初めて日本武道館でやったとき、試合後、珍しく会長が控え室に来られて、「長与ー！」って言うんですよ。私の試合について何か言ってくれるのかと思ったら、「物販で1500万売れたからなー！　ありがとなー！」って言われて、「………あ、よかったですねー！」みたいな（笑）。

ガンツ　クラッシュストーリーのピークのひとつである武道館大会も、興味があるのは物販の売れ行きだけという（笑）。

長与　それで横浜アリーナの引退式のあとも、「ありがとな」ってまた来たんですよ。最後だから、ねぎらいの言葉をかけてくれるのかと思ったら、「長与、ホントにありがとう。今日は2億儲かったぞ！」って。

ガンツ これまでの現役生活のねぎらいじゃなくて、その日の興行収益のお礼（笑）。

玉袋 日銭にしか興味がねえんだよな（笑）。

長与 でもそういうところが好きだった。豪快だし、隠さないし。だから、2億儲かったって言われて、「よかったですね、私は親孝行できたでしょうか」「おお、親孝行だ！」って。それが引退の挨拶代わりみたいな感じでしたね。

玉袋 いやー、凄いよ。現金商売の人だよな。きっと税務署とかも関係ない人たちだもんな（笑）。

長与 逆に節税なんかもしてないから、儲かってるときは、税務署に対してもポーンと何億も出すんでしょうね。

玉袋 そうだよな、なくなったってまたスターが出りゃ稼げるって考えだもんね。

長与 だって当時社長室に入ると、高級菓子とか今半のお肉とかがいっぱいあるんですよ。銀行がそういう菓子折り持って、しょっちゅう来てたんで。それで、「長与、好きなの持っていっていいぞ」「これ若い子たちに食べさせていいですか？」「持ってけ持ってけ」みたいな。で、当時にしてはデッカいテレビの画面は全部、株相場ですからね。

ガンツ 株に大金を投資しながら、毎日、数百円の焼きそばを会場で売ってるんですよね（笑）。

長与 あ、でも会長は、そっちのお金のほうが大事らしいです。

玉袋 そこはテキ屋イズムが入ってるんだよね。

長与 数万円売れただけで、凄いキャッキャキャッキャしてるので。

玉袋 でもそれはわかる！ やっぱり現金が目の前で行ったり来たりするわけだから。株だったら数字だけだしよ、電話1本だからね。やっぱり現金商売で生きてる人なんだよね。

長与　とにかく、焼きそばを売るのが大事だったみたいで、新しいマシンとか、いろんなものが増えていくんですよ。

ガンツ　焼きそばへの投資は惜しまない（笑）。

長与　一時は、焼きそばだけじゃ飽き足らず、出店もいろいろできてきて。スムージーが来たときはびっくりしましたよ（笑）。

玉袋　スムージー！（笑）。

長与　横のテントとかは凄くアナログなのに、何でこのマシンだけ一番いいやつなんだみたいな（笑）。

玉袋　テキ屋で言ったら、テキ屋史上、一番カネ動かした人だろうな。

ガンツ　そうでしょうね。日本一のテキ屋（笑）。

長与　焼きそばとか、興行が後半戦になってくると、半額以下になりますからね。

玉袋　そこもいい！　変動相場制でね。メインが終わったら、100円で投げ売りしてるんだから（笑）。

長与　何も考えずに、どんどん焼いちゃうんですよね。

ガンツ　ボクが子どもの頃、全女の野外興行に行ったとき、第3試合ぐらいの途中で松永会長が客席に向かって「焼きそば焼けたぞー！」って叫ぶ声が聞こえましたから。「試合なんか観てないで、俺の焼きそばを買いにこい」みたいな（笑）。

玉袋　そういうテキ屋のおじさん、いなくなったな〜。いまはお祭りでもテキ屋さんは排除されちゃったりして、日本の懐かしい風景が失われていってる気がするね。

長与　また、会長はお金の遣い方が粋だったんですよ。「宵越しのカネを持たない」っていう江戸っ子と同じですからね。高級車を買っても、3カ月ぐらい経つとクルマが替わってましたから。たぶん、買ったときはうれしくても、すぐ飽きちゃうんじゃないかと。

ガンツ　買うこと自体が喜びなんですね（笑）。

長与　だって、「長与ー、これ買ったんだよ！」って、クルーザー2台見せられたことがあったんですけど。「凄いですねー。これ、会長が操縦されるんですか？」って聞いたら、「乗りたいけど、俺、免許ねえんだ」って。

ガンツ　ダハハハハ！　クルーザー2台のオーナーだけど、自分では乗れない（笑）。

玉袋　これだよな〜。だいたい火傷する人ってクルーザーに手を出すんだよ。

ガンツ　後先考えてないのが、よくわかりますね（笑）。

敗者髪切りデスマッチの衝撃

玉袋　そうやって、クラッシュギャルズが稼いだカネが、どんどんいろんなものに変わっていくというね。だけど長与さんはそんな中で、年間300試合闘って、芸能の仕事もバリバリやって、親御さんが保証人倒れで背負った億単位の借金を返したってところが、ホントに立派だよね。すげえよ、普通返せねえもん、そんな額。

長与　何て言うのかな……やっぱり、親に対する感謝ですよね。小学生の頃に家族がバラバラになって、私はいろんなところに預けられたんですけど。両親はギリギリの生活の中で、黙って仕送りをし続けてくれたんで……。これでまた家族がひとつになれるんだったら、どんだけでもがんばってやる。自分が身体を張っていただいたお金を渡すだけでそれができるなら、簡単なことと言えば簡単なことだなって。

玉袋　身体ひとつで稼いだお金のほとんどを渡して、それを「簡単なこと」と言えるのが凄えよ。

長与　だから大金を手にしても自分を見失わず、いいお金の遣い方ができたのかな、とも思うんですよ。あとは、お家を買ってあげられなかったことだけが残念ですね。「お家を買おうか？」って言ったこともあったんですけど、そのときは「墓を買ってくれ」

って言われたんで、お墓を買ったんです。お墓って凄く長くもつからいいんですよ。リフォームもいらないし。いまは父も眠ってますけど。お墓は、大事ですね。見晴らしのいいとこに変えたんですけど、田舎なので敷地が一個ずつデカいんですよ（笑）。

玉袋　ちょっとした古墳みたいになっちゃって（笑）。

長与　都内では絶対その値段じゃ買えないぐらいなんで、お墓は買ってよかったですね。

玉袋　でもそれでね、身体張ることによって家族がまたひとつになれるって、凄いよなあ。

長与　でもね、何かギクシャクすることもあるんですよね。姉弟間がギクシャクしたりとか。自分はリングネームが本名で、しかも「長与」ってめったにいない苗字じゃないですか。それで弟が就職のとき、履歴書に「長与」ってあると、そういう目で見られて嫌になっちゃったりとか。迷惑はかけましたね。

玉袋　それはね、俺も家族バラバラになっちゃったから、わかるよ。こっちで一生懸命やってるのに、姉弟なのにわかってくれなかったりとかさ。そういうのがあったりするんだよね。

長与　そんなつもりじゃないんですよね。でもちょっとギクシャクしたりすることがありますね。

玉袋　あと長与さんはね、家族だけじゃなくて、全国の悩める少女たちを、ある意味でたくさん救っていたわけだからね。学校で嫌なことやつらいことがあっても、クラッシュギャルズを観ることで、強く生きていけるっていうさ。

ガンツ　80年代半ばは、ホントに少女たちの教祖でしたもんね。

玉袋　教祖だよ〜。

ガンツ　「信じるものは千種だけ」みたいな子が、全国にもの凄い数いましたよ。

玉袋　そういう多感な時期の女の子の心をつかんで離さなかった、あの色気っちゅうのは凄いよな。

ガンツ　あと長与千種は、強くてカッコいいだけじゃなく、やられる姿でもまた惹きつけるんですよね。

玉袋　耐える姿がいいんだよ〜！

長与　あれはクラッシュの役割分担として、考えてやってましたね。飛鳥はホントに身体能力が高くて心肺機能も強かったんですけど、心肺機能の強い人たちって、攻めるスキルが凄い高いんです。だから私は彼女の隣にいるなら、受けに回ったほうが絶対にいいって。ピッチャーとキャッチャーのように。それを徹底して追求していくと、やっぱり女房役のほうがケガが多いんですね。

玉袋　相手の攻撃を受けまくってるわけだもんね。

長与　だから、うまい女房は奥歯がほとんどウソの歯なんです。私も奥歯は全部ブリッジ入れたりしてるんで。で、攻めの人は前歯がないんです。前に出て行くから当たるじゃないですか。だから、飛鳥は前歯が差し歯なんですよ。

玉袋　それぞれの役割を果たしながら、身体を張ってたんだね。

ガンツ　だからクラッシュギャルズって、**ファンクス**[※191]みたいですよね。長与さんがテリーで、飛鳥さんがドリー。**クラッシュvs極悪同盟**[※192]って、**ファンクスvsアブドーラ・ザ・ブッチャー&ザ・シーク**[※193]そのものですもん。

玉袋　ホントそうだよ。長与さんが凶器攻撃で血だるまにされてさ、観客が泣き叫んでね。それで男のファンも「おお、凄え！」って思わせちゃうところが凄いんだよ。

長与　〝坊主マッチ〟のときもそうでしたね。

玉袋　坊主マッチ！　**長与千種vsダンプ松本の敗者髪切りデスマッチ**[※194]が凄えんだ。会場中が阿鼻叫喚だもん。

長与　本気で泣いてますからね。作りいっさいなしで悔しかったし。

ガンツ　あの試合は、男子も含めて、プロレス史上最も凄惨で壮絶な試合と言っていいんじゃないですかね。

玉袋　言っていいよ！　あんな映像、いまテレビじゃ絶対に流せねえもん。

長与　あれ実際、放送禁止になったんですよね。

ガンツ　あの試合はゴールデンタイムで放送されたんですけど、ダンプ松本の悪行とあまりの凄惨さに、抗議の電話がテレビ局に殺到しすぎて、関西地区では人気絶頂なのに『全日本女子プロレス中継』が打ち切りになったんですよ。

玉袋　反響がありすぎて打ち切りなんだもんな～。

ガンツ　それで翌年のリマッチはフジテレビでも放送できないってことで、最初からビデオ発売のみだったんですよね。

玉袋　凄いよ、ホントに凄い。フレッド・ブラッシーの噛みつきを見て**おばあさんが死んだ事件**※195を超えてるもん。

ガンツ　人気絶頂のアイドルが血だるまにされて、さらに頭を刈られる姿がゴールデンタイムで流されるわけですからね。

玉袋　だからＡＫＢのあの子（峯岸みなみ）が坊主にしたって何にも感じなかったよ。こっちは長与vsダンプを観てるから、どうってことねえもん。

ガンツ　長与さんが極悪同盟に押さえつけられて、頭を刈られるシーンは、キリストの処刑にすらたとえられましたからね。

玉袋　ゴルゴタの丘だよ！　だから逆に言えば、あれ、刈るほうも刈るほうだぜ⁉

ガンツ　あれだけ悪に徹するって凄いですよね（笑）。

玉袋　それも凄えよ、やっぱり。

長与　いま２人でよく言うのは、「ホントに憎しみ合ってたよね」って。

ガンツ　あれ、普通の感覚じゃできないですよね。あの試合にかぎらず、ダンプさんの凶器、ホントにグサグサいってますよね？

長与　全っ然、やってますよ。やってますとも。あれはホント、シャレにならない。痛すぎて笑いが出るんですよ。

玉袋　新人時代にジャッジメント・デイのとき、「歌って踊れるベビーフェイスになりたかった」って泣いてた人がさ（笑）。人間、開き直ると凄いね。

ガンツ　ダンプvs大森ゆかりのときは、腕に刺したハサミがそのまま刺さってるっていうのがあって……。

長与　あー！　それ知ってる、知ってる！　モニターで見た！　みんなに「見て見て、凄いことになってる！」みたいな（笑）。

ガンツ　いや、長与さんも同じようなことやられてたんですけど（笑）。だから、あの頃の全女は、どんなハードコアマッチより凄い試合が日常でしたよね。

玉袋　ライバル抗争の気持ちと覚悟が、極限まで登りつめちゃうんだろうな。

長与　だから全女ってモンスターを育てる団体だったのかもしれない。また、そっちに仕向けるのもうまいですよね。会社の手です。べつに、そこまで憎しみ合ってなかったのに、会社がそう仕向けるんですよ（笑）。

ガンツ　長年女子プロレス興行をやって、どうやったら本気の怒りを引き出すのか、闘う若い女性の心理を知り尽くしてるんでしょうね。

長与　だと思いますね。

目黒の土地を取り戻したい

玉袋　でも松永会長も松永兄弟もみんな亡くなって、あの松永王国がいまや跡形もなくなっちまったことに、言いようのない寂しさっていうかさ、虚無感を感じるんだよね。

長与　でも私、あそこの土地、また買い戻しますよ。

ガンツ　おおっ！

玉袋　全女の事務所兼道場があった目黒の土地、買い戻しますか！　素晴らしい！　やりましょうよそれ。

長与　いま、あそこはコインパーキングになってるんですけど、私の最終目標はあの場所を買い取って、平屋で道場を作って、そこから次の世代の人たちに渡せればいいってことですから。

玉袋　またトタンから始まるんだ。

長与　そうですよ！（笑）。

玉袋　いや〜、オリンピック開催も決まって、東京の地価も上がっちゃってるけど、ここはひとつ長与さんにがんばっていただいてね。目黒に再び女子プロレスを根づかせてほしいね。

長与　でもまだ無理。目黒ですから（笑）。20年計画で目標にして、自分の人生を懸けて取り組んでいきたいですね。

玉袋　これも私事だけどさ、俺も新宿出身で、新宿の一等地に俺のじいちゃんがビル建てたわけだよ。それでちっちゃい頃、いつも「いいか、このビルはおじいちゃんが昭和39年に、野球賭博で大洋に一点張りして建てたんだ」って聞かされててね。

一同　ワハハハハハハ！

ガンツ　そんないわく付きのビルだったんですか（笑）。

玉袋　ずーっと引きずってたんだけど、あとから聞いたら、おじいちゃんは株の場立ちやってたからさ。そのときにマルハの株の……マルハは大洋の株な、そのインサイダー取引で儲けて建てたビルらしいんだよ（笑）。だけどおじいちゃんが死んだら遺産相続で揉めて、売らざるをえなくて。売っちゃったわけだよ。だから俺の夢も、やっぱり新宿の土地を買い戻したいんだよ！

長与　いいですね。

玉袋　でもやっぱり、高すぎる！（笑）。

ガンツ　新宿西口の駅前、いまヨドバシカメラが建ってるあたりなんですよね（笑）。

玉袋　でも買い取りたい！　長与さんの夢が俺と一緒でね。無理かもしれねえけど、夢は持ってねえと。

長与　目黒のあそこの場所は、私たちにとって本当に特別な場所なんで。いまの40代、50代の女子プロレスラーの青春は、あそこにみーんな詰まってますから。

玉袋　聖地だよね。グラウンド・ゼロになっちゃったわけだ。

長与　本当に自分たちの聖地ですから。だから、取り戻したいんですよね。

玉袋　エルサレム奪回だよ。そういう気持ちだよね。でも、クラッシュギャルズ全盛期に松永一族が持ってたカネがあったら、簡単に買い戻せたんだろうな（笑）。

長与　あれ、どこ行っちゃったんですかね？（笑）。ちゃんと遣ってくれたのかな。遣ったんでしょうね。

玉袋　遣ったんだろうね。日本経済を回したんですよ！　ケチよりずっといい。

長与　粋なんですよ。バカがつくほど粋だから。

玉袋　天龍さん的なね。

ガンツ　あ、天龍さんといえば、亡くなった**阿修羅・原**※196さんには、長与さんも現役の頃にお世話になったらしいですね？

長与　あ、もちろんです。凄くかわいがってもらいました。

ガンツ　阿修羅・原さんとは、どういうきっかけで知り合われたんですか？

長与　あれはたまたま、埼玉かどっかの試合のときに、お知り合いの方と全女の会場に来られたんですよ。で、「長与千種でしょ。おまえ、どこの出身なの？」「長崎です」「長崎はわかってるけど、どこ？」「大村市です」「俺、（大村の隣の）諫早《いさはや》だよ」って言われて。「えー、そうなんですか！」って。「おまえ、同郷だからな、かわいがってやっからな」って、それからしょっちゅうごはん連れてってもらって。

玉袋　ああ、そうですかあ。

長与　私、基本的にお酒飲めない人なので、お酒の席でも周りの人を見るクセがあるんですけど、阿修羅さんはどんなに飲んでも酔ったところ見たことないですね。

玉袋　その原さんも亡くなっちゃったもんな。合掌だな。

長与　私もショック受けましたね。お葬式のとき、お花だけは送らせていただいたんですけど。でも、私の中ではずっと、あのカッコよかった阿修羅さんのままなので。思い出は育てていこうかなって。

ガンツ　カッコいい男だったんでしょうね。

長与　ラガーマンなので胸板厚いじゃないですか。で、ちょっと訛り言葉の標準語みたいな九州の言葉。歌もうまいし、モテたと思いますね。そのときにいつも一緒に連れられて来てたのが**ターザン後藤**[※197]さんで。私は（本名の）政二って呼んでましたけど。政二と**冬木（弘道）**[※198]さんがしょっちゅう来てて。一緒にかわいがってもらいましたね。

玉袋　冬木さんもいなくなっちゃって。

長与　何か惜しい人がいっぱい亡くなって、寂しいですね。でも、そういうお世話になった人たちに報いるためにも、これからもがんばっていきたいと思います。

玉袋　いや〜、長与さんの人生は凄え！　女子プロレス王国の再建、応援してますんで、これからもひとつ、よろしくお願いします！

極悪レフェリー
阿部四郎

阿部四郎（あべ・しろう）

1940年、福島県生まれ。元レフェリー。1970年代から、プロモーターとの兼業で全日本女子プロレスのレフェリーを務める。1980年代初頭、突如としてデビル雅美率いるヒール軍団「ブラック・デビル」に肩入れする不公平なレフェリングを開始。その後はデビル雅美に謀反を起こしたダンプ松本が結成した「極悪同盟」に加担。極悪同盟側を有利にするための高速カウントや、反則を見て見ぬふりをするなどのレフェリングは、当時人気絶頂であったクラッシュギャルズらを大いに苦しめ、日本中から大ブーイングを買った。現在は東京都立川市でスナック『翠泉』を営業中。

ガンツ　さて今日は、極悪同盟・阿部四郎レフェリーの取り調べということで、東京・立川の居酒屋に来てしまいました！

阿部　遠くまで来てもらって悪いねえ。

玉袋　いや、立川には競輪場とかでよく来てますから。駅の出口は逆なんですけど、勝手知ったる街ですよ！

ガンツ　それじゃ、さっそく注文しちゃいましょうか。阿部さんはビールでいいですか？

阿部　いや、俺は飲まないんだよ。酒とタバコはやらない。

玉袋　そうなんですか。こっち（女）はどうですか？

阿部　女も食べない。

椎名　アハハハ！　食べませんか（笑）。

阿部　昔から全女はダメだから。

ガンツ　阿部さんは全女の掟である〝三禁〟をキッチリ守ってたんですね（笑）。

玉袋　なぜか極悪レフェリーが三禁をしっかり守っちゃってんだよ。一番、優等生じゃねえか（笑）。

阿部　俺だけだよ、手ぇかけないの。あとはみんな手ぇかけてクビになっちゃったりさ。

玉袋　商品に手ぇつけちゃったヤツがいるんですね。

阿部　だいたい、あそこの会長（松永高司）のとこの一族もみんな手ぇかけてんだから。俺ぐらいだよ、手ぇかけないの。

椎名　松永一族はみんな手ぇかけちゃってるんですね（笑）。

玉袋　それでファミリーにしちゃってんだから。今日はそこらへんの話もいろいろ時効だと思うんで、全女のいろんなことを語ってもらいたいんですよ。

椎名　全女のデタラメな経営から何から（笑）。

玉袋　そう、全女流の経営学をね、阿部さん的に〝全女版アベノミクス〟で語ってもらおうと思って来ましたから（笑）。

ガンツ　デタラメなアベノミクスを（笑）。

玉袋　もう全女版のアベノミクスは、株価が急騰したかと思ったら暴落したり、凄えんだから！

椎名　規制緩和にも程があって（笑）。

玉袋　全女は規制しないよ〜、消防法だって完全無視だから！

ガンツ　じゃあ、ビールも届いたところで始めましょうか。

玉袋　おう、始めよう、始めよう。じゃあ阿部さん、今日はひとつよろしくお願いします。乾杯！

一同　かんぱーい！

玉袋　いや〜、今日はうれしいねえ。俺たちはみんな、ガキの頃から全女ファンですから。

阿部　あ、そうなの？

椎名　子どもの頃から『全日本女子プロレス中継』を観て、「悪いレフェリーがいるもんだな〜」と思ってましたね（笑）。

玉袋　悪かったよな〜。阿部さんはいま、おいくつになられたんですか？

阿部　えーとね、きのうで73歳になった。

玉袋　きのう！　誕生日だったんだ、あららら。おめでとうございます！　お祝いは盛大にやられたんですか？

阿部　お祝いっていうか、25人くらい集めて飲み会だよね。ウチのママの店で。

玉袋　奥さんがお店をやられてるんですか？

阿部　いやいや、女房は身体を壊して、もう寝たきりだから。ママを雇ってスナックやってるんですよ。

玉袋　阿部四郎さんのスナック！　いいですね〜。

阿部　スナックもホントにヒマでよ〜。

玉袋　いや、いまはどこのスナックも大変ですよ。俺もスナック巡りをライフワークにしてるんですけどね。

阿部　一週間に（お客）ゼロが3回ぐらいあるよ。

椎名　マジっスか。

玉袋　むむ、ちょっとそれはまずいな……。

椎名　レフェリーのほうはまだされてるんですか？

阿部　5年くらい前までIWA[※199]（ジャパン）でやっ

てたんだけど、脳梗塞やってもう身体も動かないからやってない。ただ、このあいだフジテレビから電話が来て、またナイナイ（ナインティナイン）のやつをやろうとしてたんだよ。

ガンツ　ああ、『めちゃイケ』の「**めちゃ日本女子プロレス**[※200]」ですね。

阿部　だけど、ケガしたら大変だからってことで反対があったらしい。来年はやりたいらしいんだけど。

ガンツ　あれ、おもしろいですよね。「ひょうきんプロレス」を甦らせた感じで。

阿部　あれも人気あったんだけど、アイツが女やっちゃったろ？　誰だっけ、加藤じゃないほう。

ガンツ　極楽とんぼの山本（圭壱）ですね（笑）。

玉袋　そうなんですよ、やっちゃいけませんね。女子プロレスやるなら、三禁守らないと！

椎名　アハハハハ！　あれは〝ダンプ山本〟が三禁破っちゃったんですね（笑）。

玉袋　三禁破ったばっかりに、参勤交代でどっかいっちゃってんだから（笑）。

興行師からのスタート

ガンツ　阿部さんはこの業界に入ったのはいつからなんですか？

阿部　女子プロレスに関しては、**小畑千代**[※201]っていたでしょ？　あそこにいったのが最初。

玉袋　ええっ⁉　小畑千代さんのところにいたんですか？

阿部　その前でいうと、トヨさんと知り合ったのがそもそもだな。

玉袋　トヨさんっていうと、誰ですか？

阿部　豊登。

玉袋　おぉー、豊登！　いきなりうさん臭い名前が出てきて、いいですね！（笑）。

椎名　早くも放漫経営の匂いがプンプンしてくる（笑）。

玉袋　そんとき、阿部さんはどんな仕事されてたんですか？

阿部　俺は板前やってたんだよ。

玉袋　板前！　雇われの板さんですか？

阿部　そう。実の兄貴がやってる店でやってたんだけど、そこでトヨさんと知り合って、力道山の事務所に出入りするようになって。

玉袋　力道山の事務所にもいましたか！

阿部　そっから小畑千代さんのところに行っててね。12チャンネルでやってたところで、レフェリーやるようになって。

ガンツ　のちに国際プロレスに吸収される**日本女子プロレス**[※202]ですね。

阿部　そう。そこが消えたから、松永さんとこに拾ってもらって。そっからは興行やりながらレフェリーやってたよ。

玉袋　いきなりですか。そのときにプロレスの仕組みっつうのは教わったんですか？

阿部　いや、俺は興行師だったからね。だいたい知ってたんで「興行だけじゃなくて、レフェリーもやってみたい」と思ってやった。

ガンツ　単純にリングに上がりたくて（笑）。

玉袋　でも、レフェリーってそんな簡単にできるもんなんですか？

阿部　いや、簡単だよ（あっさり）。

一同　ガハハハハ！

阿部　話せば長くなっちゃうけど。それにここで明かしちゃったら業界から干されちゃう（笑）。

玉袋　へえー。そっからレフェリー生活が始まったわけですか。

阿部　興行師やりながら、レフェリーは好きだからやってたね。

玉袋　でも、日本の景気も良かった頃ですから、興行の世界も潤ってたんじゃないですか？

阿部　いや、最初はもう全然でね。猪木の興行もやってたんだけど。旗揚げしたばっかりの新日本なんてひどいもんだったよ！
玉袋　いつ潰れるかわからない状態だった黎明期の新日本プロレスの興行を手がけてるんですか！　凄えな〜、生き字引だよ！
阿部　国際プロレスもやったし、トヨさんの東京プロレスもやったけど、儲からなかったな〜。
玉袋　東プロまでやってるんですか！
椎名　どれもこれも儲からなさそうですけどね（笑）。
玉袋　あの頃だと、キックボクシングなんかはどうなんですか？
阿部　キックも沢村忠の興行をやったよ。
玉袋　やってるんだ！　じゃあ、芸能のほうは？
阿部　昔はいろいろとやったよ。北島三郎とか。
ガンツ　おおーーー、サブちゃん！
阿部　あと山本譲二とか、冠二郎とか。
玉袋　冠二郎きた！　冠さん、きたよ〜〜。やっぱりそういう興行を買った場合は、もしお客さんが入らなかったら、阿部さんが補填しないといけないわけですよね？
阿部　そうそう。全部、興行主が被るからね。
玉袋　うわっ、それは凄えバクチだ。当たり外れがでけえ。
阿部　だから俺なんか、家が2軒なくなっちゃったよ（苦笑）。
玉袋　2軒なくした！
阿部　だからいま、アパート住まいだよ。
玉袋　プロモーターっていうのも、厳しい職業ですね〜。
阿部　まあ、でも最後は興行で失敗したっていうより、全女の保証人になっちゃったんだわ。
椎名　全女の保証人！（笑）。
玉袋　それ、一番なっちゃいけないよ！（笑）。
阿部　2000万くらい被ってさ、よ〜〜〜やく（返済が）終わった。
椎名　でも、何で保証人になっちゃったんですか？
阿部　松永さんも、まさかあんなふうに潰れるとは思わなかったからね。

玉袋　そうですよね、全女だって一時期は凄い勢いで儲かってたわけですからね。

ガンツ　ドーッと上がって、ドーッと落ちて（笑）。

玉袋　山高ければ谷深しっていうね（笑）。

ガンツ　でも、谷に落ちてもかならず復活してくるのが全女だったんですけどね。

玉袋　そうだよ。いっつも松永会長は「いくら借金しても、スーパースターがひとり出てくれれば、すべてチャラになる」って言ってたからね。それが出てこねえ時代になっちゃったのかね〜。

阿部　というより、ほら、カネ遣い過ぎたんだよね。

椎名　放漫経営が過ぎた（笑）。

阿部　カラオケ屋やったり、レストランやったりね。

玉袋　バブル期にはリゾート地開拓もありましたよね。

ガンツ　秩父リングスターフィールド（笑）。

阿部　あんなの買ってどうするんだよ？　ダメだよ、あんな山ん中。誰が行くんだよ？

玉袋　交通の便が悪かったんですよね？

阿部　悪いも何も、道が細すぎて大型バスが通れないんだから。どうやって人を呼ぶんだよ！

一同　ダハハハハハ！

玉袋　バスで行けない関東のリゾート地って、聞いたことないよ！（笑）。もともとの計画がズサン過ぎる！（笑）。

阿部　あれ作るのに、3億かかるはずだったんだけど、何だかんだで10億くらいかかってんだよ。

玉袋　10億！　失敗のスケールがいちいちでけえんだよな〜。

ガンツ　それでいながら、普段は何百円かの焼きそばを会場で売ってるんですけどね（笑）。

玉袋　日銭商売との落差がすげえんだよ。

阿部　でも、あの焼きそばは相当儲かったんだよ。

椎名　儲かったんですか！（笑）。

ガンツ　凄い原価率だったんでしょうね（笑）。

阿部　原価20円のものを500円で売ってるからね。

ガンツ　原価20円！（笑）。

阿部　ビールだって問屋から古くなったの安くいっぱい買いたたいて、500円で売ってるんだから。あれで全国回ってたら、いいカネになるんだよ。

玉袋　昭和だねえ、昭和の興行だね～（笑）。

阿部　だから、会場で売ってるぶんはいいけど、カラオケ屋やったりラーメン屋やったりしてるのがダメなの。

玉袋　新宿にラーメン屋とカルビ丼屋出してね。

ガンツ　羅漢果《らかんか》ラーメンですよね。甘いラーメンという、常識を覆しすぎなラーメン（笑）。

玉袋　やっぱり、自分ところの敷地内で「SUN族」みてえな、ちっちゃいレストラン出すくらいがいいんだろうな。

椎名　従業員が若手選手だから、人件費もかからないし（笑）。

阿部　レストランって言っても、コックがいないんだから。俺はあんなところじゃ食わないよ。

玉袋　それ、関係者はみんな言いますよね（笑）。俺は「SUN族」のカルビ丼は好きだったんだけど、「よくあんなもん食いますね」って言われてたから。

阿部　肉だって1キロ20円みたいな肉だからね。

椎名　1キロ20円って、どんな肉ですか！（笑）。

レフェリーはノーギャラ

玉袋　でもあの当時、いちばん儲かってた頃って全女ってどれぐらい年商あったんですかね？

阿部　相当あったろうな。一興行で1000万ぐらいあったんだから。

玉袋　一興行で1000万で、年間300興行だからね。いくらになるんだよ!?

ガンツ　単純計算で年間30億円の売り上げですね（笑）。

玉袋　凄え～！

ガンツ　それでさらにフジテレビの放映権料があって、日々のグッズの売り上げやら何やらがあって。
椎名　焼きそばの売り上げもあって（笑）。
阿部　東京ドームでやったときだって、切符売れたからね。だけどあんとき、スタントマンが上から落っこちて、テレビ局と揉めたでしょ？
玉袋　ええっ⁉　そんなことがあったんですか？
阿部　入場の演出で一番大きなクレーン車使って、ドームのてっぺんから登場するっていうのがあったんだけど、そのとき足踏み外したか何かで落ちちゃったんですよ。
ガンツ　ああ！　ブリザードＹｕｋｉが登場するときに、影武者のスタントマンが事故で落ちちゃったんですよね。
玉袋　（長谷川）[※203]咲恵か！　そんなのあったか！
阿部　それはテレビ局がやったことで、松永の演出じゃなかったんだけど。あれで保証するしないで揉めてね。莫大なカネを支払うことになったんじゃないかな？　よくは知らないけど。
玉袋　そんなことがあったかあ。でも、何かあのドームを最後に、ちょっとおかしくなった気がする。
阿部　あれが最後の打ち上げ花火で、あそこからはもう落ちる一方だったね。
玉袋　それで最後は全女がなくなっちゃうんだもんなあ。阿部さんは全女の興行も30年以上やられてたと思いますけど、興行師としていちばん儲かったのはいつですか？
阿部　やっぱりビューティ・ペアと千種・飛鳥の頃だろうな。
玉袋　その頃に買った興行は毎回満員で当たりだったわけですね。
阿部　買うのもあるし、興行をウチと会社（全女）の折半でやることもあるんだよ。あれだって一回３００万くらい儲かって、それをいくつもやるわけだからね。
玉袋　その頃、バンバンお金が入ってきたときは、どうしてたんですか？　やっぱり銀座とかに遊びに行ったりとか？
阿部　そういう遊びはそんなにしなかったけど、俺は貯め込まないで、みんな遣っちゃったな。
玉袋　コレ（女）とかギャンブルではなく？
阿部　それはやんないよ。
玉袋　じゃあ何に遣うんですか？
阿部　いろいろ右から左へ消えちゃうんだよね。借金とかもあったからさ。
玉袋　やっぱ、興行は悪い時期もあるから、儲かっても〝いってこい〟になっちゃうんですね。
阿部　最初に猪木の興行やったときなんて、いきなり300万ぐらい借金したからね。
椎名　当たり外れが大きいんですね。
玉袋　博打だよな〜。でも、極悪同盟やってた頃なんかは、興行師でも儲かって、レフェリーでも全国回って、ダブルの収入で凄かったんじゃないですか？
阿部　いやー、興行師としては良かったけど。俺はレフェリーのギャラ貰えなかったしなあ。
玉袋　ええっ⁉　貰ってないんですか？
阿部　くれねえんだもん。
椎名　くれない（笑）。
阿部　だから俺んところに国税局も来たよ。「あんた、ごまかしてんじゃないか」って。
玉袋　極悪同盟に国税が入っちゃったよ（笑）。
椎名　じゃあ、それは全女がごまかしてたってことなんですか？
阿部　そうなんじゃないの？
玉袋　でも、当時は手打ち興行で、現金収入でボコボコ入ってきちゃうからごまかし放題でしょ。
阿部　当日券やらグッズやらが飛ぶように売れて、お札が段ボールに収まんなくて、足で踏んでたよ。
玉袋　全女のストンピング伝説ですよね。カネが入ってきちゃって入ってきちゃって、足で踏みつけるという。
椎名　それでもレフェリーのギャラは払わない（笑）。

極悪レフェリーの誕生

玉袋　デタラメだよな〜。で、全女のいちばん最初のいい時期っていうのは、**マッハ文朱**※204さんの頃ですか？

阿部　あれはビューティなんかほどじゃないけど、まあ良かったね。でも文朱は、お母さんに「ギャラが安いから辞めろ」って言われて辞めちゃったの。

ガンツ　そういうことだったんですか（笑）。

玉袋　マッハ文朱にもロクに払ってなかったという（笑）。でも人気的にはピークで辞めたから、ある意味、女子プロレス界では山口百恵的な伝説として残されてるもんな。

阿部　あれ、もともと山口百恵と競って負けたから女子プロに来たんだもんな。

玉袋　『スター誕生！』ですよね。山口百恵とマッハ文朱が決勝大会を争って。でも、それで全女に行くって凄いよな。

阿部　文朱が辞めたあと、ビューティ・ペアが売り出されて。あれからはどこ行ったって超満員だよ。

玉袋　じゃあ実際に触れ合って、ジャッキー佐藤とマキ上田ってどういう人だったんですか？

阿部　いい子だよ、みんな。でもやっぱりほら、一緒に食事とか行ったことないからそこまで深い話はしてないけどね。

玉袋　それはなかったんですか。

阿部　千種とか飛鳥はね、ちょっと時間あれば「コーヒー飲み行こう」とかあったけどね。

ガンツ　極悪レフェリーとクラッシュギャルズが一緒にコーヒーブレイクしてましたか（笑）。

阿部　千種と飛鳥のときは、俺がダンプ（松本）と組んでやってたこともあって、どこに行っても凄かったな。

玉袋　あの抗争は売れましたもんね。阿部さんもダンプちゃんも悪かったもんな〜。

阿部　あんときは罵声は凄いし、生卵はぶつけられるし、凄かったよ。

玉袋　極悪人だもん、阿部さん。

阿部　ダンプはここ（眉間）やられたんだよな。

玉袋　あー、ダンプさんあるな、傷。

阿部　あれは缶をぶつけられたんだよ。中身が入ってるやつ。

椎名　うわっ、それヤバくないですか？

玉袋　悪役やるのも命懸けだよ！

阿部　逆にダンプなんかすぐお客さんをぶっ飛ばすだろ？　そうすると大変なんだよ。謝りに行くのが。

玉袋　阿部さんが謝りに行くんだ（笑）。

阿部　お客さんがいて我々がいるんだから、やっぱりケガさせちゃいけないね。

ガンツ　極悪レフェリーが言う言葉じゃないですけどね（笑）。

玉袋　でもね、ダンプさんだって罵声を浴びながらお金を稼いで、お母さんに家建てたって話も美談だぜ？

ガンツ　家族だっていろいろ大変だったでしょうね。

玉袋　家族が攻撃されるっていうのがツラいよな。阿部さんのほうにも何かあったんですか？

阿部　孫なんかに、よくいじめとかあったらしいけどね。

玉袋　うわっ、そりゃつれえな〜。でも、それが真剣に観てた証拠ってことですからね。

ガンツ　ああいう極悪レフェリーのいろんなアイデアっていうのは誰が考えたんですか？

阿部　いや、自分で考えたよ。ダンプとこうやってやろうって話して決めたことだから。

椎名　ちゃんとダンプさんと一緒に考えてたんですね。クラッシュギャルズのカウントは遅く、極悪同盟のカウントは速くとか（笑）。

阿部　いろいろやったけどね。コミッショナーがわかってないからやりづらいんだよ。

玉袋　コミッショナーって全女の**植田信治**※205コミッシ

ヨナーですか？

阿部　そう。あの人、俺が極悪びいきのレフェリングとかすると本気で怒るんだよな。

椎名　それって、コミッショナーがプロレスの仕組みを知らずに、本気で怒ってたってことですか？

阿部　（小声で）知らないんだよ。

一同　ガハハハハ！

玉袋　恐るべし！　知らねえんだ！（笑）。

ガンツ　だから、厳格に1カ月の出場停止とか食らったんですよね？（笑）。

椎名　マジで？

阿部　あれは2カ月。

玉袋　2カ月の出場停止食らっちゃったよ～（笑）。

阿部　「あんなレフェリー辞めさせせろ！」とか本気で怒ってさ。しまいには「阿部は罰金100万円！」とか言って、一度罰金払わせられたことがあるから。

椎名　マジっスか！（笑）。

玉袋　レフェリーのギャラは貰えないのに、罰金取られるってわけがわからねえよ～！（笑）。

ガンツ　コミッショナーはデイリースポーツからの出向だったから、いろいろ知らないことがあったんですかね（笑）。

椎名　知らな過ぎでしょ！（笑）。

玉袋　ＳＷＳの田中八郎社長と一緒だな。じゃあ、志生野（温夫アナウンサー）[※206]さんはどうだったんですかね。

阿部　志生野さんはわかってるよ。

玉袋　そりゃ、わかってますよね。

阿部　でも、コミッショナーはわかってない（キッパリ）。一度、俺が極悪びいきのレフェリングしてたら、場外で植田さんが腰掛けで殴りかかってきたことあったからね。俺も頭にきたから蹴り返したけど。あれはストーリーがないからさ。あればいいんだけど特にないから。それで出場停止だからね。

一同　ダハハハハ！

玉袋　全女はおもしろすぎるよ～。

ガンツ　阿部さんが悪役レフェリーを始めるきっかけってなんだったんですか？

阿部　ああいうことやると、お客さんが沸くじゃん。足引っ張ったり、ロープブレイクしてもポーンって足を蹴ったり。だから、おもしろくなるようにやったんだけどね。

椎名　おもしろくしてるのに、コミッショナーから本気で怒られて（笑）。

阿部　そうなんだよな〜。

玉袋　だけどね、いま観ても阿部さん、役者なんだよね。ホントに。

ガンツ　どんなに客やクラッシュが怒っても知らんぷりなんですよね（笑）。クラッシュに蹴られたりしながらも「うるせえ！」って言って返したり。

阿部　あれやると、お客さんが本気で怒ってね。だから当時、ある人から貰ったベンツに乗ってたんだけど、100円玉でギーッて傷つけられたもんな。

ガンツ　いろいろ代償を払ってるんですね。

椎名　罰金まで払ってるからね（笑）。

全女の好景気時代

玉袋　で、全女にはビューティ・ペアとクラッシュギャルズっていう、二度の黄金期があったわけですけど、どっちが凄かったんですか？

阿部　一番のピークはビューティ・ペアのほうが凄かった。でも、トータルでいったらクラッシュのほうが上ですよ。

玉袋　へえ、そうなんですか！

阿部　クラッシュのほうは長く続いたから。ビューティっていうのは2〜3年だったんだけど、クラッシュは4〜5年続いたからね。

椎名　興行がずっと良かったんですね。

ガンツ　クラッシュは一般的なブームが沈静化したあとも、熱狂的なファンがついてましたもんね。

阿部　だから松永さんは、あの頃いろいろ買ってね。

玉袋　クルーザー買ったりして散財したんですよね（笑）。

阿部　あとはあれよ、ベンツのバス。当時、日本で一番高いバスだったんじゃないの？　トイレもシャワーもついててさ、でも、巡業中に事故で壊しちゃって、また作り直したんだよ。

椎名　全女は何でもスクラップ＆ビルドですよね（笑）。

阿部　あの頃は景気がいいから、何度でも買い直せたんだろうけどね。ビューティのときもクラッシュのときも、いいときは２つに分かれて巡業してたから。

玉袋　２班体制っていうのも凄いよな～。

阿部　あれは選手が増えすぎたのと、あとはマキとジャッキーがケンカになったとかで、それで２つに分かれたんだよね。

ガンツ　痴情のもつれで（笑）。

玉袋　でも、そうやって年間３００試合やりながら、ビューティ・ペアは芸能の仕事もあったしね。それでテレビ放送も毎週ゴールデンでやってたんだから、いまじゃ考えらんねえよ。

ガンツ　当時ピンク・レディー並みの忙しさですよね。だからビューティとピンク・レディーって仲良かったらしいんですよ。どっちも忙しすぎて、外の世界に触れないから、いつもテレビ局で会うたびに話すようになって。

玉袋　同じような境遇でな。もう日にちの感覚がわからなくなって、いつ生理が来るかもわかんねえっつうんだから。

椎名　凄いっスよね～。よくこき使いましたね、昭和の芸能界（笑）。

阿部　ビューティのあとは、**ミミ**※207**（萩原）**もけっこうがんばってくれたよ。

玉袋　ミミ萩原！　いいね～。出てきたね（笑）。レスラーとしてはミミさんはどうだったんですか？　あんまり強いイメージはないですけど。

阿部　いや、ミミは凄いスタミナがある。根性あるし、凄い子だよ。

玉袋　へえ〜、そうなんですか！

阿部　指折ってケガしたときもサポーター巻いて平気で試合してたし、たぶん一回も休んだことないよ。

玉袋　そうなんですか。その根性もあって、いまや新興宗教の教祖様になってるという。

阿部　いま、何かそういうのやってんだろ？　どこにいんの？

玉袋　どこだろ？　教祖様ってことまでは知ってるんだけど。

阿部　それでマキはいまあれだろ、釜飯屋やってんだろ？

玉袋　そうですそうです。浅草で旦那さんと釜飯のお店をやってて。マキさんはまだ若いんだよね。

ガンツ　まだ50歳そこそこですよね。

玉袋　そうなんだよ。俺とそんなに変わんねえっていう。凄え若い頃からがんばってたんだよな〜。

椎名　そうですよね、みんな10代でスターですもんね。

玉袋　10代の女の子が流血戦やってんだからな〜。阿部さんは、最近は興行のほうはやってないんですか？

阿部　このあいだ、**大仁田**※208（厚の興行）やったんだよ。福島の常磐ハワイアンセンターの近くでね。

玉袋　スパリゾートハワイアンズの近くですか。

阿部　あれはけっこう入ったよ。

玉袋　大仁田さんもまだ名前がありますしね。ああいう興行となると、ダフ屋との付き合いはどうなんですか？

阿部　いや、呼ばない。

玉袋　阿部さんは呼ばないんですか。

阿部　呼ばないし、チケット渡さないよ、俺は。

椎名　ああいうチケットって、プロモーターからダフ屋に渡ってるもんなんですね。

阿部　でも、あれやっちゃうと大変なんだよ。前に一度、券売ってるところにマル暴が来てさ、「いくらで買った？」「6000円で買ったんだ」って言って、すぐパクられちゃった。それで罰金30万円だからね。割に合わないんだよ。

玉袋　だけど、ダフ屋とかそういったものって、興行とは切っても切れないもんだと思ったんだけどね、俺は。ピシっと切れるもんなんですか？

阿部　前はあったよ。でも、いまはうるさくなったから捕まっちゃうと面倒だしね。

玉袋　罰金30万だったらリスクはでかいですよね。

阿部　いまは取り締まりがキツくて、何やるのも大変だよ。いまは電柱とかにポスターなんかも全然貼ってない。あれも捕まると300万円ぐらい取られるからね。

玉袋　そんなに取られるんですか⁉

ガンツ　迷惑禁止条例とかなんでしょうね。

玉袋　俺なんかはガキの頃、あの興行ポスターを見るとウキウキしてたけどな。

椎名　そうですよね。「プロレス来るぞ！」って感じで「お母さん、プロレス来るからお金ちょうだい！」って言ったり（笑）。

玉袋　俺んちの近所もさ、よく全女のポスターが貼ってあったんだよ。それでね、きらびやかな女子レスラーが並んでる脇にね、ちっちゃく「小人プロレス」[※209]って書いてあるんだよ。

椎名　載ってましたよね、ポスターの下のほうに（笑）。

玉袋　俺は小人プロレスが大好きだったからさ、そこをちぎって、透明の下敷きの間に入れて学校に持って行ってたからね。

ガンツ　普通、『明星』あたりからアイドルの切り抜きとか入れるもんですけど、玉ちゃんは小人プロレスの切り抜き（笑）。

玉袋　しかもそのポスター、小人プロレスのところには〝笑いの殿堂〟って書いてあったからね！

一同　ダハハハハハ！

椎名　でも実際、ホントにおもしろかったですよね。

玉袋　爆笑だよ！　おしっこチビるくらい笑ったよ。

小人プロレスという伝説

阿部　俺もアイツらのレフェリーやったけど、おもしろかったよ。

玉袋　そうだよ。阿部さんといえば、極悪以前は小人プロレスだから！　頭張り倒すためのスリッパ持っちゃってさ。その小人レスラーとの交流話なんかも聞きたいね〜。

阿部　あの頃は6人いたでしょ？　だから、6人タッグで目まぐるしくできて凄かったんだよ。

玉袋　そう、完璧！　コントとしてあれだけ成立させたものは観たことない！『キングオブコント』に出たら絶対優勝だよ！　リトル（・フランキー）[※210]さんが場外に落ちたら、小さ過ぎてリングに上がれなくなっちゃったりとか。頭で滑ったりとかさあ！

阿部　良かったな、あれは**（ミスター・）ポン**[※211]が作ってたんだから。

玉袋　ミスター・ポンさんが中心だったんですか。

阿部　あれがリーダーだからね。

ガンツ　ミスター・ポンは表情がいいんですよね。モヒカン刈りでふてくされた親父で（笑）。

椎名　ドリフでいう荒井注タイプだよね（笑）。

玉袋　あと**天草海坊主**[※212]も良かったぞ。

阿部　どっかで生きてんのよ、海坊主は。

玉袋　あ、ご存命なんですか。

阿部　どっかの老人ホームにいるって話だよ。

玉袋　**角掛留造**[※213]さんなんかはどうしてるんですか？

阿部　角掛は死んじゃったよ。

玉袋　え、死んじゃったんですか？

阿部　あ、アイツはまだ生きてるか。あそこにいるよ、岩手。たまーに電話かかってくる。カネがねえとか言ってね（笑）。

玉袋　でも、小人プロレスはリトルさんが亡くなって、灯が消えちゃいましたよね。俺が最後リトルさんを観たのは、あれだよ。テレビ朝日の感謝祭みたいなのあるじゃない。あんときのドラえもんの中に入ってた。

ガンツ　ええーーー、ドラえもんの中にリトル・フランキー！（笑）。

玉袋　カメラ回ってない裏で、ドラえもんが被りもんを脱いだらリトルさんが出てきたんだよ。びっくりしてさ、「リトルさんじゃないっスか！」っつってな（笑）。全女で見なくなったと思ったら、ここにいたんだ、リトルさんって。

椎名　マジっスか？　いろんな仕事してますね（笑）。

ガンツ　凄い四次元ポケットですね（笑）。

玉袋　ファンタジーだったよ。それで俺ら（浅草キッド）は、漫才で「愛しの小人プロレス」ってネタを作ったんだよ。水道橋博士と2人で。「俺は小さい頃から小人プロレスに憧れてて、大きくなったら小人レスラーになりたかったんだけど、大きくなり過ぎてできなくなっちゃった」っていうね。

ガンツ　身長180センチの玉ちゃんが、小人プロレスに入門しようとするんですよね（笑）。

玉袋　そうしたら「いいじゃねえか、おまえ。〝東洋の新巨人〟としてやれ」とか何とか言われるネタなんだけどよ。そのネタが凄く好きだから、いろんなところでやってたんだよ。そうしたら、それが本物の小人レスラーたちの耳に入って、それで「一緒に海に行こう」って誘われたんだよな。

椎名　小人レスラーと海水浴！　楽しそうですね（笑）。

玉袋　結局、スケジュールがバッティングして行けなかったんだけど、行きたかったな〜。

阿部　アイツらね、地方なんか行くと、飲み屋のママさんたちにもモテるんだよな。

玉袋　そうなんですか！　小人レスラーたちがモテるっていうのは、いい話だな〜。

阿部　アイツらテレビとかにも出てたしさ。〝あっち〟のほうもいいらしいよ（笑）。

玉袋　ワハハハハ！　リング上同様に素早く動いてスタミナ抜群っていうね（笑）。だけどやっぱりね、ハンディキャップある人ってのは、奥に入れられちゃうっていう風潮があったわけじゃないですか。だから「小人プロレスっていう自分を表現し輝ける場所があるのが希望だった」って、みんな語ってるんですよね。

阿部　アイツらテレビでも人気あったんだけど、人権団体から苦情が来てダメになっちゃって。

玉袋　そうなんですよ。ドリフ（『8時だョ！全員集合』）にだって出てたわけだからね。あれもね、加トちゃん（加藤茶）から聞いたんだよ。収録の合間に昔話をいろいろ聞いてさ、『全員集合』でも、海坊主とかポンとか笑い取ってたのに、どっかの団体から言われてめんどくさいことになって。あれはもったいなかった」って。

椎名　ホント、そうっスよね〜。

玉袋　だって、あの加トちゃんが言うんだよ。「アイツら、俺たちより笑い取るんだから！」って。

ガンツ　ガハハハハ！　全盛期の加藤茶が！

玉袋　あの「ちょっとだけよ」の加トちゃんが「俺より笑い取る」って。

椎名　凄いことですよ。日本で一番ウケてた人ですからね。

玉袋　全盛期の加トちゃんを嫉妬させたっていうんだからね。そりゃすげえよ。でも、いまはみんないなくなっちゃってね。

阿部　寂しいよ。会社ないしな。

玉袋　目黒の全女事務所も更地になって駐車場かなんかになってるんですよね。それで**北斗（晶）**[※214]が『24時間テレビ』でマラソンやったとき、偶然、その全女跡地の前を通ったとき、北斗が泣いたっていうね。いい伝説だよ。

椎名　いろんなことを思い出したんでしょうね。

玉袋　走馬灯のように甦ったと思うよ。

阿部　北斗はあったかいよな。**ジャガー（横田）**[※215]は冷たいけど。

ガンツ　ジャガーは冷たい（笑）。

阿部　（ポツリと）俺、大っ嫌い。

一同　ガハハハハ！

元・極悪同盟の絆

玉袋　阿部さんから見て、性格がいい女子レスラーって誰でした？

阿部　みんないい子だよ。ダンプだってそうだし、ブルも優しい子だしね。

玉袋　それで**ブルちゃんの引退興行**[※216]では、阿部さんもレフェリーで出てきたんですか？

阿部　うん。立川の俺のとこまで旦那と一緒に来て、「やってほしい」って言うからさ。俺はもう動けないし出たくなかったんだけど、まあしょうがないやと思って。

玉袋　でもいいよね。そうやって阿部さんのことを忘れずに、自分の引退興行のレフェリーは「阿部さんじゃないとヤだ」っていうのは、いいよな〜。

阿部　あの東京ドームの小さいとこ（東京ドームシティホール）、いっぱいだったもんね。

ガンツ　満員になりましたもんね。

阿部　たいしたもんだよ。そういや、一週間前にもブルちゃんとこ行ってきたよ。

玉袋　あ、お店にも行ってるんですか。そういう交流が続いているのはいいな〜。

阿部　あと、たまにアジャなんかも連絡よこすよ。

椎名　ちゃんと、元・極悪同盟から慕われてるんですね。

阿部　みんないい子だもん。でも、連絡してくるのはダンプとブルとアジャぐらいかな。千種と飛鳥なんか、連絡ないからね。

玉袋　全女はなくなったけど、極悪同盟の絆だけは残ったっていうね。いい話だよ。

阿部　会長も亡くなっちゃったしな。だから、ほかには何もない。借金だけが残った。

玉袋　借金だけ（笑）。いや、だけど凄い話だよね。全女の話ってさ。もう映画化決定だよ。

椎名　映画作って、また借金抱えて（笑）。

玉袋　結局、そうなっちゃうか（笑）。

阿部　まあ、俺もいろいろやったけど、プロレスやったって儲かんないよ。

一同　ダハハハハハ！

玉袋　それが結論（笑）。でも、おもしろかったんだよな。

阿部　おもしろかったよ。あんないい時代はない。

玉袋　いまは味気ない世の中になっちゃって、ホントあの頃に戻りてえよ。

阿部　戻りたいねえ。

ガンツ　阿部さんも楽しいから、ノーギャラでレフェリーやってたんですもんね（笑）。

阿部　それと、俺んときは選手もみんな一生懸命だったから。年間で300試合もあるのに、毎日会場に着いたら、2時間前、3時間前からトレーニングしてたからね。いまの人はそういうのないでしょ。

玉袋　試合前の練習とかねえんだ。

阿部　試合数だって少ないし、準備運動ぐらいでしょ。

玉袋　だから、あの全女のレスラーが持ってた体力がある選手って、いまいねえんだろうな。あれだけの連戦に耐えられる身体と精神があったわけだから。

ガンツ　しかも当時は、日本中のスポーツエリート少女が集まってたわけですしね。

椎名　まだ女子のスポーツ選手の受け皿が全然ないときだもんね。

玉袋　いまだったらオリンピック目指すような人が、女子プロのオーディション目指してたんだからな。

阿部　だから、いまの若い子ももっと練習しないとダメだよ。俺、このあいだだって怒ったもん。試合前に練習も何もしないでいる子ばっかりだったから。

玉袋　漫才のネタと一緒でさ、毎日やることによって、どんどんどんどん良くなってったりするんだよ。それがなくて、いきなりビッグマッチになっちゃうと、一発勝負のネタになっちゃうんだよな。そりゃ(青空)球児・好児の「ゲロゲ～ロ」はハズさねえよ?ずーっとやってんだから。(テツandトモの)「なんでだろ～」だって、いまだにどこに行ったってウケるっていうからな。

ガンツ　どんな客にも合わせられるようになって。

玉袋　だから安定感があって、何度観たっておもしれえっていう。小人プロレスもそうだったんだよな。たぶん毎日同じようなことやってたと思うんだよ。ネタがこなれていって、ピッカピカの商品になっていくんだよな。

阿部　それがこの商売だからね。

玉袋　あの頃、全国を旅するのも楽しかったんじゃないですか?

阿部　楽しかったよ。それで、あとはカネ貰えれば良かったけどね（笑）。

椎名　レフェリーのギャラが振り込まれないときって、気づかなかったんですか？

阿部　いや、「あとで払う」って言うんだよ。でも、その「あと」がいつかわからぬまま、みんなあの世に行っちゃった（笑）。

玉袋　ワハハハハ！　あの世まで追っかけるわけにいきませんしね（笑）。でも、阿部さんがそれを恨んでる感じがないのがいいね、おおらかな時代というか。

阿部　恨みはしなかったけど、会長が亡くなったときにね、俺も体調が悪くて行けなかったからね。顔だけは見たかったな。あの人に拾ってもらって良かったからな。

玉袋　「拾ってもらって良かった」って言えるんだからな、鳥肌立つね〜。やっぱりベビーフェイスより、極悪だよ。ヒールだよ。何か俺も今後の芸能生活、そうやって生きていこう。

ガンツ　目指せ、芸能界の阿部四郎！（笑）。

玉袋　いま、阿部さんみたいな人いないんだよね。おもしろくてさ、うさん臭くてさ（笑）。

椎名　俳優でもいないですよね。

玉袋　でも、極悪同盟んときの阿部さんの表情とか、映画で言ったら名優でしょ？

椎名　あの体形もいいんですよね（笑）。

玉袋　腹の出方がいいんだよ〜（笑）。

ガンツ　ボクはドクロのベルトが好きだったんですよ。シマシマのシャツに赤いズボン、そしてドクロのバックルっていうのが、「そんなレフェリーいていいのか！」って感じで（笑）。

玉袋　それでレフェリーなのに、ダンプ松本と一緒に入場してきちゃうんだからな。

ガンツ　全然、中立でも何でもない（笑）。

玉袋　コミッショナー、何やってんだって（笑）。

椎名　しっかり2カ月の出場停止と罰金刑を与えてますけどね（笑）。

玉袋　それはやりすぎだろ、デイリーこの野郎！ってな（笑）。

ガンツ　ワールド・ベースボール・クラシックのときに、ボブ・デービッドソンっていう誤審連発の審判いたじゃないですか。あのとき、日本中がヒートしてましたけど、その先がけは間違いなく阿部四郎ですからね（笑）。

椎名　レフェリーの不正がありなんだっていうのが衝撃だよね。

玉袋　だからさ、あの頃の女子プロっていうのは、もちろん主役は女子レスラーなんだけど、阿部さんが名脇役として果たしたエネルギーっていうのは凄かったと思うよ。

阿部　でも俺、あんだけいろいろ騒がれたけど、ポスターに出たこと一度もないから。

ガンツ　そういえばそうですね（笑）。同時期で言うと、新日にマネージャーのワカマツが出たときは、ちゃんとポスターに載ってるのに。

阿部　だから、あれは俺が勝手にやってるだけってことなんだよな。

椎名　勝手にやってるだけだから、ギャラも払わないし（笑）。

阿部　俺なんかあの頃、ダンプと一緒に『笑っていいとも！』に2回出たし、いろんな番組に出たけど、ギャラはみんな会社に入ってたから。

ガンツ　阿部さんは社員でもなんでもないのに（笑）。

阿部　フジテレビのヤツにも「俺のギャラどうなった？」って聞いたら、「ちゃんと振り込んでますよ」って言うんだけど、全部会社なんだよ。そうなると、俺のところまでは届かないから。

玉袋　極悪を雇ってる会社のほうがよっぽど極悪っていうね。凄いブラック企業だよ。「●民」超えちゃってるよ（笑）。

阿部　ダンプと映画やドラマに出たときも、全部会社だったからな。

玉袋　稼ぎをどんどん横取りしていって。全女はまさに山賊（SUN族）だったっていうね。

一同 ガハハハハ！

ガンツ いいオチがつきましたね（笑）。

玉袋 じゃあ、今日の取り調べはこんなところでいいか。

阿部 こんな話で良かった？（笑）。

玉袋 最高ですよ。

椎名 ほんの10年20年前は、デタラメでおもしろかったんだなって思いますよね。

玉袋 だからね、人生の大先輩である本人を目の前にしてアレなんだけど、阿部さんみたいな「いいニオイがする人」っていなくなっちゃったんだよ。昭和の残り香がするような、インチキ臭いおじさん。粘土屋気質っていうかさ。

ガンツ 一筋縄じゃいかない、おもしろいおじさんですね（笑）。

玉袋 ポケベルをワニ皮のケースに入れちゃってるようなさ、ああいうおじさんがいなくなっちゃったよな。阿部さんが持ってる、このオーストリッチのバッグがいいよ。いまオーストリッチが似合う人いねえ。俺も持とう、オーストリッチ。そして俺も阿部さんみたいな、怪しいおじさんになろう！（笑）。

阿部 いや、俺みたいになっちゃダメだよ。家2軒なくなっちゃうから（笑）。

玉袋 ワハハハハ！ そりゃ、キツいな～。いやあ、今日は数々の全女伝説をありがとうございました！全日本女子プロレスに乾杯！

女帝
ブル中野

ブル中野(ぶる・なかの)

1968年、埼玉県生まれ。1983年に全日本女子プロレスに入門。ダンプ松本率いる極悪同盟の一員として活躍する。1988年のダンプ引退後は獄門党を結成し、ヒールとして全女を牽引する立場となる。1990年にはWWWA世界シングル王座を奪取。その後、アジャ・コングとの抗争を繰り広げ、金網デスマッチで一世を風靡する。1993年よりアメリカのWWF(現WWE)に参戦。WWE世界女子王座を獲得する。1997年に現役を引退。現在は東京都中野にて、ガールズ婆バー『中野のぶるちゃん』を経営している。

ガンツ　玉さん、今回は我らがブル様に満を持して登場していただきました。中野さん、今日はよろしくお願いします！

ブル　は～い、よろしくお願いします。

玉袋　うれしいね～！　でも、シラフでブルちゃんの前に来ると、どうも照れちゃうんだよな（笑）。

ガンツ　ボクらが「中野のぶるちゃん」に来るのは、だいたい酔っ払ったあとですもんね（笑）。

玉袋　いつもベロンベロンだよ（笑）。だから、まずは乾杯からいかせてもらおうか。それじゃあ、カンパーイ！

一同　カンパーイ！

玉袋　（ビールを飲み干して）クゥ～、うめえ。中野さんは、引退されて何年ですか？

ブル　18年ですね。

玉袋　もう18年も経っちゃったんだ！　つい、この間みたいな感じがするよ。

ブル　30歳で引退して、いま48なので。

ガンツ　そして、ブル様が**金網のてっぺんから飛ん**[※217]で、もう25年なんですよね。

玉袋　もう四半世紀か！　そりゃ、俺たちもトシ取るよな（笑）。

ブル　でも、25年前の試合を、ファンの皆さんがちゃんと覚えていてくれるのがうれしいですね。

玉袋　そりゃ、忘れらんないよ！　一生忘れねえ。

ブル　ああいう試合は、現役の間に1試合か2試合できたらホントに幸せなことだと思うんですよ。そういう試合がない人もいるわけだから。

ガンツ　後世に残る、自分の〝代表作〟ってことですよね。

玉袋　いま思い返してもドキドキするもんな。しかもさ、クラッシュギャルズやダンプ（松本）ちゃんが引退して、草木も生えなくなってた全女をあれだけ盛り返したんだからね。あの試合は深夜にフジテレビで放送されたの覚えてるけど、テレビの前の人間、全員に衝撃を与えたよ！

ブル　当時、『全日本女子プロレス中継』にはスポンサーがどこもついてなかったので、あの試合もCMがひとつも入ってないんですよ。だから、DVDで観てる感じで観られるんです。

玉袋　ある意味、贅沢な番組だったんだな（笑）。こうやって、深夜に晩酌しながら観る女子プロも好きだったけど、もともとは日曜の午後やってたやつが好きだったね。

ガンツ　昔は月に2回、日曜の午後に1時間半枠とかでやってたんですよね。

玉袋　いいんだよな〜。団しん也とか、鈴木ヒロミツ、松岡きっこなんかが放送席のゲストに来ちゃってね。たぶん、ブル中野の試合を初めて観たのも、お昼のテレビだったたと思うよ。

ブル　私、デビュー2年目からメイン出てましたからね。

ガンツ　10代の頃から（笑）。

玉袋　早え！（笑）。じゃあ、まずは若え頃の話から、聞かせていただきたいね。

中2で非公式デビュー

ガンツ　中野さんは全女入りする前は、どんな生活を送ってたんですか？

ブル　プロレス入るって決まる前は、手芸部でした。

ガンツ　手芸部！（笑）。

玉袋　かわいいな〜。金網を編んでたわけじゃないですよね？

ブル　金網は編まない（笑）。手芸部でエレクトーンも習ってたんです。

玉袋　そりゃ、お嬢様だよ！

ガンツ　それで、プロレスも好きだったんですか？

ブル　プロレスは小学5年生でアントニオ猪木さんに憧れて、最初は女子プロは観てなかったんです。でも、そこからプロレスのことをいろいろ調べるうちに、女子も観るようになって。私が中学2年のとき、ジャッキー（佐藤）さんが大田区体育館で引退式をやったんで、それは録画しましたね。まだタイマー予約ができないデッキの時代なんですけど。
ガンツ　「せ〜の！」で録画ボタンと再生ボタンを一緒に押すやつですよね（笑）。
玉袋　ガッチャンってやつだよ（笑）。そのあとですか、全女に入るのは。
ブル　いや、中1でもうオーディションは受かってたので、半分入ってましたね。
玉袋　中1だったんですか！　中1の女の子をプロレス団体で働かせていいのかよ（笑）。
ブル　募集要項では、15〜18歳までってなってたのに、ウチの母がおかまいなしに応募して、あっちもよく見ないで合格っていう（笑）。
玉袋　年齢ぐらい確認しろよってな（笑）。全女だな〜！
ガンツ　ちょうど、レスラーのなり手もいない時代だったんですかね？
ブル　いなかったですね。ミミ（萩原）さんが半ケツ出して歌ってた頃なので（笑）。
玉袋　女子中学生が「私もリング上で半ケツ出した〜い！」って、あんま思わねえもんな（笑）。
ガンツ　ビューティ・ペア時代が終わったあとの、谷間の時代だったんですね。
ブル　それでもお客さんはけっこう入ってたんですけど、おじさんとか、お年寄り、子どもが中心で、ビューティ・ペアのハッピを着て応援されていた方たちが一切いなくなってましたね。
ガンツ　中野さん自身は、女子プロレスラーになりたくて受けたんですか？
ブル　なるつもりはなかったんですけど、母に「オーディションに行けばデビル（雅美）さんにサインとかしてもらえるんだから」って無理やり連れていかれました（笑）。
ガンツ　お母さんが入れたがったんですか（笑）。
玉袋　当時の親だったら、ホリプロのスカウトキャラバンとかに出すもんだけどな（笑）。

ブル　たぶん私が内気だったし、何にも真剣に取り組んでなかったから、世間のつらさを覚えてほしいっていうつもりで入れたんだと思うんですけど。

ガンツ　戸塚ヨットスクール的な感じですかね（笑）。

ブル　きっと3カ月もしないで、音をあげて帰ってくるだろうって踏んでたんでしょうけど、そこから15年帰らなかったんです。

玉袋　中学生女子が、そっから15年だよ！　途方もないよ。

ブル　一応、義務教育は卒業しなきゃいけないから、卒業後に正式入門というカタチになったんですけど、中2、中3の夏休みには、もう全女の寮に入ってましたから。

玉袋　それは、相当強烈な夏の思い出になっちゃうよ。

ブル　巡業にも連れていかれて、リングを作ったりもしたんですけど、ほとんどはパンフレット売りが私の仕事で。あと、第1試合の前に非公式の試合を、全女の新人とやってましたから。

ガンツ　非公式とはいえ、中2で試合までやってましたか（笑）。そのとき、おいくつですか？

ブル　14歳ですね。

ガンツ　14歳！　あのテリー・ゴディがデビューした年齢と同じですね（笑）。

ブル　でも、ノーギャラなんですよ～。

玉袋　まあ、それは非公式なんだからしょうがない。でも、一度そうやって大人の世界を知っちゃったらさ、二学期に学校戻っても、学校の先生とか凄くチンケに見えちゃうよね。

ブル　そうでしたね。全女では朝から晩まで働きっぱなしなので、二学期に学校戻ったら、「学校ってこんなに楽なんだ」って思いましたから。あと、女子プロレスの内部に入ったことで、テレビで見ていた人の本当の顔というか、「この人、ホントは怖いんじゃん」とか「悪役だけどやさしいんだな」とか、そういうものも全部見えちゃったので。

玉袋　ある意味、それも大人の世界を知ったってことでね。

ブル　何か、ショックでしたよ（笑）。

玉袋　俺もたけし軍団に入ったときがそうだったもんな〜。兄さんの中には、「こんな嫌な野郎だったのか！」っていうのがいたもん。いたっていうか、まだいるんだけどさ（笑）。

ガンツ　残念ながら、たけし軍団に25歳定年制はないですからね（笑）。

玉袋　永遠に居残ってたりするんだよ！（笑）。で、通いの練習生だった中学時代っつーのは、先輩にかわいがってもらえたんですか？

ブル　最初はよくしてもらったんですけど。私、エレクトーン以外に柔道もやってたんですね。なので、前座で新人選手とやったとき、勝っちゃったんですよ。そこからいじめられ始めて。「あんた、いつ入ってくんの？」みたいな。

玉袋　おいおい、手ぐすね引いて待ってるよ。ゾッとするね。女だけの世界でよ。

ガンツ　それはすぐ上の先輩なんですか？

ブル　残っていれば1コ上の先輩だったんですけど、私が正式に入門したときは、もう辞めてましたね。ああいう、せこい性格の人は辞めちゃいますよ。

ガンツ　せこい性格（笑）。

先輩の残り物を漁って

玉袋　でも、正式入門ってことになると、通い時代とは比べものにならないくらいつらかったんじゃないですか？

ブル　そうですね。私はケンカやスパーリングは強かったんですけど、運動神経は鈍いほうだったんですよ。だから、一応同期になる**小倉由美**[※218]、**小松美加**[※219]、**永友加奈子**[※220]は運動神経が凄く良かったので、あっという間に抜かされて。スパーリングは一番でも、走ったりとか基礎体力はいつもビリで。プロテストもなかなか受からなくて、3回目に補欠でやっと受かったんです。

玉袋　新人時代っていうのは、松永会長とお話しする機会とかあるんですか？

ブル　ありましたよ。会長が毎日教えてくれていたので。

ガンツ　へ〜、会長が直で教えてくれる時代だったんですね。

ブル　でも、会長が何でも教えてくれちゃうので、あとで痛い目に遭ったんですよ。

ガンツ　どういうことですか？

ブル　全女では「この技はこの人の技」っていうのが、しっかり決まっていて、他の人、ましてや新人は絶対に誰かの技を使ってはいけなかったんですよ。でも、そんなことは知らなくて、デビュー前に前座でエキシビションマッチをやったとき、ド新人なのに会長に教えてもらった技をどんどん使ったんですよ。アトミックドロップとか、あとダンプさんの技である体当たりとか。そしたらもう、控え室に戻ったあと、ケチョンケチョンにやられました。

玉袋　うわ〜、こえ〜！

ガンツ　知らずに先輩の技を使ったら、リンチが待っているという（笑）。

ブル　しかも、先輩方は会長に「あんなの絶対にデビューさせちゃダメですよ」とか、言ってるんですよ。

玉袋　先輩のかわいがりは怖い！

ガンツ　会社が決めることより、現場のことは選手間で脈々と受け継がれてきた先輩・後輩の〝掟〟のほうが重要なんですね。

ブル　そうですね。白いものも先輩が黒と言えば黒ですから。

玉袋　全女だと新人は、先輩のペットの犬より位が下だもんね(笑)。

ブル　そうですね。だいぶ下です（笑）。

玉袋　犬以下なんだから、凄え世界だよ。

ブル　それでみんな、夜になると寮の下にある公衆電話で、家に電話して、「もう帰りたい……」って泣いてるんですよ。

玉袋　そりゃそうだよ、逃げたくもなるよ。

ブル　私も1回だけ「もうダメだ」と思って、「帰りたい！」って親に電話をしたんです。それまでは電話で話しても「うん、大丈夫だよ」って意地を張ってたのが、「帰りたい」って言い出したんで、お母さんが「すぐ帰ってきな！」って言ったんですね。逆に「何言ってるの、がんばりなさいよ」って言われたら逃げていたと思うんですけど、「すぐ帰ってきな！」って言われたら、やっぱり帰れないと思って、そこはとどまりましたね。

ガンツ　「帰ってきな！」と言われたことで、心配かけたくないと思ったわけですか。

ブル　そうですね。あと、自分には帰るところがまだあるんだと思ったんで、ギリギリまでもう一度がんばろうって。

玉袋　そっからまた、旅（巡業）が始まるわけだもんな。新人時代、日記とかはつけていたんですか？

ブル　日記を書く余裕はなかったんですけど、とにかく巡業中は配られたスケジュール帳を毎日塗りつぶして、「ああ、今日もやっと終わった。あと何日だ、早く帰りたい」って感じでしたね。

玉袋　それ、刑務所で壁に棒線を引いてる囚人と一緒だよ！（笑）。巡業中はテレビなんか観る暇もなかったんですか？

ブル　なかったですね。地方だと当時はコンビニがないから、試合が終わると食べるところを探すのもひと苦労で。あと新人の頃は、ホテルじゃなくて旅館の大部屋だったので、ご飯も宴会場みたいなところでみんなで食べるんですよ。そうすると、先輩のおかわりをやらなきゃいけないから、自分たちが食べる暇がなくて。先輩が食べ終わると、今度はお風呂の順番を回すっていう仕事があって、全員入り終わるまでお風呂場で待ってなきゃいけないんですよ。それで結局食べられず、新人はどんどん痩せていくという（笑）。

玉袋　身体作らなきゃいけねえ時期に、食う時間もねえんだ。つれえ！

ブル　だから先輩がバスに残していった食べ物をこっそり食べたりとか、ゴミ箱に捨てたものを食べるとかそういう感じで。

ガンツ　ゴミ箱漁って、食べ物を探してましたか！

玉袋　スラムでネズミ食ってた、ロード・ウォリアーズと変わらないよ！（笑）。

ガンツ　しかも、こっちはリアルですからね。

全女ルールブック

玉袋　そういう縦社会の習いっていうのは、全女の創成期の頃からあったんですかね？

ブル　だんだん、作られていったんだと思いますね。昔の先輩に聞くと、「そこまでは厳しくなかったよ」って言うんで。やっぱり、ビューティとかクラッシュのブームの時の新人が一番大変なんですよ。そのときに、いろんな決めごとができちゃうので。

玉袋　ブームのたびに、厳しいほうに〝憲法改正〟されちゃうわけだな。

ブル　だから私がトップの頃、新人が入ってくると、ノートを渡されてましたよ。「これが全女のルールだから」って、そのノートにいろんな掟が書いてあったみたいで（笑）。

ガンツ　裏の全女ルールブックですね（笑）。

ブル　「ノートに何て書いてあったの？」って聞いたら、「先輩とは絶対に目を合わせてはいけない」「先輩が話しているときに目を見てはいけない」とか、「〝はい〟、〝ありがとうございます〟しか言わない」とか細かく書いてあって、びっくりしましたね（笑）。

ガンツ　いちいち口で教えるのが面倒だから、その頃には条文化されていたんですね（笑）。

玉袋　まさに〝押しつけられた憲法〟だな（笑）。でも、年間250大会ぐらいやってたら、基本的にオフなんかはないんでしょ？

ブル　ないですね。

玉袋　じゃあ、数少ない休みのときは何をしてたの？

ブル　練習と、あとは先輩のガウンの洗濯とか、そういう仕事ですね。

玉袋　そういう日々からいつ解放されるのかも、わからないわけだもんね。それに耐えられたっていうのは、何なんだろ。

ブル　当時は全女しかなかったので、ここで辞めたらプロレスが一生できないっていうのと、あとやっぱり「プロレスラーになるんだ」って言って東京に出てきたので、有名になるまで地元には帰れなかったですね。

ガンツ　途中で帰ったら、「中野さんちの子、逃げて帰ってきたよ」ってことになっちゃいますもんね。

玉袋　ご近所や周囲の目もあるし、地元帰ったら同級生なんかにも会っちゃうだろうしな。

ガンツ　ご近所の目という意味では、極悪同盟に入ったときも、相当つらかったんじゃないですか？

ブル　もう、みんな手のひら返しでしたね。地元の友達とか知人、親戚なんかもみんなデビューの時は応援してくれて、水着を買ってくれたりしてたんですけど、極悪に入ったら、「何でこんな悪役になっちゃったの！」って凄かったですね（笑）。

ガンツ　なりたくてなったわけじゃないのに（笑）。

ブル　あの頃、「悪役での人気がある」みたいなことは、ありえなかったので。悪役になったら最後、世間に顔向けはできないし、家族も白い目で見られるし、地獄みたいな感じだったんですよね。

ガンツ　〝ヒールターン〟なんて甘いもんじゃなくて、〝悪人〟、〝嫌われ者〟になるわけですもんね。

玉袋　それまで苦しい新人時代に応援してくれた人まで、みんな手のひら返されるって、これまたつれえな〜！

ブル　悪役になる前は、ファンの子もちょっとずつ増えてきて、交換日記をやったりとかしてたんですけど(笑)。

玉袋　ファンと交換日記！　LINEなんか、ねえ時代だもんな。

ガンツ　新人時代、自分にファンがついたときは、うれしかったんじゃないですか？

ブル　初めてファンレターが事務所に来たときは、もうれしくて、ずっと取っておきましたね。

玉袋　だよな〜。そういうのが、苦しい修行時代の支えになるんだよ。

ブル　でも悪役になると、それがピタリとなくなりますから。ベビーフェイスはいろんな差し入れがもらえて、食べる物も着る物も貰えちゃうんですけど、悪役には一切ないですからね。

玉袋　当時、悪役になるっつーのは、シャバとの縁を切るようなもんだったんだろうな。全女というと、先輩たちに派閥があったって言われますけど、中野さんの時代はどうだったんですか？

ブル　私の頃は、ジャガーさん派とデビルさん派ですね。で、クラッシュができてからは、チコさん（長与千種）派、トモさん（ライオネス飛鳥）派、ダンプさん派で。

ガンツ　リング上では、ベビーフェイスと極悪の2派の対抗でしたけど、実際は3派に分かれていたという（笑）。

ブル　クラッシュさんの対立のほうが、むしろ激しかったかも(笑)。

玉袋　まあ、そうなんでしょうね。昔の資料をあたるかぎり、かなりの対立だったみたいですからね(笑)。

ブル　新人が入ってきたらすぐに、「誰のファンなの？」って聞いて、自分のファンじゃなかった人はもう無視されるっていう世界なんですよ。ホントにこの3人の名前のどれかを言わないと生き残っていけないんです。

玉袋　候補者は3人だけ！　ほかの〝泡沫候補〟に

投票したら、居場所がねえわけか〜。

ガンツ　でも、その3人だけだと、ダンプさんに憧れて入った人って、ほとんどいないんじゃないですか？

ブル　たまにいるんですよ。そういう子は、めっちゃめちゃかわいがられますね。

ガンツ　逆にアジャさんは、極悪入りしたあとも長与千種信者の心が消えてないことがバレてて、ダンプさんに嫌われてたんですよね（笑）。

ブル　悪役は、会社から「おまえ、極悪に行け」って言われるので、そうなっちゃうんですよね。

ガンツ　長与千種みたいになりたくて全女に入ったのに、会長に「おまえがベビーフェイスのわけねえだろ！」って言われて（笑）。

玉袋　アジャさんにも、そういう暗い過去があるんだよな〜。それがいまや、ワハハ本舗所属で明るくやってるんだから、えらいよ！

人気稼業の非情な世界

ガンツ　中野さんの場合は、ダンプさんからドラフト1位的な感じで、極悪に引っ張られたんですよね？

ブル　そうなんですよ。ダンプさんは、もともとク※221レーン・ユウさんと組んでたんですけど、あまり仲が良くなかったので、私を引き入れようと思ったんじゃないかと思います。

玉袋　その仲が悪かった理由っていうのは？

ブル　完全に同期だからですね。やっぱり自分が絶対に1番じゃなきゃ嫌で、同期だと張り合っちゃうから。それはクラッシュさんも一緒だったと思います。

ガンツ　クラッシュも極悪も、パートナー同士で「どっちが上か」ってことで仲が悪くなってたわけですか。

ブル　クラッシュの場合、タッグ結成前は凄く差が開いていたんですよ。飛鳥さんは、〝ジャッキー2世〟と呼ばれて、ほとんどメインに出てて。で、長与さんは1試合目、2試合目で、後輩の私たちと試合をしてたんです。それがクラッシュを組んだ瞬間、長与さんがガーッと上がっていっちゃって、最後は抜いちゃったじゃないですか。その完全に抜く前の、抜くか抜かないかのときに大ブームになってるから、どっちも気が気じゃないみたいな（笑）。

ガンツ　あのブームの真っただ中に、パートナー同士でバチバチのライバル抗争が裏であったんですね（笑）。

ブル　で、ダンプさんは、ジャッキーさんに憧れてたのに悪役にさせられて、〝ジャッキー2世〟と呼ばれた飛鳥さんには相当なライバル意識を持っていたようですからね。

玉袋　全女では、そういった個人の感情を松永兄弟がコントロールして、わざと仲違いをさせて、それをマッチメイクしていったという話を聞いたんですけど、実際にそうだったんですか？

ブル　そうですね。時間差で事務所に呼びつけて、「あいつがこういう悪口を言ってる」って（笑）。

玉袋　焚き付けだよ（笑）。新人で入ってきた少女はさ、そりゃ純真だから。

ブル　信じちゃいますよね。

玉袋　信じちゃうよな〜。

ブル　そこでもう、「あいつなんか！」ってなっちゃうから。「ホントに言ったの？」って、本人に聞く暇もないんですよ。すぐに試合が組まれちゃうから。それでお互いが全然話をしなくなっちゃって、その対立がリングからも見えたから、それが良かったんでしょうね。

ガンツ　中野さんは、ダンプさんとクレーン・ユウさんが、完全に割れる瞬間も見てるんですよね？

ブル　はい、あのときはセコンドにいたので。

ガンツ　ダンプさんとユウさんが、極悪同士のシングルマッチをやったんでしたっけ？

ブル　そうですね。「ジャパングランプリ」という総当たりリーグ戦で、年に一度だけ悪役同士もあたるんですよ。それで試合前、ダンプさんに「俺のセコンドにつけよな」って言われて。

玉袋　「俺」なんですね（笑）。

ブル　ダンプさんに言われたら、もう「はい！」しか言えないんで。それでクレーンさん側には誰がつくのかなと思ったら、ほぼ全員がダンプさんについていたんですよ。

玉袋　うわ〜、それはちょっとクレーンさんに同情するな。

ブル　本当にかわいそうな辞め方でしたね。

ガンツ　仲間割れで極悪同盟追放になって、そのまま引退なんですよね？

ブル　そうですね。何もなく突然引退させられて。

ガンツ　組を破門になった者は、この世界では生きていけない的な（笑）。

ブル　それで会長が「おまえ、レフェリーをやれ」って。

ガンツ　それまでダンプ松本と並ぶ、極悪同盟のツートップでやっていたのが、翌週からは縞模様のシャツ着てレフェリーになってるっていう（笑）。

玉袋　残酷だな〜（笑）。いやあ、それはヒリヒリするわ。

ブル　結局、ダンプさんが引退したあと、マスクを被って悪役にカムバックするんですけど、そのときはもう私が上になってるので、クレーンさんは後輩扱いになっちゃうんですよ。それも大変でしたね。

ガンツ　ダイナマイト・ジャックに改名してましたけど、中野さんの子分的立場でしたもんね。

玉袋　元先輩の上になったときの気持ちはどうだったんですか？

ブル　そのときは、自分がトップでやってきたという気持ちがあるので、「いまクレーンさんが戻ってきても、仕事に関しての流れは全部自分が決めなければいけない」と思ってました。でも、クレーンさんも「ブルちゃんの好きなようにしていいよ」って言ってくれていて。そういうやさしい人だったからナンバー2だったのかなと。

ガンツ　全女という弱肉強食の世界で、そこまで我が強くなかったんですね。

玉袋　だけど悪役になったからには、甘さは捨てなきゃいけないっていうね。甘さどころか、自分の人生だって、いったん捨ててるようなもんなんだから。

極悪同盟でブレイク

ブル　実際、私は「悪役になれ」って言われたとき、「人生終わった」と思いましたからね。

ガンツ　それぐらい過酷な宣告で。

ブル　やっとプロになれて、その年の最後の後楽園で同期に勝って新人王になったんですね。それで「やったー！　来年もがんばろう！」って思ってたのに、その直後に「悪役になれ」って言われたときは、もう天国から地獄に落ちた感じでした。

ガンツ　それで髪も半ハゲに切られて。

玉袋　それが17歳だろ？　まいっちゃうよな～。地元に帰れば、みんな恋なんかしちゃってる頃にさ。

ブル　中学時代の友達に電話したら「デートで映画見に行った」とか言ってましたからね。

ガンツ　でも中野さんも、当時彼氏がいたんですよね？

ブル　はい、頭を剃る前ですね。吉川晃司に似てたファンの子と付き合っていて（笑）。

ガンツ　吉川晃司に似たファン（笑）。

玉袋　17歳ですでに三禁を破ってたわけだな（笑）。

ブル　私も中学を卒業してすぐに入門して、当時はウブだったので、「好きだ！」って言われると、あっちはプロレスラーとして好きだったのかもしれないですけど、「あっ、好きなんだ」って思っちゃって。その人は九州の小倉に住んでたんですけど、巡業で九州に行くたびに会えて、もうれしいみたいな

（笑）。

玉袋　そういう淡い恋も、全部刈っちゃったわけだな。

ガンツ　仏門入りですよね。

玉袋　ホント！　瀬戸内寂聴だよ！

ブル　それで剃ってからすぐ嫌われたというか、自然消滅で。そしたら、しばらくして私の同期の子と付き合ってたので、びっくりしました（笑）。

玉袋　単なる女子プロレスラー好きの男じゃねえかよ！（笑）。でも、悪役で生きていくって決めて、頭も刈ってるわけだから、吹っ切れていいかもしれないけどね。

ガンツ　でも、当時もの凄く奇抜だったあの髪型、いまや**中邑真輔**[※222]が受け継いでますよね。

ブル　いまは、みんなファッションでやってますからね（笑）。

玉袋　みんなブル中野から30年遅れてるってことだよ！（笑）。でも悪役になってからは、昔の同級生なんかよりお米（お金）は、だいぶもらってたんじゃないですか？

ブル　ダンプさんと組ませてもらってから、試合以外にバラエティとかドラマにも出させてもらっていたので、月70万～１００万くらいはもらってましたね。

玉袋　デビュー2～3年でそれは凄い！　その稼ぎっていうのが、ひとつの支えだったのかもね。

ブル　でも、買い物する時間もなかったので、ずっと貯金してる感じでしたね。初めてのお給料から、父と母と私と妹のぶんの通帳を4つ作ったんですよ。そこに毎月１０００円ずつ入れていたんです。そこからだんだん額を多くしていって、いつか両親や妹にあげようって。

玉袋　いい話だな～！　どこが極悪なんだよ（笑）。ホントに善良で、親孝行ないい娘だよ～！

ガンツ　ダンプさんもプロレスで稼いだお金で、お母さんに家を買ってあげたんですよね。

ブル　そうですね。ダンプさんの稼ぎは桁が違ってて、いつも給料袋が立ってましたからね。しかも、それが3本！　たぶん、３００、３００、３００ですよ。

玉袋　うおっ、月に９００万か！

ガンツ　それが30年前の話ですからね。

玉袋　立たせてみてぇな〜！

ブル　途中から振り込みになったんですけどね。

玉袋　でも、10代だったブルさんにとって、ダンプさんと組んで、ドラマの現場に行けたりするのは、うれしかったんじゃないですか？

ブル　そうですね。ホントにテレビで観てる人が目の前にいるので、緊張して話すこともできなかったんですけど。

ガンツ　中山美穂とドラマで共演ですもんね。

玉袋　『毎度おさわがせします』だな。

ブル　美穂ちゃんもたぶんそのときにデビューしてるんですよね。あと、ピンク・レディーのＭＩＥさんもいらして、「ＭＩＥちゃんだよ！」みたいな（笑）。

ガンツ　極悪メイクの下で、ときめいてましたか（笑）。

ブル　で、**影かほる**[※223]と私でキャーキャー騒いでたら、ダンプさんからの命令で、「それならドラマが終わるまでにＭＩＥさんを食事に誘え」って言うんですよ（笑）。まだ、私は18歳でそんな大人の人を食事に誘ったりなんてしたことないし、しかも相手は大スターだし、だけどやらなきゃダンプさんに怒られるし。

玉袋　先輩は無理難題を言うんだよな（笑）。

ブル　それで、少しずつ近づいて、勇気を出して「お食事とか行きませんか？」って言ってみたんですよ。そしたら「何の料理が好きなの？」って聞かれて、「何でもいいです！」って言ったら、「私はフレンチが好きだわ」って。それで「じゃあ、ぜひ！」って言って。結局、「約束だけは取りつけました！」って報告したんですけどね（笑）。

玉袋　いい話だな〜。でも、当時の忙しさで言えば、極悪同盟のほうが、〝全盛期のピンク・レディー状態〟だったわけだからね。

ガンツ　年間250試合の巡業の合間に、芸能の仕事がびっちり入ってるわけですもんね。

ブル　地方から飛行機に乗って東京でテレビに出て、すぐトンボ返りとか、よくありましたからね。

玉袋　自分がいま、どこにいるのかもわからなかったと思うよ。

ブル　関東とか、2〜3時間で行けるところは日帰りなんですけど、ダンプさんは試合が終わると「すぐ帰るぞ！」ってタクシー乗って、新宿二丁目に直行するんですよ。それで朝まで一緒に付き合わされるんで、東京にいるときのほうが大変なんですよ。

ガンツ　その忙しさで、朝まで飲んでましたか。

ブル　私もダンプさんからお酒を教わったというか、とにかく飲まされて「吐きながら覚えろ！」って（笑）。

玉袋　恐るべし！（笑）。

ガンツ 当時は、とんねるずの「一気！」が流行ってる時期ですしね（笑）。

ブル だから、ヘネシーをアイスペールに注ぎ込んで、それを全部飲まなきゃいけないとか。そういう時代でしたね。

玉袋 ダンプちゃんもストレス溜まってただろうから、そういうことでしか発散できなかったんじゃないのかな。

ガンツ 普段はヒールとして、笑顔すら見せられなかったわけですからね。

ブル また、飲みにいくと、酔っ払って「あ、ダンプ松本だ！」とか、絡んでくるのがいるんですよ。そのときは私たちが守らなきゃいけないんだけど、相手は酔っ払いだから、私も怖いんですよ。一度だけ外国人の方が「ダンプ！ ダンプ！」って絡んできて、シカトしたらビール瓶をバーンと割って「この野郎！ 殺すぞ！」みたいな感じで来て、「ヤバイ！ ダンプさんを守れない……」って思ったんですけど、何とかみんなで走って逃げたり。

玉袋 リングを降りても、悪役のイメージを崩せねえんだもんなあ。異常な全女の中でも、ヒールってのは、また特異な存在だよ。

ブル でも、悪役になれたので、若くしてメインイベンターにもなれたし、良かったですよ。ダンプさんに取ってもらったあと、「ここでしか生きていけないんだな」って、覚悟も決められたし。

仁義なき世代交代

ガンツ しかも、いまとなっては、いろんな方が語られていて、ファンも知っていることですけど、当時はいわゆるピストル、完全実力主義の時代だったんですよね？

ブル はい。ピストル（シュート）でしたね。

玉袋 ピストルだよ〜！ 全女はみんなが懐に〝チャカ〟を持ってるっていうね。ある意味、〝仁義なき戦い〟だから。
ガンツ　中野さんは新人王で、全日本ジュニア王者だったから、それは実力で取ったわけですよね。
ブル　そうですね、はい。
玉袋　それは、松永兄弟に「明日、ピストルだからな」って、言われるんですか？
ブル　というか、タイトルマッチはすべてピストルなんですよ。ジャガーさんとデビルさんのWWWAシングルもそうだったんで。それが、クラッシュさんになってから、そうもいかなくなったんですけど。
ガンツ　クラッシュがへんなところで負けるわけにいかないですもんね。それにしても、頂点のベルトであるWWWAシングルまでピストルって、凄いですね（笑）。
ブル　で、俊マネージャー（松永俊国）はジャガーさん、国マネージャー（松永国松）はデビルさん側だったので、どっちがレフェリーをやるかで、これもまた揉めるんですよ（笑）。
ガンツ　どちらかに肩入れしたレフェリングをするのは、阿部四郎さんだけじゃなかったんですね（笑）。
玉袋　利害関係のない、阿部四郎が一番公平だよ（笑）。
ブル　それでジャガーさんとデビルさんのシングルのときは、俊マネージャーがレフェリーで、ジャガーさんが勝ったんです。それでデビルさんが試合後、リングサイドを歩きながら「もう引退してやる！」って怒ったんですよ。またフォールの時、反対側から見ると、カウント2で肩が上がってるように見えたりして（笑）。
ガンツ　疑惑の3カウントがありましたか（笑）。
ブル　結局、デビルさんは辞めませんでしたけど、ジャガーさんが負けてたら、そこで引退してたかもしれないですね。
玉袋　そしたら、ジャガーさんも**木下**※224（**博勝**）先生を捕まえられなかったかもしれねえな（笑）。
ガンツ　〝ピストル〟っていうものがあるっていう

のは、新人時代に教えられるものなんですか？

ブル　新人は毎日ピストルなんですよ。

ガンツ　毎日！（笑）。じゃあ、新人時代は全部シュートで、しばらくしてから、いわゆるプロレスを覚えていくわけですか。

ブル　そうですね。初めはすべてピストルで、勝った人は次の日も試合に出られて、負けた人は試合がないんです。

ガンツ　そうなると収入も変わってくると。

ブル　はい。新人は1試合3000円で、試合数もそうですけど、負けると半額の1500円になっちゃうので。

ガンツ　勝ったほうが負けたほうの倍もらえるって、完全にいまのUFC[※225]と同じシステムですね（笑）。

玉袋　ホントだよ。UFCを30年先取りしてるよ！（笑）。よくできたシステムだよな。

ブル　昔のレスラーは、片親の人が多かったんですよ。だから、みんなハングリーで「お母さんに家を買ってあげよう」とか、そういうモチベーションでやっていたので、ギャラは大事でしたね。

玉袋　昔は芸能界もみんなそうだしね。でも、ブルさんはそういう世界で頂点に上り詰めるんだから、やっぱり凄いですよ。

ガンツ　ただ、ブルさんは十代でピークを知って、その後、会社の経営がいちばん大変なときにトップになってしまったわけですよね。

ブル　恥ずかしかったですね。全部、トップである自分のせいだって思ってましたから。クラッシュやダンプさんがいなくなったら、お客さんが全然いなくなって。観客が50人とか、いちばんひどいときには18人のときとかありましたからね。スタッフのほうが多いじゃんっていう（笑）。

ガンツ　でも、クラッシュやダンプさんが急にいなくなったら、客が減るのは会社もわかってたと思うんですけど、それでも定年制が優先されたんですか？

ブル　いや、それ以前に選手間でけっこう追い出しにかかってましたね。

玉袋　出た～！　仁義なき戦い！　凄えよ！

ブル　トモさんが「歌をやめる」って言い出した頃、試合に来なかったりいろいろ問題があったんですよ。

玉袋　伊藤さやか時代ですよね。

ブル　その試合に来ないってことで、まず後輩を含めたみんなの信用を失って。他に残っていた先輩も一時期、そういうことがあったから、その頃にはもう先輩扱いしなくなってたんですよ。それで現場では私が一番上になって、練習とかも仕切るようになってたんで、下の子は私の言うことを聞くようになってたんです。

ガンツ　クラッシュ時代の末期から、内部はブル中野政権になり始めてたんですね。

ブル　だから、たまにその先輩が来て、「今日は練習休みにして、プールに行くよ！」みたいに言っても、私が「練習やるよ」って言うと、みんな練習に来て、プールに行ったのはその先輩と新人2～3人とか（笑）。そういう状態だったんですよね。

玉袋　サル山と一緒だよ。ボスの座を奪われたら居場所がなくなるっていうね。

ガンツ　実際、そういう立場になると、全女はどんなスター選手でも露骨に肩たたきが始まるんですよね？

ブル　そうですね。デビルさんが辞められるときは、それまでずっとメインだったのに急に2試合目になったんですよ。

ガンツ　あのデビル雅美が、前座第2試合！

玉袋　あからさまだな～、全女っつーところは。

ブル　その姿を見て、「辞めるときは、会社にこういうふうにされちゃうんだね」ってセコンドについてる新人が思うわけですよ。ある意味、惨めな姿をさらさせて、辞めざるをえなくする。

玉袋　それはもう北朝鮮だよ。粛清に近い！

ガンツ　恐ろしいですね～（笑）。

玉袋　だけど、それは金正恩の恐怖政治じゃないんだよ。そこにはちゃんとした権力闘争、世代闘争があるっていうね。
ガンツ　ある意味、ダンプさんや、クラッシュが早く引退したのは、そういう扱いになる前に辞めてしまえっていうのがあったんじゃないですかね。
玉袋　イメージが落ちねえように、トップのうちに引退するっていうね。
ブル　だから私は、その先輩3人の誰にも勝たないうちに、引退されてしまったんですよ。それが悔しくて。
ガンツ　変な話、大スターの人たちって、自分たちが辞めたら、団体自体が終わってもいいぐらいの気持ちがあったんじゃないですかね。
玉袋　やり逃げだよな。
ガンツ　自分がトップだったという事実だけが残ればいいみたいな。
ブル　ホントに潰れてほしいと思ってたんじゃないですか（笑）。
玉袋　それはトップの人にありがちだよ。
ブル　やっぱり、いつまでも自分が一番でいたいと思っていたでしょうしね。

アジャ・コングとの死闘

ガンツ　で、実際にその3人が一気に辞めて、お客が減って、荒野のようになったところから、中野さんが一座を率いることになって（笑）。
玉袋　そうだよな〜。でも、ブル中野一座は凄かった！
ガンツ　中野さんは当時、四六時中、お客さんを会場に呼ぶことを考えてたんですよね？
ブル　そうですね。クラッシュさんがいた頃は、何をやっても沸いてたんですけど、これからはお客さんを何としてでも惹きつける試合をしなきゃ絶対にダメだっていう思いがあったので、もう大変でしたね。

玉袋　あの頃のブル様の一途さは、たぶん岩をも通すじゃないけど、興味もねえヤツの首根っこを捕まえてでも、こっちに振り向かせてやるっていうイズムだったんだよね。

ガンツ　実際、そこから徐々に、新しいファンが増えていったんですよね。

ブル　そうですね。それはアジャたちが**ユニバーサル**[※226]に出たのがきっかけというのが、自分としては悔しかったんですけど。そこに来てくれたお客さんを、絶対にウチらでキャッチしてやるっていう感じですよね。

玉袋　しかも、そっからブルさんとアジャさんが割れて、抗争が始まるっていうね。

ブル　まさかアジャとあんなに憎しみ合って闘うようになるとは思ってなかったんですよ。アジャはダンプさんにいじめられてた頃からかわいがっていたので。でも、アジャが出てきて良かったです。それまで、ベビーフェイスでも海狼組（北斗晶&**みなみ**[※227]**鈴香**）がダメで、ファイヤージェッツ（**西脇充子**[※228]**&堀田祐美子**[※229]）もダメだったし、西脇&**メドゥーサ**[※230]の日米美女コンビもダメで、もう私の相手がいなかったんですね。そこにアジャが出てきてくれて、あそこまで憎いと思った選手はこれまでいなかったので。

玉袋　憎しみ合ってたよな〜。ビンビンに伝わってきたよ。

ブル　アジャは3年も後輩なんですよ。それでも本気にさせてくれたし、凄かったし、強かった。「今日殺さなかったら明日殺されるな」って思ってたくらいなので（笑）。

玉袋　ちょっと前まで、一番かわいがってた先輩と、殺し合いみたいなことするって、アジャさんも凄えよな。きっと、「何で私たちがやり合わなきゃダメなの？」って思ってるよ。

ブル　でも、そこも会長が別々に呼んで、「アジャがおまえのことを辞めさせるって言ってたぞ」とか言って。

玉袋　でた、焚きつけだ！
ブル　あっちにも同じようなことを言ってたって、あとでわかったんですけどね（笑）。
玉袋　でも、その煽りが効いてたね、感情が全部出てたもん。
ブル　それが全女だし、松永兄弟が全女なんですよね。
ガンツ　そして、ブルさんとアジャさんが完全に仲違いしたあと、その翌月には1回目の金網デスマッチが組まれたんですよね。
玉袋　ギロチンで金網のてっぺんから飛び降りる、前のヤツか。
ブル　そうですね。大宮スケートセンターでやって（1990年9月1日）。でも、金網なんてやったことないし、観たこともないので、どうやっていいかまったくわからなかったんですよ。
ガンツ　それもあって、1回目の金網は失敗だったんですよね。
ブル　1発目はもう最悪で、ブルドッグKTがレフェリーやって。
ガンツ　いまの外道さんですね。
ブル　外道さんがアジャに加担して、アジャが勝ったんですけど、そんな結末だったし、金網なのに普通と変わらないような試合やっちゃって。お客さんが怒って、初めて「カネ返せ！」コールが起きてしまって、大変でしたね。
ガンツ　ちょうど、男のプロレスファンが一気に増えたところだから、「カネ返せ！」コールとかやっちゃうんですよね。
玉袋　当時の男のファンっつーのは、新日本の蔵前とか両国で暴動起こしちゃう、どうしようもねえのばっかりだから！　俺がそうなんだけどさ（笑）。
ガンツ　玉さんは、たけしプロレス軍団のときは、たけし軍団の下っ端なのに、「カネ返せ！」って叫んでたんですよね？（笑）。
玉袋　そうだよ。「ガダルカナル・タカ、引っ込め！」

とか、普段言えねえことを、どさくさに紛れて言ってたね（笑）。

ブル　でも、その「カネ返せ！」コールが自分の中では本当にショックで。この悔しさを絶対に忘れないようにしようと、部屋中、トイレの中まで、嫌いなアジャの写真を貼りまくって、毎日、金網での再戦のことを考えるようにしてましたね。

玉袋　凄えなあ。そこまでやるのが、ブル中野なんだな。

ガンツ　そしてその2カ月後、11月14日の横浜文化体育館で、アジャさんとの金網再戦が組まれるんですよね。

ブル　会社的には私がそこで負けて、これからアジャの時代っていうのを考えてたみたいなんですよ。でも、実際にやってみたら、最後は大「中野」コールになっちゃったので、会社の考えと違う時代が始まったんですね。

ガンツ　じゃあ、あそこで中野さんがお払い箱になる可能性が高かったんですか？

ブル　いつも、ひしひしと思ってましたよ。

ガンツ　肩たたきをしようとする足音が（笑）。

玉袋　でも、そのときって孤独でしょ？　自分で背負うだけ背負って、追い込むだけ追い込んで。

ブル　アジャには**バイソン**[※231]**（木村）**という仲間がいましたけど、私には後輩はいてもパートナーがいなかったので。だから、私が勝ったときは、セコンドについた後輩の**（井上）**[※232]**京子**とか、**渡辺智子**[※233]は本気で喜んでましたよ。「これで**獄門党**[※234]はまだなくならない！」みたいな。もし、これで私が辞めちゃったら、あの子たちは行き場がないから。どこでどう晒されるかわからないっていう。

ガンツ　うわ〜、派閥の親分がいなくなったら、下の人の居場所までなくなるわけですか。

ブル　それこそ、どっかのグループの、また一番下からやっていかなくちゃいけない（笑）。

ガンツ　恐ろしい世界ですね。だから、すべてを背負って、金網のてっぺんからギロチンで飛び降りたと。

ブル　だからあの試合が終わったとき、私はリング上でおしっこを漏らしちゃったんですよ。本当に凄いプレッシャーだったんで、「良かった……。まだ生きていける。まだ辞めなくていい」って、安心しすぎて。

玉袋　凄い試合があったもんだよ。最近は金網のオクタゴンでしか感動できなくなってたんだけどさ、こっちの四角の金網は、ある意味もっと凄え。オクタゴンはスポーツになりすぎちゃってる部分があるけど、こっちはそれを超えて、人間ドラマが渦巻いてる。すべてを背負いこんで飛び降りたから、怖いものがなくなっちゃうのだろうな。そりゃ、失禁するよ。俺なんか、テレビの前で失禁しそうになってるんだから！

ブル　アハハハハ！

玉袋　あんなことができたレスラー、男でもいねえよ！

ガンツ　しかも、アジャさんとの抗争はそこからさらに続いて激化していくわけですからね。

玉袋　タッグで髪切りマッチやったりとかな。

ブル　そのあと2年間、アジャとは毎日ずっとやってましたね。

玉袋　毎日死闘を展開だよ。『お笑いウルトラクイズ』の沖縄でもやったしな（笑）。

ガンツ　では、最後アジャさんに負けて、ベルトを明け渡したときは、どんな気持ちだったんですか？

ブル　「もうこれで終われるかな」っていう感じですね。私は抗争が始まってから「ひとつも手を抜くことなく、アジャが勝ってくれるまで、絶対に高い壁になろう」と思って、闘い続けていたので。

ガンツ　超えられるなら、最強のブル中野として超えられてやると。

ブル　はい。私は先輩に誰ひとり勝てずにトップになってしまったから、ずっと自信が持てなかったんですよ。そんな思いを後輩にはさせたくなかったので。本当に超えられるまで、絶対に負けるまいと思ってました。だから定年制もやめさせて。

ガンツ　25歳定年制は、ブル政権が続いたことで取り払われたんですね。

玉袋　いや～、ホントにすげえ大河ストーリーだよ。もうNHKの朝ドラでやるべき！

ガンツ　連続テレビ小説『ぶるちゃん』で（笑）。

玉袋　『あまちゃん』を超えられるのは、『ぶるちゃん』だけだよ！　だってよ、どんな脚本家でも書けない人生じゃん。しかも、リアルであり、ドキュメンタリーでありながら、客前で物語を紡いでいくっていうね。プロレスって凄えなって、あらためて思うよ。

WWEの女王に

ガンツ　でも、赤いベルトを明け渡したあとは、会社から「そろそろおまえも引退だな」みたいには、言われなかったんですか？

ブル　そのときはなくて、25歳も過ぎてるから、定年制もなしにしようという感じだったんですよ。だからといって、私がずっと全女にいたらダメだとも思っていたので、何か違う人生を見せなきゃいけないと思ったときに、アメリカのWWE（当時WWF）から話が来たんですよ。

ガンツ　ブル中野第2章がWWEって、カッコ良すぎですよ（笑）。

玉袋　何なんだろうな。日本でやるだけやった江夏豊が、本当に大リーグ入りして、ブリュワーズで試合に出るようなもんだよな。

ガンツ　しかも、WWE女子世界王者になるわけですもんね。日本人でWWEトップのベルトを巻いたのは、猪木さんが一瞬巻いた以外、ブル様だけなんですよ。

玉袋　偉業だよ、偉業！

ブル　でも、向こうに行ったら、また新人に戻ったみたいで大変でしたね。言葉が喋れないのに、周りに日本人はいないし。それで、初めはテネシー州のナッシュビルというところに住んで、あるレスラーの奥さんがハーフで日本人だったんです。『びっくり日本新記録』の司会をやっていたパティーっていう人が結婚をしてテネシーにいたんで、地下の広い部屋を貸してもらって。

玉袋　そこで『びっくり日本新記録』っていう、志生野温夫アナウンサーの要素が入ってくるのがたまんねえ（笑）。

ガンツ　パティーって、優勝者に祝福のキッスをする人ですよね（笑）。でも、そうやって苦労しながら、アメリカに日本式の女子プロレスを根づかせたわけですよね。メドゥーサと抗争しながら。

ブル　メドゥーサもカタイというか、下手っていうか、ああいう感じだったので。そのメドゥーサと毎日試合をするって、罰ゲームみたいな（笑）。

玉袋　当時、助けてもらったレスラーとかいたんですか？

ブル　みんないい人ばかりだったので、いろいろ助けてもらったんですけど、トップだった**ブレット・ハート**[※235]と**オーエン・ハート**[※236]の兄弟とか、**アンダーテイカー**[※237]、**ショーン・マイケルズ**[※238]とか。

ガンツ　凄まじいレジェンドばかりですね（笑）。

ブル　当時、WWEはAチーム、Bチームに分かれていて、Aは必ず1万人以上の大会場、Bはハイスクールの体育館みたいなところでやってたんですよ。それでギャラは、お客さん入りのパーセンテージで決まって、私はAだったので、あれよあれよという間にお金が貯まっていったんですよ。

玉袋　全女にマージン抜かれたりとかはなかったんですか？

ブル　普通、全女から行く人は、まず全女にギャラが振り込まれて、そこからもらうんですけど、私の場合は「全部もらっていいよ」って言ってもらえたので、直でもらえたんですよ。プラスして全女の所属だったので基本給ももらえたので、会長にはもの凄く良くしてもらいましたね。

玉袋　太っ腹だな〜！

ガンツ　全女もちょうど対抗戦で儲かってた頃だったんでしょうね（笑）。

ブル　だからアメリカに行って、「プロレスでこんなに稼げるんだ！」と思ってビックリしました。自分のギャラもそうですけど、たとえば**バンバン・ビガロ**[※239]がアメフト選手とやったとき、ハンパじゃない額で本当にビックリして。

ガンツ　ＮＦＬのスーパースター、**ローレンス・テイラー**[※240]の相手を務めたんですよね。

ブル　で、あっちの人は「お金を稼ぐ人が偉い」という価値観なんで、ビガロが試合終えて帰ってきたら、みんなで拍手して迎えてたんですよね。そのとき「ああ、ここではお金を稼ぐ人が絶対なんだな」って。

玉袋　ショービズの世界ではそうだもんな。

ガンツ　そういう価値観って、ようやくいまになって日本のプロレス界にも浸透し始めてますよね。

玉袋　そう考えると、ブルさんは20年以上先を行ってたんだよ。

ガンツ　こうなると、そろそろブル中野のＷＷＥ殿堂入りもあるんじゃないですか？

玉袋　そうだよ、殿堂入りだよ！　遅いぐらいだよ。

ガンツ　実現したら、日本人女子初のＷＷＥ殿堂入りですからね。

ブル　できたらうれしいですよね。

ガンツ　メドゥーサが入ってるんだから、ブル中野は入って当然ですよ！

玉袋　メドゥーサより、〝ウチの中野〟を先に入れないと！

ガンツ　中野さんが殿堂入りするなら、来年の「**レッスルマニア**」[※241]、現地まで行っちゃいたいですよね。

玉袋　そりゃ行くよ！　開催地はどこだ？

ガンツ　来年はフロリダですね。

玉袋　フロリダ！　いいね〜！

ガンツ　フロリダは、マサ斎藤さんや（ザ※242・グレート・）カブキさん、天龍さんにいたるまで、みんな「最高だ！」って言いますもんね。

玉袋　男の憧れだよ！（笑）。じゃあ、中野さん、次はフロリダでお会いしましょう！

ブル　アハハハハ！　そうなったら、いいですね（笑）。

ガンツ　中野さんには、「女子プロレスラーはこういうところのステータスにまで行けるんですよ」っていうのを見せてほしいですよね。

ブル　何かいまは、昔やってたことで生きてるみたいな感じなんですけど。お店もそうだよ（笑）。

玉袋　いや、そんなことないよ。お店だって大変なんだから。毎日が真剣勝負だから。毎日ピストルだもん（笑）。

ガンツ　そして、毎日興行打ってるようなもんですよね。

玉袋　そうだよ。昔の全女より興行数多いよ（笑）。だから中野さんには、とりあえず「ＳＵＮ族」の営業期間を超えてもらって、ゆくゆくは目黒の事務所跡と並ぶ〝全女の聖地〟である、秩父リングスターフィールドがあった土地を買い戻してもらいたい！（笑）。

ブル　アハハハハ！　事務所があったあの場所は駐車場になってるんですもんね。

玉袋　長与さんは、「いつかあそこを買い取る」って言ってましたよ。

ブル　えーっ、ホントに？　おいくらなんですか？

玉袋　高いよ〜、あそこは（笑）。

ブル　何十億ですか？

玉袋　いや、そこまでしないよ（笑）。

ブル　でも、高いですよね。じゃあ、私は秩父のほうを目指します（笑）。

ガンツ　あそこのほうが、可能性ありそうですよね。

玉袋　ただ、車が通れるように道を整備しないといけないけどね。全女の全盛期は、バスツアーやったのに、道が狭すぎて観光バスが通れねえっていうんだから！

ガンツ　ボックスにカラオケ器材が入らなかった、荒井注のカラオケボックスの先駆けと言われてますからね（笑）。

ブル　こないだ山さん（**山田敏代**[※243]）が見に行ったら、もう道がなかったって（笑）。

玉袋　やべえよ！　このままじゃ、ジャングルに埋もれた遺跡になる！（笑）。

ガンツ　じゃあ、まずは来年、フロリダに殿堂入り式典を観に行って、その後、秩父ですね（笑）。

玉袋　そうだな。よし、行くぞフロリダ！　アリーナラッツ、待ってろよ〜！　中野さん、ありがとうございました！

不沈艦

スタン・ハンセン

スタン・ハンセン（STAN HANSEN）
1949年、アメリカ・テキサス州生まれ。ザ・ファンクスの指導のもと、1973年にプロレスラーとしてデビュー。70年代後半より日本のプロレス界を主戦場にし、新日本プロレスではアントニオ猪木と名勝負を展開。80年代は全日本プロレスに移籍し、ジャイアント馬場、ジャンボ鶴田、天龍源一郎らと激闘を繰り広げた。2001年に引退をしたが、いまでも日本のファンから愛される名レスラー。

ガンツ　玉さん！　今回は何と、プロレス取調室史上初の外国人ゲストに来ていただきました！

玉袋　最高だよ！　プロレスラーにかぎらず、史上最高の〝外タレ〟だからね！　来日回数だって、ベンチャーズより多いんじゃねえか？

椎名　こんなに長い間、日本で活躍した外国人って、他ジャンルを含めてもなかなかいないもんね。

玉袋　まさに史上最高で最強のガイジンだね。

ガンツ　というわけで、今回のゲストはスタン・ハンセンさんです！

玉袋　やったー！　ようこそ！

ガンツ　ハンセンさん、こちらジャパニーズ・フェイマス・コメディアンの〝タマチャン〟です！

ハンセン　オー、タマチャン！　ナイス・トゥー・ミーチュー。

玉袋　今日はひとつ、よろしくお願いします！

ガンツ　ハンセンさん、このコーナーはですね、ボクらが少年時代から憧れていたレスラーの方を毎月ひとりゲストに招いて、いろんなお話をうかがうっていう企画なんですよ。

ハンセン　そんな場に招待していただいて、とてもうれしいね。

玉袋　ハンセンさんを招く場所が、カラオケボックスの個室っつーのが、情けなくて申し訳ないんですが（笑）。

ガンツ　このへんで昼間に予約できる個室がここしかなくて、すいません（笑）。

ハンセン　ハハハハハ、ノー・プロブレム！

ガンツ　でも玉さん、我々にとってハンセンさんは、ホントに憧れの存在ですよね。

玉袋　そうだよ！　ガキの頃からずーっと観てたんだから。

椎名　ハンセンさんがまだ20代の頃、新日本時代から観てますもんね。

玉袋　こっちは小学生だからね！

ハンセン　私も歳を取るわけだな（笑）。確かに、当時は小さな子どものファンが会場にたくさん来ていたね。私は彼らを蹴散らしながらリングに上がっていたから、昔ぶつかったりしていたらゴメンナサイ（笑）。

椎名　昔、入場するとき身体を触りにいって、吹っ飛ばされました（笑）。

ハンセン　オー、ゴメンナサーイ（笑）。

ガンツ　ボクもブルロープで殴られましたよ（笑）。

ハンセン　まあ、キミはプロレス記者だからいいや（笑）。

椎名　アハハハ！　業界内の身内はやってよし。

ガンツ　実際、ブルロープで殴られたあと、友だちに自慢しましたからね。みんな殴られて喜んでるという（笑）。

玉袋　そうなんだよ。ガキの頃は、ハンセン、（ブルーザー・）ブロディとか、（タイガー・ジェット・）シン、アンドレ（・ザ・ジャイアント）にどこまで近づけるかって、競ってたからね。

椎名　度胸試しですよね（笑）。

ハンセン　あの頃、子供だった人たちが、いまでも私の試合を覚えていてくれるというのは、本当にありがたいし、うれしいよ。

ガンツ　ボクらはハンセンさんの試合を観て育ったようなもんですからね。

玉袋　おかげでみんな、学校の成績はサッパリでな（笑）。

椎名　プロレスの勉強ばっかりしちゃって（笑）。

ガンツ　アメリカの地名は、だいたいプロレスで覚えましたからね（笑）。

ハンセン　でも、それもまたひとつの才能じゃないかな。好きなものを通じて、いろんなことに興味を持つのはいいことだと思う。

玉袋　ホントにプロレスから学んだことはたくさんあるよ！　みんなパンツ一丁で男の生き様っつーもんを見せてくれたわけだからね。

天龍の引退試合で

ガンツ　そしてハンセンさんは今回、長年激闘を繰り広げてきた天龍さんの引退興行のために来日したわけですよね？

ハンセン　ＹＥＳ。テンルーとは数え切れないほど対戦したし、タッグを組んだこともある。本当に長い間一緒にやってきた〝戦友〟と呼べる存在なので、この引退興行のために来日できて、非常にうれしいよ。

ガンツ　ハンセンさんと天龍さんは若手修行時代、ジョージアで同じアパートに住んでいたこともあるんですよね？

ハンセン　当時、私もテンルーも同じ汚いアパートに住んで、食事のときはどちらかの部屋で一緒に摂って、なるべく食費を浮かすような生活をしていたよ（笑）。

ガンツ　ハンセン＆天龍の共同自炊生活（笑）。

玉袋　売れない芸人と一緒だよ（笑）。そういう時代があっての、あの天龍とハンセンの激闘があるんだもんなあ。

ガンツ　天龍さんの引退試合は、ご覧になられていかがでしたか？

ハンセン　彼の身体が凄く傷んでいることは知っていたし、試合の中でもそういった部分を垣間見ることがあったけど、もの凄い闘いを見せてくれたと思うよ。身体的には辛かったと思うが、彼の力強い心、プロレスラーとしてのスピリットを見せてくれた。もうそれだけで充分だ。きっと彼のあの闘いは、アリーナを埋め尽くした人々、みんなの心を奪っていったと思うよ。

玉袋　いやあ、ホントに心奪われたよ！　俺、泣いたもんな。あの延髄斬り！　これまででいちばん低くて、いちばん遅い延髄斬りだったけど、最高の延髄斬りだったよ！

ガンツ　天龍さんもハンセンさんも、本当に長年身体を酷使する、壮絶なファイトを展開し続けたわけですもんね。

ハンセン　お互い「つぶしてやる！」と思っていたし、コテンパンにやり合った仲だよ。

玉袋　コテンパンだったな〜！　天龍さんの腰が悪くなったのも、ハンセンさんのせいじゃないですか？（笑）。

ハンセン　いや、それはお互い様だよ。私のほうが15年も早く引退することになったから、より壊されたのはこっちだろう（笑）。

玉袋　お互いがぶっ壊しあってるんだもん。凄え商売だよ。

ハンセン　たぶん、私にとって事実上のラストマッチは、名古屋でテンルーとやった試合だったんじゃないかと思う。その後ブドーカンで1試合だけ、ケジメのために6人タッグマッチをやったが、〝スタン・ハンセンとしての最後の試合〟は、あのテンルー戦だったんだ。

ガンツ　２０００年秋に行なわれた、三冠ヘビー級王者決定トーナメント準決勝（２０００年10月21日、愛知県体育館）ですよね。

ハンセン　あの試合でテンルーのダイビングエルボードロップを食らったあと、記憶が飛んでしまい、控え室までどう帰ってきたのか覚えないんだ。気がついたら、大の字になっていた。そんなことは初めてだったし、腰も悪くなっていたので、自分の中で「もう潮時かな」と思って決断したんだよ。

玉袋　天龍さんとの試合で、引退を決意したのか〜。

ハンセン　でも、私は後悔していないし、最後の相手がテンルーだったことは、自分にとって光栄だと思っているよ。

ガンツ　そういう話を聞くと、天龍さん引退試合後のリング上で、天龍、ハンセン、テリー・ファンクのスリーショットが、より感慨深くなりますね。

玉袋　俺はね、あの3人の後ろにジャイアント馬場とジャンボ鶴田が見えたよ！
ガンツ　降りてきてましたか！（笑）。
ハンセン　それはうれしいね！
玉袋　『スターウォーズ ジェダイの帰還』のラストシーンみたいなさ。オビワンがいてヨーダがいてよ。
ハンセン　私も彼らの魂が来てくれたなと感じたよ。ババ、ジャンボ……それからブロディもね！
玉袋　ブロディもいたな～！
椎名　確実にいましたね（笑）。
玉袋　ある意味『フォースの覚醒』だもんね！
ガンツ　あのリング上、あの瞬間に、全日本プロレスの黄金期が蘇りましたね。

アンドレと映画鑑賞

ハンセン　あの頃は、オールジャパンもニュージャパンも凄く盛り上がっていたし、とくにオールジャパンは、日本人vs外国人という図式で本当にフィジカルをぶつけ合っていた。〝プライムタイム〟と呼ぶにふさわしい時代だったと思うよ。
玉袋　そうだよな～！　ハンセンさんは新日本で猪木さんとの試合も凄かったけど、全日本に来たら、もっと凄え試合してたもんな。
ハンセン　オールジャパンに移る頃、レスラーとして大きく成長できたと思っている。ミスター・イノキとメインイベントで闘うようになって、「自分もいいレスラーになったな」と思っていたけれども、そこからまたもう一回り自分を大きくしてくれたのが、アンドレとの試合だったと思う。
玉袋　田コロだ！
ハンセン　あの試合で、多くの人に「ハンセンって凄いね！」って思ってもらうことができた。アンドレは私にとって、恩人のひとりだよ。
ガンツ　あの[※244]**ハンセンvsアンドレ戦**は、プロレスファンとして観た生涯最高の試合のひとつですよ！
玉袋　最高だよ！　いま観たって凄えよ！

椎名　いまでもビッグガイ同士のド迫力の試合が行なわれると、「まるでハンセンvsアンドレのようだ！」と言われますからね。プロレスだけじゃなく、MMAの試合においても。

ハンセン　それはうれしいね！　ありがとう！

玉袋　いやいや、30年以上経っても忘れられない凄え合を観せてもらえて、こっちこそ「ありがとうございます！」って感じですよ。当時、アンドレさんとは一緒にお酒を飲むこともあったんですか？

ハンセン　たまにね。アンドレは〝呑んべえ〟だったから、いつも一緒に飲んでいたら、こっちがKOされてしまう（笑）。

玉袋　田コロの試合は反則勝ちだったけど、お酒の勝負じゃKO負けだったってことですね（笑）。

ハンセン　彼はフランス人で、おそらく子どもの頃からワインを飲んで、本当にお酒とともに生きてきた人なんだと思う。彼はお酒に強かったから泥酔しているところは見たことないが、常にお酒を飲んでいたね。

ガンツ　巡業バスにアンドレのビール、ワイン用の冷蔵庫があったらしいですもんね（笑）。

玉袋　あと、アンドレさんとハンセンさんが巡業途中、よく一緒に映画館に行ってたっていうのは、ホントなんですか？

ハンセン　何度も一緒に観に行ったよ（笑）。

玉袋　やっぱ、ホントなんだ！

ハンセン　いつも興行を行なう土地に到着するのがお昼ぐらい。試合は6時半からなので、その空いている時間によく地方の映画館に行ったんだ。テレビを観ようにも、我々は日本語がわからないから。それで、いつもアンドレと「今日は何を観ようか？」って話をしてね。ただ、アンドレは日本の映画館の椅子では小さすぎて座れないから、映画館の外にあるベンチを持ち込んで、そこに座って観ていたよ（笑）。

玉袋　田舎の映画館にベンチ持ち込んで座ってるア

ンドレって、その光景が映画になるよ！（笑）。

ハンセン　地方の小さな映画館だと、平日の午後なんかはお客さんがひとりもいなかったりするんだ。そういうときは、アンドレとふたりっきりで映画を観ていたね。

椎名　まさに映画ですね。

玉袋　当時、ふたりで感動した映画って何だろう？

ハンセン　当時は、ジャッキー・チェンの映画だね。

玉袋　えぇ!?　ジャッキー・チェン？

ガンツ　ジャッキー・チェンの映画で感動するのなんて、ありましたかね？（笑）。

ハンセン　ジャッキーの映画は、セリフは中国語で字幕は日本語だったから、我々にはまったくわからないはずなんだ。だけど、彼の動きを見るだけでなんとなく内容がわかるし、ハラハラしたり、笑ったり、泣けてきたりする。そこが素晴らしいと思ったんだ。

玉袋　なるほどね！

ガンツ　プロレスと一緒ですね。言葉はいらないという。

ハンセン　そうかもしれないね（笑）。

玉袋　ホントだよ！　肉体表現が世界共通言語ってことだから！

ハンセン　だから、ジャッキー・チェンの映画は、何だか共感することが多かったんだ。

玉袋　映画館には、一緒にタクシーに乗って行ってたんですか？

ハンセン　ＹＥＳ。アンドレはタクシーに乗るのにもひと苦労なんだ。それで後部座席にアンドレが座って、私は助手席。アンドレは身体を屈めて、運転席と助手席の間に顔を出していたんで、前から見ると3人が並んでいるみたいに見える（笑）。

一同　ダハハハハ！

玉袋　アンドレが普通のタクシーに乗るって大変だよ。だから馬場さんもキャデラックのオープンカーを買ったんだろうし（笑）。

ハンセン　車の屋根に窓が付いているといいんだけどね（笑）。

椎名　サンルーフ付きのタクシー（笑）。

玉袋　タクシーの天井からアンドレの顔が出てたら、驚くだろうな〜！

ハンセン　実際、アンドレはたまにタクシーの窓から顔を出したりして、みんなに驚かれていたよ（笑）。

玉袋　ガハハハハ！　そりゃ驚くよ！（笑）。

ハンセン　すべてはいい思い出だね。

ランディ・バースとの友情

玉袋　あと昔、**ランディ・バース**※245の『バースの日記』っていうのを読んだら、ハンセンさんとバースがよく一緒にメシを食ってたって書いてあったんですけど。

ハンセン　ああ、ランディが日本でプレーしていた頃は、よく一緒に食事をしたよ。

玉袋　ハンセンとバースが揃うってすげえよ！　いったいふたりで何冠王なんだよ！

ガンツ　プロ野球の三冠王と、プロレスの三冠王者ですからね！（笑）。

ハンセン　いままで考えたことがなかったけど、確かにトリプルクラウン同士だ（笑）。

玉袋　バースさんと知り合ったきっかけは何だったんですか？

ハンセン　ランディが阪神タイガースに入団して、初めて日本に来たとき、よく「スタン・ハンセンに似ているね」と言われたらしいんだよ。それで彼は私の存在を知って。私のほうも、「バースって、ハンセンに似ているね」と言われることがあって、いつ初めて会ったのかは覚えていないけど、お互いどこかで紹介してもらったんだと思う。

椎名　ハンセンさん自身も似てると思いますか？

ハンセン　自分ではそこまで似ているとは思わないけど、金髪でヒゲを生やした大男ということで、日本人が見たら、凄く似てるように思えるんだろうね（笑）。

玉袋　田舎のおばあちゃんとか、まったく違いがわからないだろうな（笑）。

ハンセン　ランディはオクラホマに住んでいて、彼の自宅に遊びに行ったこともあるんだ。

玉袋　そんな、家を行き来するぐらいの仲なんですか！

ハンセン　数年前に遊びに行ったとき、彼はオクラホマ州の州議会上院議員になっていたよ。

玉袋　ハンセンさんとバースさんが、そんな交流があるって最高だよ。

ハンセン　自分の息子がベースボールをやってるので、私も好きなんだよ。

ガンツ　シアトル・マリナーズにいたんですよね？

椎名　メジャーリーガーだったの⁉　凄えな！

ハンセン　いや、マイナー契約で、がんばってメジャー入りを目指していたんだが、そのまま終わってしまったんだ。

椎名　やっぱり、メジャーの壁っていうのは高いんですね。

ハンセン　やはりどんなプロスポーツでも、トップに行ける人間というのは、本当に一握りなんだ。私はプロレスで成功できて、幸運だったと思う。

玉袋　ハンセンさんとバースは、トップに立った者同士で通じ合う部分もあったんだろうな。

ハンセン　昔、**テリー・ゴディ**[※246]と一緒に、名古屋でやったランディの友達の女の子のバースデーパーティに行ったこともあるよ（笑）。

玉袋　ハンセン&ゴディが女の子の誕生パーティに行くって、それだけでおもしろいよ！（笑）。

ハンセン　でも、その話はあんまりしないほうがいいかな（笑）。

ガンツ　ぜひ、してください！（笑）。

玉袋　何があったんだ？　場外乱闘があったんだろうな（笑）。

ハンセン　パーティは名古屋の大きなマンションの7階エレベーターホールでやっていたんだ。人で溢れかえっていてね。でも、ランディ以外は知らない人ばかりだったからゴディを連れていったんだけど、あのクレイジー・ガイを連れていったのが間違いだった（笑）。

一同　ダハハハハ！

玉袋　〝人間魚雷〟が暴発したんだろうな（笑）。

ハンセン　ゴディはとにかくお酒が好きなヤツで、あの日も相当飲んで酔っ払っていたんだ。私とランディはそれほど飲まずに、料理を食べたりしていたんだけど、主役の女の子が現れたとき、ゴディはビールを持って近づいていって、「おめでとう！」って言いながら、女の子の頭にビールをかけたんだ（笑）。

一同　ワハハハハ！

ハンセン　ビールで頭からずぶ濡れになった女の子がカンカンに怒ってね。我々はもう逃げるようにマンションを飛び出したんだが、1階から外に出たとき、ほかの酔っ払ったお客がビールの缶なんかを上から投げてきたんだ。そしたらゴディが怒り出して、「スタン、戻ろう！　やってやろうぜ！」って言いだしてね（笑）。

一同　ワハハハハ！

ハンセン　それを必死に止めたのがランディだよ。ランディ・バースはテリー・ゴディと違ってお利口だったね（笑）。

玉袋　まさに、違う意味の〝バースデー〟ってことだな。

ハンセン　彼女はその誕生日一生忘れられないだろうね。ずぶ濡れになって、あんなハチャメチャな誕生日はめったにない（笑）。

ガンツ　ゴディもそうとうお酒を飲むって言いますもんね。

ハンセン　彼はテネシーの東側アパラチア山脈の近くのところで生まれ育ってね。私はビールしか飲まなかったけど、ゴディとマイケル・ヘイズのフリーバーズは、テネシー・ウィスキーのジャックダニエルが大好きだった。

ガンツ　バーボンを浴びるように飲んでたら、そりゃ酔っ払いますね（笑）。

ハンセン　プロレス界の〝テリー〟っていうのは、ゴディにしてもファンクにしても、なぜだかクレイジーばかりだよ（笑）。

玉袋　日本にも、〝テリー伊藤〟っていうキ○○イがいますしね。

ガンツ　ガハハハハ！　3大クレイジー（笑）。

ブロディとの出会い

椎名　ハンセンさんは、**テリー・ファンク**[※247]のスカウトでプロレスの世界に入ったんですよね？

ハンセン　「スカウト」とは、ちょっと意味合いが違うと思うけど、テリーは大学生の頃から私のことを知っていてくれたと思う。年代は違うけれど、同じ大学のフットボール部の後輩になるからね。

玉袋　ウエスト・テキサス大学だ！

椎名　テリーは当時から有名だったんですか？

ハンセン　大学時代、フットボール部でテリー・ファンクを知らない人間はひとりもいなかったよ。テリーは、もともと大学フットボールのスター選手で、プロレスラーになってからも地元の大スターだったからね。

玉袋　ハンセンさんが小さい頃に観たプロレスの記憶って何なんですか？

ハンセン　初めてプロレスを観たのがいつだったかは覚えてないけど、テリー・ファンクのことはやっぱり好きだったね。じつは私が大学1年のときのコーチが、テリーの大学時代のチームメイトだったんだ。そういう繋がりもあって、そのコーチからテリーの若い頃の話はいろいろと聞いた。

玉袋　そうだったんだ～。

ハンセン　だから、テリーの試合はテレビでも観ていたし、フットボールのオフシーズンには、毎週木曜に開催されていた定期戦にも、チームメイトたちとよく観に行ったよ。

玉袋　当時のチケット代って、いくらぐらいなんですか？

ハンセン　リングサイドが3ドル。

玉袋　安い！　それ、毎週行くよ！（笑）。

ハンセン　しかも、ウエスト・テキサス大学の学生は、学生割引で1ドル50セントだった。

玉袋　学割きいたんだ（笑）。

ハンセン　当時はビールなんかを飲みながら、フットボール部の学生たちが大騒ぎしてテリーの応援をしてね。周りからは「うるさいよ、おまえら！」って言われたりして。まあ、こんな図体デカイ学生たちが、リングサイドに集まってテリーコールをしているから、向こうも気づかないわけがなくて。そのへんから、交流が始まった感じだね。

ガンツ　でも、ウエスト・テキサス大学って凄いですよね。テリーだけじゃなく、ハンセンさんの3年先輩にはブロディもいて。

椎名　俺らが子供の頃、アメリカの大学と言ったらウエスト・テキサス大学しか知らなかったもんね（笑）。

玉袋　そうだよ。俺たち、日本のプロレス少年にとっては、ハーバード大学よりウエスト・テキサス大学のほうがずっと上だからね！

ハンセン　ワハハハハハ！

ガンツ　でも、人材輩出という点では、ウエスト・テキサス大学は本当に凄いですよね。

ハンセン　そうだね。テリーとドリーのファンクスをはじめ、ブルーザー・ブロディ、**ボビー・ダンカン**※248、**ダスティ・ローデス**※249、**テッド・デビアス**※250……いろんなレスラーが出ている。

玉袋　凄えメンバーだよ！

ハンセン　あと**ティト・サンタナ**※251もそうだね。

玉袋　ティト・サンタナ！　ひさしぶりに、その名前を聞いたよ！（笑）。

ハンセン　ティト・サンタナはデビアスと同級生で、同じフットボール部のチームメイトだね。

玉袋　凄え、プロレス版のＰＬ学園か、池田高校だよ！

ハンセン　イカれた人間がたくさんいる大学だったよ。そのすべての先駆者はテリー・ファンクだけどね（笑）。

椎名　テリー・ファンクが作り上げた、イカれた校風（笑）。

玉袋　やっぱり、テリーは偉大だな～！

ガンツ　ブロディとの出会いはどんな感じだったんですか？

ハンセン　ハッハッハッハ！

ガンツ　そんな笑ってしまうような出会いなんですか？（笑）。

ハンセン　ブロディはウエスト・テキサス大学の中でも、とくにワイルドな男だったからね（笑）。

玉袋　相当なもんだったんだろうな～。

ガンツ　ブロディとは大学のフットボール部に入ったときに出会ったんですか？

ハンセン　いや、その前だね。私が高校3年のとき、大学のオープンキャンパスがあって、自分が入学したら入るであろうフットボール部の寮を見に行ったんだ。それで、先輩がキャンパスをいろいろ案内してくれたんだけど、自分の寮の部屋だけは頑なに見せようとしない。さんざん食い下がったら、しぶしぶ見せてくれることになったんだけど、「寮は2人部屋だからルームメイトがいて、半分は俺の部屋だけど、もう半分は彼の部屋だから」とかいろいろ言ってきて、「わかったから、見せてよ」と話を終わらせると、「しょうがないな……」という感じでドアを開けてくれた。そしたら、部屋の真ん中に線が引いてあるかのように、彼のほうは凄くキレイに整っていたのに、もう半分はゴミ屋敷。シーツもないようなベッドがグチャグチャで、飲み終えたビールの缶やら何やらで、散らかり放題だった。そして、そのゴミ屋敷のベッドから、ムクッと起き上がってきたワイルドな男がブロディだったんだ（笑）。

一同　ガハハハハ！

玉袋　ブロディはゴミ屋敷の住人だったんだ！

椎名　確かに、見た目はゴミ屋敷の住人みたいですけどね（笑）。

玉袋　いや、あれは住人じゃなくて、獣人だから！

ガンツ　ゴミ屋敷の獣人（笑）。

ハンセン　それで「ルームメイトのフランクだよ」って紹介してもらったんだけど、「ふぁ〜〜！」とあくびだけして、寝ぼけたまま、また寝てしまった。もう午後3時くらいだったんだけどね（笑）。それがブルーザー・ブロディこと、フランク・グーディッシュとの出会いだったよ。

玉袋　凄え、ファースト・インパクトだな（笑）。

ハンセン　彼は大学時代から、とても個性的な一匹狼だった。彼をコントロールできる人間は、誰もいなかったんじゃないかな。

椎名　ブロディは3つ上っていうことは、ハンセンさんが大学1年のとき、一緒にフットボール部でプレーもしたんですか？

ハンセン　いや、彼は凄くいいフットボールプレイヤーだったんだけど、大学4年まではやってないんだ。だから一緒にプレーしたことはない。

ガンツ　途中で退部してしまった、ということですか？

ハンセン　ま……、丁寧な言い方をすれば退部だね。

ガンツ　丁寧な言い方をすれば？（笑）。

ハンセン　ちょっと素行不良というか、大学も手に負えなかったんだろう。大学自体を追放されてしまったんだ（笑）。

玉袋　荒くれ者をあれだけ輩出したウエスト・テキサス大学でも手に負えない男！　ブロディ、凄えなあ（笑）。

ガンツ　ブロディとは、プロレスラーになったあと、偶然再会するんですよね？

ハンセン　あれはプロレスラーになってから、まだ2年も経たない頃、オクラホマで再会したんだ。ブロディは大学を追放されたあと、『ダラス・モーニング・ニュース』という新聞で、高校スポーツのコラムニストをやったり、酒場のバウンサーなどをしていたので、デビューは私より1年ほど遅かった。

椎名　大学ではブロディが先輩でも、プロレスではハンセンさんが先輩になったんですね。

ハンセン　そこでブロディとは、「これからは俺たちのように、デカくて動けるレスラーの時代になる！」と意気投合して、ルイジアナではタッグを組むようになった。

玉袋　それが超獣コンビの原点なわけか。

ハンセン　ただ、そのルイジアナは客層が非常にワイルドな地区でね。会場にナイフを忍ばせてくるクレイジーなファンも多くて、ヒールとしてリングに上がるのは非常に危険だったんだけど、あの頃は私たちも若くてバカだったから、わざわざ客席に飛び込んでいって、そういうヤツらを追い掛け回してやったよ（笑）。

玉袋　そういう危ない経験で、タフな根性を身につけていくんだろうな～。

WWWFから新日本へ

ガンツ　そんな荒くれ者スタイルで、〝ニューヨークの帝王〟ブルーノ・サンマルチノ[※252]と抗争していた頃は、相当ファンのヒートを買ったんじゃないですか？

ハンセン　ブルーノはWWWF（現・WWE）のトップで地元の超有名人、イタリア、スペインから来た移民たちの英雄だった。そしてWWWFというのは、ブルーノが次々と現れる挑戦者を倒していくという構図で、私はその挑戦者のひとりとして抜擢されたんだが、ブルーノの首をケガさせてしまい、それが大問題になった。だから、ビンス・マクマホン・シニアは私を嫌っている（笑）。

玉袋　興行の大看板を欠場させちゃったわけだもんな～。

ハンセン　ただ、ブルーノ本人は凄くいい人で、そのアクシデントをあとに引きずることなく接してくれた。そしてファンの前で「スタン・ハンセン！　復帰したら、必ずおまえを倒してやる！」と言ってくれたことで、復帰後のリマッチをビッグファイトに変えてくれたんだ。

ガンツ　それで再戦はニューヨークのシェイ・スタジアムに4万人も動員したんですよね。

玉袋　そういうトップの人って懐がでかいよね！　キラー・カーンさんがアンドレの脚をアクシデントで折ってしまったときも、アンドレは怒らずに逆に抗争相手としてカーンさんを上げてくれたっていうしね。

ガンツ　そのあと、WWWFのブッキングで新日本に参戦するんですよね？

ハンセン　当時、ビンス・シニアが、WWWFのレスラーを日本に送るという約束をニュージャパンと交わしていて、ブルーノとの抗争がひと段落ついた私が行くことになったんだ。1977年だったね。あのニュージャパンに行ったことが、自分のスタイルをより進化させるきっかけを与えてくれたと思っている。

玉袋　WWWFと新日本じゃ、全然スタイルが違いましたか？

ハンセン　両団体の違いというより、当時は自分のスタイルをもっと成長させようとしているときだったんだ。私はもともとテリー・ファンクとディック・マードックを合わせたようなレスラーを目指していて、日本に来てからは、ブッチャー、シンという2人のレスラーの影響を受けた。彼らの観客を興奮させる能力を研究し、さらに彼らができないような、動き続けるスタイルを心がけたんだ。

椎名　ハンセンさんが出てきたとき、試合のテンポが凄く速くて、新しさを感じましたよ。

ハンセン　キミの言うとおり、自分は場外に出て暴れてもすぐにリングに戻って動いたり、そういう動きを止めないレスリングを心がけていた。それに周りが影響されて、ある種、日本のプロレスの方向性が変わり、ひとつの新しいスタイルが生まれたんじゃないかと思う。

椎名　新日本は間違いなく変わりましたよね。

ハンセン　ただ、それは自分ひとりが変えたわけでなく、いろんな人が影響を与えあって、ニュージャパンの新たな側面が生まれたと思っているけどね。

玉袋　そう考えると新日本というのは、ハンセンさんがブレイクして風景が変わって、そのあと、ハルク・ホーガンがまたドーンと人気が出たイメージがあるよね。

ハンセン　彼は日本で「ハルク・ホーガン」になっ

たんだ。

ガンツ　まさにそうですよね！　新日本に来て、ハンセンさんや猪木さんの影響を受けて、大化けしたという。

ハンセン　彼はニュージャパンでの経験をもとに、プロレスの枠を超えたスーパースターになった。それは良かったと思うよ。

ガンツ　あとハンセンさんは当時、新日本で出会った**ピート・ロバーツ**[※253]と仲がいいんですよね？

ハンセン　彼は真の意味で「親友」と呼べる存在だ。昨日、スカイプで喋ったばかりだしね（笑）。

玉袋　昨日も喋ってるんだ！（笑）。

ガンツ　でも、テキサス出身のハンセンさんと、イギリス人のピート・ロバーツだと全然タイプが違う気がするんですが、どんなふうに意気投合したんですか？

ハンセン　私が新日本に初めて来たとき、タイガー・ジェット・シンと黒人のパートナー（**ブルータス・**[※154]**ムルンバ**）がいて、ピート・ロバーツは同じイギリス人の**デイブ・テイラー**[※255]と来ていたんだけど、テイラーがシリーズ途中で病気になり帰国しなくてはならなかった。それで、私とピート・ロバーツはふたりで行動することが多くなり、そこからどんどん仲良くなり、もうかれこれ40年の付き合いになるよ。

玉袋　40年来の親友か〜！

ハンセン　ピートは毎年、私の家に遊びに来てくれて、先月も来たばかりなんだよ。彼は最高の男だよ。

ガンツ　ピート・ロバーツとは、初めて会った頃から、何か通じ合うものがあったんですか？

ハンセン　ピートはイギリス人だけど、そもそも西部劇のファンだったんだ。ジョン・ウェインとかね。それで私はテキサス出身で、もちろんカウボーイが大好き、西部劇も大好きなので、プロレスというよりも、そっちの趣味が合って仲良くなったんだ。彼がテキサスに来てくれたときは一緒に旅行にも行って、モニュメント・バレーをはじめとした、西部劇のロケ地などを、聖地巡礼のように一緒に回ったよ。
玉袋　同好の士だったのか〜。じゃあ、ピート・ロバーツが西部劇じゃなくて、城めぐりが趣味だったら、藤波さんと友達になってたかもしれねえな（笑）。
ハンセン　ピートはジュニアヘビー級だったけど才能あるレスラーで、彼のヨーロピアンスタイルをジャンボが好んで、いいマッチアップが生まれたと思う。
ガンツ　ピート・ロバーツを全日本に推薦したのもハンセンさんなんですよね？
ハンセン　確かに自分のほうから、「ピート・ロバーツという、凄く才能のある選手がいるんだけど」という話をしたよ。そうしたらミスター・ババも彼のことを知っていて、「じゃあ、呼ぼうか」ということになった。ただ、自分が推薦したからといって、ピートに才能がなかったらミスター・ババも呼ばなかっただろうから、ピート自身の力によるものだけどね。
ガンツ　ピート・ロバーツは新日本では藤波さんやタイガーマスク、全日本では渕正信選手なんかと好勝負を展開しましたもんね。
ハンセン　そうだね。

全日本参戦のインパクト

ガンツ　そしてハンセンさんといえば、やはり**新日本から全日本に移籍**[※256]したときのインパクトがいまだに忘れられませんよね。
玉袋　あれは衝撃だった！　あんなに興奮した移籍はないよ！
ハンセン　あれは当時のニュージャパンとオールジャパンによる引き抜き合戦によって引き起こされたものだけど、長いレスリングの歴史的に見れば、自分がオールジャパンに移ったことは良かったと思う。ただ、ニュージャパンがチャンスをくれたからこそいまの自分があるし、いまでも感謝の気持ちは忘れてないよ。

玉袋　あの馬場さんとハンセンさん最初の一騎打ち、東京体育館まで観に行きましたよ！　当時、俺は中学2年生！　いつもは安いチケット買ってたけど、このときばかりは奮発して５０００円のチケット買って行ったからね！

ハンセン　それは中学生にとっては高額だね。

玉袋　ウエスト・テキサス大学みたいに学割がきかないんですよ！

ハンセン　ワハハハハ！

玉袋　でも、この試合だけは観なきゃいけねえと思ってね。俺、馬場さんが殺されると思ってたもん！

椎名　そう、俺も！　ウエスタン・ラリアットやられたら死んじゃうって。

ハンセン　殺したくないよ……（笑）。

玉袋　でも、あの試合で、死んじゃうと思ってた馬場さんが生き返ったんですよ！

椎名　復活しましたよね。「馬場強えじゃん！」って。

ハンセン　確かに、あの試合によってミスター・ババに若い頃の力がよみがえったように思う。スタン・ハンセンという新しい血が入ったことによって、眠っていた力を呼び起こしたのだろう。

ガンツ　馬場vsハンセンは、猪木vsハンセンに勝るとも劣らない名勝負になりましたもんね。

ハンセン　ババは背が高いので一見細く見えるかもしれないが、じつは強靭な身体を持っていて力も強いんだ。ブロディも私もガンガン攻撃していったけど、一切文句は言われなかったからね。ババにかぎらず、当時の日本人レスラーたちは、我々のフィジカルを目一杯使ったスタイルをすべて受け止めてくれたよ。

ガンツ　当時はハンセン＆ブロディの強さばかりが目につきましたけど、いま考えると、超獣コンビの猛攻を受け止めていた全日本のレスラーたちの凄さがわかりますよね。

ハンセン　アメリカには我々と真正面からぶつかる

ようなレスラーがそんなにいなかったから、私はアメリカでは〝まあまあ〟だったのかな（笑）。

ガンツ　鶴龍コンビ以外にも、阿修羅・原、**大熊元司**[※257]、みんな身体張ってましたよ。

玉袋　大熊さんは当時、テレビのバラエティ番組に出て、コワモテで威張ってる役だったんだけど、最後は必ずハンセンさんのラリアット食らってやられるシーンを流されて、笑われて終わるんだよね（笑）。

椎名　アハハハハ！　ありましたね（笑）。

玉袋　凄えウケてたよ！

ハンセン　オークマにはだいぶ食らわせたからね。彼は背が低いから、ラリアットがちょうど顔に当たるんだ。ちょうどいい高さなんだよ（笑）。

椎名　ラリアットをやられるジャストサイズ（笑）。

ハンセン　でも、彼も一言も文句は言わなかったよ。

ガンツ　頑丈なレスラーが多かったですよね。

椎名　でも、身体を張ったという点で、やっぱり四天王が一番じゃない？

ハンセン　彼らは、80年代に私やジャンボ、テンルーたちが作り上げたスタイルをさらに進化させたニュージェネレーションだね。彼らのがんばりによって、オールジャパンの歴史の中でも、最高の盛り上がりを見せることができた。彼らと対戦できて、私自身光栄に思っているよ。

ガンツ　もともとジュニアヘビー級だった**三沢**[※258]**（光晴）**さん、**川田**[※259]**（利明）**さん、そしてまだ新人だった**小橋**[※260]**（建太）**さんが、ハンセン、ゴディ、スティーブ・ウィリアムスに真正面から向かっていったわけですからね。

ハンセン　私が何度叩き潰しても、彼らは起き上がって向かってきた。その姿にファンは感情移入して、みんな声をからして応援していた。私が本気で潰しにかかり、彼らも私を何とか超えようと立ち上がっていった。彼らがトップレスラーになったのは、オフィスにプッシュしてもらったからじゃないんだ。お互いが本気で向かっていったからこそ、彼らが私を超えようとするその大きな物語を、ファンは心から信じることができた。そして私を超えたとき、彼らは本当に素晴らしいレスラーになっていたよ。

玉袋　あの頃は武道館が一体となって盛り上がりましたからね。最高の雰囲気だったよ！

ハンセン　あの頃はオールジャパンのピークだったんじゃないかな。ミサワをはじめ、日本人の若いスターが出てきて、ゴディやウィリアムス、そして自分がいて。本当に一番いいときに自分は関われたと思う。その前にはジャンボ、テンルー、ブロディ、チョーシュー（長州力）もいて、やはり80年代、90年代はプロレスの黄金期だったよ。

玉袋　その黄金期をずっと見続けることができて、俺たちも本当に幸せでしたよ！

残された夢のカード

ガンツ　ハンセンさんの名勝負で言うと、新日本の東京ドームでやったベイダー戦も興奮しましたよね！

椎名　あれは凄すぎて怖かった。ベイダーの目が腫れ上がっちゃってるんだもん（笑）。

玉袋　お岩さんだもんな〜。

ハンセン　あの試合もフィジカルをぶつけあった本当にハードなファイトだった。彼はニュージャパンで私はオールジャパン、一歩も引くわけにいかなかったからこそ、あそこまでの試合になったんだろう。あのとき、翌日がマイク・タイソンvsジェームス・ダグラスの試合だったんだよ。

ガンツ　マイク・タイソンが初めて負けた試合ですよね。

ハンセン　だからベイダーの試合が終わったあと、「明日は観ていくの？」と聞かれたんだけど、私は「今夜、ベイダーから受けたパンチに比べたら、彼らのパンチなんてたいしたことないよ」と言ったんだ。

玉袋　いいね〜〜！

ハンセン　それでタイソンの試合は観ずにアメリカ

に帰ったんだけど、イミグレーションを通ったとき、「東京から来た」と答えたら、「じゃあ、タイソンが負けた試合を見ましたか？」と聞かれて、そこで初めてタイソンが負けたのを知ったんだよ。「信じられない！　それなら観てから帰れば良かった」ってね（笑）。

玉袋　ワハハハ！　見ときゃ良かった（笑）。

椎名　あの結果は予想できないですもんね。

玉袋　とんでもねえ番狂わせだよ！

ガンツ　でも、試合の迫力なら、ハンセンさんの言うとおり、ハンセンvsベイダーのほうが上でしたよ。

玉袋　そうだよな！　ハンセンvsアンドレ以来のド迫力だよ。

ハンセン　ふたりのバカ者がぶつかりあって、彼の目も腫れ上がったが、私も鼻を折られて、とにかくハードな試合だったよ。

ガンツ　ハンセンさんには、そのベイダー戦も含めて、夢のカードをたくさん見せてもらいましたけど、唯一の心残りはブルーザー・ブロディ戦が実現しなかったことなんですよ。

ハンセン　まあ、それはね……、実現していたらファンもよろこんでくれただろうし、興行的にも大成功したとは思うけど。実現しなかったからこそ、ファンがいまでも想像を膨らませることができるし、夢は夢のまま実現しなくて良かったんじゃないかな。

ガンツ　なるほど。馬場vs猪木と一緒ですね。実現しなかったことで、夢の黄金カードが永遠になるというか。

ハンセン　私とブロディの試合が、ファンの心の中で、いまでも夢のカードとして生き続けているなら、とてもうれしい。ブロディとは一度タッグで実現しているけど、あれで良かったんだと思う。もちろん、ブロディがこの世から去ってしまったのは残念だったし、心から悲しかったけどね。

ガンツ　わかりました。それでは、そろそろ残り時間も少なくなってきたので、玉さん、最後に何か聞きたいことはありますか？

玉袋　じゃあ、最後にひとつ確認しておきたいんですけど、新日本プロレス時代、ストロング小林さんにボディスラムをされるとき、いつも股間を握られていたっていうのはホントなんですか？

ハンセン　ワハハハハハハハ！

ガンツ　最後の質問がそれですか！（笑）。

玉袋　まあ、ブロディの話のあとに聞くことじゃねえと思うけど、ちょっと確認しておきたくてね（笑）。ハンセンさん、どうなんですか？

ハンセン　どうもこうも、どうしてそれを知ってるんだい？（笑）。

玉袋　いや、ボクもそっちの世界が……。

ハンセン　ワハハハ！　キミも触られた？

玉袋　ボクはお尻を何度か……そんなことはない（笑）。

ハンセン　ワハハハハハ！　いい答えだね。彼は健在なのかい？

玉袋　ご健在です。いまは老いたお母さんと2人で暮らしています。

ハンセン　会ったりすることは？

玉袋　もうずいぶん会ってないですね〜。

ハンセン　私もたまに日本に来る機会があるので、昔、一緒に闘った人たちと会うことも多いんだけど、彼は見かけないから「元気にしてるのかな？」と思っていたんだよ。彼は日本人離れしたパワーの持ち主で、当時のニュージャパンを盛り上げたひとりだよね。

玉袋　じゃあ、ホントに最後に、ざっくりした質問なんですけど、ハンセンさんにとって日本っていうのは、どういうものでしたか？

ハンセン　日本は私のホームだね。文化、歴史、食べ物、そしてプロレス、すべてが好きなんだ。こんな素敵な国で長年プロレスができて、いろんな経験をさせてもらえたことは、本当に幸せだと思っているよ。

玉袋　いやあ、俺たちもこうしてハンセンさんにお会いすることができて、幸せですよ！　さっきのピート・ロバーツさんが西部劇に憧れたように、俺たちの世代でプロレスより前に観て憧れた西部劇は『荒野の七人』なんですよ。

椎名　マックイーン、コバーン、ブリンナー、カッコいいですよね！

玉袋　でも、あの映画に出演したどんなスターよりも、俺たちの西部への憧れはウエスト・テキサス大学出身のクレイジーなプロレスラーたち。で、目の前にいるのがスタン・ハンセンだ！

ハンセン　ハハハハ、ありがとう。

玉袋　ハンセン、ブロディ、ファンクスらの闘いが俺たちの西部劇！　それプラス、馬場さんの時代劇だよ！

椎名　全日本プロレスは、西部劇と『水戸黄門』のコラボだったんですね（笑）。

玉袋　そんでもって、猪木さんの劇は、松竹歌劇団だ！

ガンツ　それは元奥さんの、倍賞美津子さんですよ！（笑）。

玉袋　まあまあ、それにしてもまさか48歳になって、こうしてハンセンさんとカラオケボックスで酒飲みながら話ができるとはね〜。タイムスリップして、小学生時代の俺に言いてえよ！

椎名　このままカラオケボックス、時間延長したいですよね（笑）。

玉袋　してえよ！　でも、ハンセンさんも忙しいから、そういうわけにいかないんで。今日は本当にありがとうございました！

ハンセン　サンキュー、こちらこそ楽しかったよ（ニッコリ）。

あとがき

『プロレス取調室』第2弾、いかがでしたでしょうか？
いや〜、今回も笑って、泣いて、感動させられたね。俺たちはずっと、あの人たちに心を奪われっぱなしだよ。

今回は「ゴールデンタイム・スーパースター編」ってことで、〝あの頃のスーパースター〟にたくさん出てもらったけど、最近テレビでよくやってる「あの人はいま」みたいなのとは全然違うからね。ああいう番組ってさ、昔スターだった人のその後の辛い人生みてえなもんばっかり流して、出てるタレントもどっか上から目線で、かつてのスターを哀れんでたりするだろ？それを見て、俺はいっつもムシャクシャしてたんだよ。

でも、この『プロレス取調室』に出てきたスーパースターたちは、「あの人はいま」じゃないからね。「あの人はいまも」なんだよ。「あの人はいまもカッコいい生き方をしてる」っていう、現在進行形。俺たちがかつて見上げた星たちは、いまも輝いてるんだ。

30年間プロレス界のトップで輝き続けてる武藤さんや、自分の団体を率いて女子プロレス再興の夢を持ち続ける長与千種さんはもちろん、いまはあの四角いリングに上がっていない人でも、みんな人生のリングで闘ってる姿を俺たちに見せてくれてるんだよ。

自分のお店という新たなリングでがんばってるカーンさんやブル様。ガンを患っても新日本の合宿所管理人として後進を見守る小林邦昭さん。そしてパーキンソン病と闘い続けるマサ斎藤さん。ほかにも出てくれた人たちもみんなそう。

あの時代を作った人たちっていうのは、いまもみんな魅力的なんだよな。

これからもずっと、俺たちのスターとして輝き続けてほしいね！

そして、そんな素晴らしい生き様のレスラーたちは、まだまだたくさんいるんだよ。こっちも〝調書の束〟はたっぷりとあるから、第3弾もぜひ期待しててくれ！　次はアウトローな男たちを、たくさん連れてくるからさ。

では、読者という名の陪審員諸君！　次回もよろしく頼むぜ！

玉袋筋太郎

注釈

▼01 ちゃんこ居酒屋カンちゃん
新宿にあったキラー・カーンの居酒屋。現在は新宿区大久保に移転し、「居酒屋カンちゃん」として営業中。

▼02 天龍源一郎
大相撲からプロレスに転向し、ジャンボ鶴田とのコンビや天龍同盟の大将として全日本プロレスのトップで活躍。その後、SWSやWARのエースを経て、新日本を中心としたあらゆる団体で暴れまわった。馬場と猪木の両巨頭から日本人で唯一ピンフォールを奪ったことでも知られる。2015年11月にオカダ・カズチカ戦で引退。

▼03 北沢幹久
日本プロレス、新日本プロレスで猪木と行動をともにし、豊登から「高崎山猿吉」というリングネームをつけられたこともある。引退後はリングスのレフェリーも務めた。

▼04 ジャイアント馬場
プロ野球読売巨人軍の元ピッチャーで、1960年にプロレス転向。力道山亡きあとの日本プロレス界エースとして活躍し、その後はアントニオ猪木とともに、プロレス界の両巨頭として君臨した、全日本プロレス創始者。

▼05 力道山
大相撲からプロレスに転向し、日本にプロレスを根づかせた日本プロレス創始者。戦後の日本に大プロレスブームを巻き起こした。

▼06 アンドレ・ザ・ジャイアント
身長223センチ、体重250キロ(全盛期)を誇り、〝人間山脈〟と呼ばれた、世界的なトップレスラー。晩年は馬場と大巨人コンビを結成した。

▼07 立川談志
落語家。七代目立川談志。独自の流派「落語立川流」家元。日本テレビ『笑点』の初代司会者で、名物コーナー「大喜利」の考案者でもある。

▼08 新日本プロレス
1972年にアントニオ猪木が設立したプロレス団体。現存する最古の歴史を持ち、現在でもプロレス界の最大手。

▼09 サメ退治
1992年、瀬戸内海のホオジロザメが人を襲う事件があった頃、談志はなべおさみと「シャークハンター必殺隊」を結成。サメのぬいぐるみ付きの野球帽をかぶって四国に行き、現地の人たちからひんしゅくを買った。

▼10 立川Bコース
落語立川流はAコース＝落語家、Bコース＝立川錦之助ことビートたけしなど芸能人を中心とする有名人、Cコース＝一般人で構成され、それぞれ昇進基準などが異なる。

▼11 藤原組長
藤原喜明。70年代に新日本の前座戦線で実力者として知られ、1984年に第1次UWF移籍後、〝関節技の鬼〟としてブレイク。1991年に自身の団体「藤原組」を旗揚げした。

▼12 カール・ゴッチ
〝プロレスの神様〟と呼ばれ、生涯強さを追求した、日本プロレス時代のアントニオ猪木の師匠筋。他に藤原喜明、木戸修、佐山聡、前田日明、鈴木みのるらがゴッチに師事。主にUWF系のレスラーに多大なる影響を与えた。

▼13 木戸修
カール・ゴッチ直伝の技術で、新日本プロレス、UWFで活躍した〝いぶし銀〟と呼ばれるレスラー。長女はプロゴルファーの木戸愛。

▼14 坂口征二
元柔道日本一で日本プロレス入りした、〝世界の荒鷲〟。新日本旗揚げ2年目から、猪木の女房役として支えた。90年代は新日本の社長を務め、現在は相談役。俳優・坂口憲二の父。

▼15 維新軍
80年代前半に長州力が率いた軍団。アニマル浜口、谷津嘉章、小林邦昭、マサ斎藤、キラー・カーンらが加わり、新日マットを席巻。その後、1

984年にジャパンプロレスとして独立した。
▼16 アントニオ猪木
ジャイアント馬場とともに、長く日本プロレス界の両巨頭として君臨した、新日本プロレスの創始者。1976年にモハメド・アリと対戦した日付である6月26日は「世界格闘技の日」に定められた。現在は参議院議員。
▼17 木村健悟
主に80年代の新日本プロレスで、藤波辰巳のパートナー、ライバルとして活躍したレスラー。歌のうまさに定評があり、何枚かレコードも出している。
▼18 大城大五郎
プロレス入り前はキックボクシングで活躍。坂口征二、木村健悟、キラー・カーンとともに、日本プロレスから新日本に移籍した。
▼19 田中米太郎
大相撲出身で、力道山時代の日本プロレスで活躍したプロレスラー。馬場正平(ジャイアント馬場)のデビュー戦の相手としても知られる。
▼20 ハーリー・レイス
NWA世界ヘビー級王者に通算8回君臨した、通称ミスター・プロレス。
▼21 ミル・マスカラス
〝千の顔を持つ男〟と呼ばれる、メキシコの世界的なプロレスラー。
▼22 エル・トレオ・デ・クアトロ・カミノス
70年代から90年代半ばまで存在した、メキシコのメジャープロレス団体「UWA」のビッグマッチ会場。本来は闘牛場であり、3万人近い最大収容人数を誇る。
▼23 吉村道明
〝火の玉小僧〟の異名を持ち、主に力道山のタッグパートナーとして活躍した名バイプレイヤー。
▼24 フランシスコ・フローレス
70年代から90年代半ばまで存在した、メキシコのメジャープロレス団体「UWA」の創始者のひとりであり、団体代表。
▼25 グレート小鹿

1963年に日本プロレスでデビューした現役最古参レスラー。長く、大熊元司との「極道コンビ」として活躍。大日本プロレス創設者であり、現在は同団体の会長。

▼**26 ジャンボ鶴田**

ミュンヘン五輪レスリング代表から、1972年に全日本プロレス入り。1984年に日本人として初めてAWA世界ヘビー級王者となり、80年代後半からは「全日本プロレス完全無欠のエース」と呼ばれた。

▼**27 WWF**

ビンス・マクマホンが代表を務める、世界最大のプロレス団体。70年代～80年代半ばまで、新日本と業務提携を結んでいた。

▼**28 ニードロップ**

飛び上がって、対戦相手の身体にヒザを落とすプロレス技。

▼**29 アルバトロス殺法**

キラー・カーンの必殺技である、トップロープからのダブルニードロップ。その姿が巨大な鳥が獲物を捕獲する姿に似ていることから、古舘伊知郎アナウンサーがアルバトロス(巨大海鳥であるアホウドリ)殺法と名づけた。

▼**30 キラー・コワルスキー**

主に60～70年代に活躍したカナダ人トップレスラー。〝殺人狂〟の異名を持ち、トップロープからのダイビング・ニードロップでユーコン・エリックの左耳を削ぎ落とした〝耳削ぎ事件〟でも知られる。

▼**31 ジョン・トロス**

〝ギリシャの黒豹〟の異名を持つギリシャ系カナダ人レスラー。アントニオ猪木とUNヘビー級選手権を賭けて闘った名勝負で知られる。

▼**32 ブルーザー・ブロディ**

〝超獣〟〝インテリジェンス・モンスター〟の異名を持ち、全日本、新日本両団体でトップ外国人レスラーとして主に80年代に活躍。スタン・ハンセンとの超獣コンビは、未だに〝史上最強のタッグチーム〟と名高い。

▼**33 新間寿**

↓164ページ参照。

▼**34 長州力**

ミュンヘン五輪レスリング代表として新日本プロレス入り後、80年代前半に藤波辰巳との名勝負数え歌で大ブレイク。90年代から2000年代にかけては、新日本の現場監督として、辣腕を振るった。

▼**35 マサ斎藤**

↓42ページ参照。

▼**36 フレッド・ブラッシー**

〝銀髪鬼〟の異名を持つヒールレスラー。1962年に初来日し、ブラッシーの噛みつき攻撃をテレビで見た老人がショック死した事件はあまりにも有名。いわゆるトラッシュトークの元祖でもあり、モハメド・アリのビッグマウスは、ブラッシーを模倣したものと言われる。1976年のアリvs猪木戦では、アリのセコンドも務めた。

▼**37 マジソンスクエアガーデン**

ニューヨーク・マンハッタンのど真ん中に建つ、2万人収容のスポーツアリーナ。19世紀からプロレス興行で使用され、長らくWWEの本拠地として使用された〝格闘技の殿堂〟でもある。

▼**38 ビンス・マクマホン・シニア**

現在のWWE会長ビンス・マクマホンの父であり、先代のWWF(当時WWWF)創設者。

▼**39 ハルク・ホーガン**

元WWF世界ヘビー級王者。80～90年代のアメリカンプロレスの象徴であり、世界で最も有名なプロレスラー。1983年の第1回「IWGP」決勝で、必殺のアックスボンバーによって、猪木を病院送りにした一戦はあまりにも有名。

▼**40 ヒロ・マツダ**

主に60～70年代にアメリカで活躍した、〝正統派・日本人レスラーの第一人者であり、元NWA世界ジュニアヘビー級王者。ルーキー時代のハルク・ホーガンを育てたことでも知られる。

▼**41 ビンス・マクマホン・ジュニア**

世界最大のプロレス団体、WWE

の代表取締役会長兼最高経営責任者。父ビンス・マクマホン・シニアから買い取り、受け継いだ会社を、世界的なエンターテインメント企業に成長させた。現在は「ジュニア」を取り、「ビンス・マクマホン」を名乗る。

▼**42 谷津嘉章**

モントリオール五輪、モスクワ五輪の代表に選ばれ、日本重量級史上最強のアマチュアレスラーの触れ込みで新日本プロレスに入団。長州力やジャンボ鶴田のパートナーとして活躍した。

▼**43 アニマル浜口**

国際プロレス崩壊後、国際はぐれ軍団、維新軍で、それぞれラッシャー木村と長州力の女房役を務めたタッグの名手。女子レスリング浜口京子のパパとしてもお馴染み。

▼**44 全日本**

1972年にジャイアント馬場が設立したプロレス団体。新日本プロレスと並ぶ歴史を持つが、馬場の死後、団体の規模は縮小する一方である。

▼**45 藤波辰爾**

1978年にWWWFジュニアヘビー級王者となり、日本にジュニアを定着した立役者。長州力との〝名勝負数え唄〟で80年代のプロレスブームで一翼を担い、長く新日本のトップとして活躍した。2015年にWWE殿堂入り。

▼**46 佐山サトル**

のちのプロレス界に多大なる影響を与えた初代タイガーマスク。1983年に新日本退団後は、第1次UWFでいわゆる〝UWFスタイル〟と呼ばれる格闘技スタイルのプロレスを確立。その後、シューティング(修斗)を創始。総合格闘技のパイオニアでもある。

▼**47 レジェンド・ザ・プロレスリング**

2010年に長州力、藤波辰爾、初代タイガーマスクの3人が中心となって作られた、主に80年代のスター選手を中心としたプロレス興行。

▼**48 モンゴリアン・チョップ**

相手の首筋に両手でチョップする、キラー・カーンの得意技。桜庭和志が、PRIDEのリングでホイス・グレイシーに繰り出した事でも有名。一時期、高田延彦と桜庭が共同経営していたジンギスカン店の屋号でもあった。

▼**49 ミスター・モト**

ハワイ出身の日系二世レスラー。日本プロレス後期には、ブッカーも務めた。

▼**50 オリエンタル殺法**

アメリカで日系のヒールレスラーが使うテクニックの総称。

▼**51 古舘伊知郎**

〝過激なアナウンサー〟と呼ばれ、一世を風靡した『ワールドプロレスリング』80年代のメインアナウンサー。

▼**52 アンドレの足を折った**

1981年5月、ニューヨークで行われたキラー・カーンvsアンドレ・ザ・ジャイアント戦で、カーンが得意のダブルニードロップを繰り出した際、アクシデントでアンドレが足を骨折してしまった事故。これによってカーンは、〝アンドレの足をへシ折った男〟としてその名を轟かせ、一躍、トップヒールの仲間入りを果たした。

▼**53 ミスター高橋**

新日本プロレスの元レフェリー。2000年にいわゆる〝暴露本〟となる『流血の魔術師・最強の演技』を出版し、プロレス界を激震させた。

▼**54 山本小鉄**

新日本プロレス道場のコーチである〝鬼軍曹〟として恐れられ、多くの名レスラーたちを育てた。星野勘太郎とのコンビ「ヤマハブラザーズ」としても活躍。『ワールドプロレスリング』解説者として、古舘伊知郎アナとの絶妙なやりとりも好評だった。

▼**55 倍賞鉄夫**

女優・倍賞美津子の実弟で、猪木の義弟として新日本プロレスに入社し、2代目リングアナウンサーとなる。のちに猪木事務所の社長も務めた。

▼56 ケン・パテラ

72年、ミュンヘン五輪の重量挙げアメリカ代表。オリンピック後にプロレス転向して、怪力レスラーとして活躍した。

▼57 たけしプロレス軍団

1987年にラジオ番組『ビートたけしのオールナイトニッポン』の企画から生まれたプロレス団体。マサ斎藤を参謀に迎え、1987年12月27日両国国技館に、ビッグバン・ベイダーを送り込むが、プロレスファンの猛反発に遭い暴動に発展したため、自然消滅した。

▼58 あの暴動(TPG両国)

1987年12月27日、両国国技館。ビートたけし率いる「たけしプロレス軍団」が登場し、強引に対戦カード変更を要求、それに猪木が応じてしまったため、ファンの不満が爆発。大暴動が起こり、新日本はその後1年間、国技館を使用することができなかった。

▼59 ビッグバン・ベイダー

1987年12月に、たけしプロレス軍団(TPG)の刺客として新日本に初登場。その後、新日本のIWGPヘビー級、WCW世界ヘビー級、UWFインターのプロレスリング世界ヘビー級と、全日本の三冠ヘビー級と、メジャータイトルを総ナメにした、90年代最強と呼ばれるレスラー。

▼60 海賊男

1987年に新日本マットに現れ、乱入を繰り返した、ホッケーマスク姿の謎の男。1988年にはビリー・ガスパー、バリー・ガスパーの海賊ガスパーズという覆面コンビとして暴れた。

▼61 ブラック・キャット

1981年から新日本に留学生として入団したメキシコ出身のレスラー。後年は若手のコーチやレフェリーとしても活躍した。

▼62 アントン・ヘーシンク

1964年の東京オリンピック、柔道無差別級で金メダルを獲得した超一流の柔道家。1973年に全日本プロレスに入団するが、プロレスラーとしては三流四流で終わった。

▼63 インペリアル・ラウンジ

アメリカのフロリダ州にある、プロレスラー御用達のバー。

▼64 巌流島の決闘

1987年10月4日、猪木とマサ斎藤が、宮本武蔵と佐々木小次郎の決闘伝説がある山口県の無人島、巌流島で闘った一戦。無観客、時間無制限、ノールールとして行われ、2時間5分14秒の死闘の末、猪木がTKO勝ちした。

▼65 ミスター・ヒト

日本プロレス崩壊後、海外を中心にフリーの日本人ヒールとして活躍。カナダのカルガリーに移住し、当地に武者修行に訪れた、橋本真也、獣神サンダー・ライガー、馳浩ら、多くの若きレスラーを世話した。

▼66 グレート・ムタ

武藤敬司が80年代末、アメリカのNWA、WCWで名乗ったリングネーム。90年代以降は、武藤の別人格として、日本でも主にビッグマッチに出場する。

▼67 所英男

“闘うフリーター”の異名を持つ、人気総合格闘家。現在はRIZINのリングで活躍中。

▼68 西良典

拓殖大学で木村政彦に師事した柔道家であり、空手道大道塾の空手家。大道塾の北斗旗空手道選手権で活躍し、“北斗の覇王”の異名を取った。日本人でヒクソン・グレイシーと初めて対戦した総合格闘技のパイオニアのひとりでもある。

▼69 大道塾

1981年に東孝が立ち上げた空手の流派。80年代後半から、総合格闘技に近いルールで試合が行われることで知られた。

▼70 木村政彦

1930～40年代に柔道全日本選手権13連覇を達成した不世出の柔道家。1950年にプロ柔道家となり、1951年にブラジルでエリオ・グレイシーに勝利。その後、プロレスラーに本格転身するが、1954年12月、力道山との決闘に敗れ、一線を退いた。

▼71 UWF
1984年に設立されたプロレス団体。スーパー・タイガーこと佐山サトルが中心となり、格闘プロレスを展開。その後、1988年からの第2次UWFは第ブームを巻き起こし、のちの総合格闘技界に多大なる影響を与えた。

▼72 ドン荒川
↓118ページ参照。

▼73 橋本真也
〝破懐王〟の異名を持ち、武藤敬司、蝶野正洋との闘魂三銃士として、90年代新日本プロレスのエースの一角として活躍。2001年に自身の団体ZERO－ONEを旗揚げ。2005年、40歳の若さで亡くなった。

▼74 闘魂三銃士
1984年に同期入門した、武藤敬司、蝶野正洋、橋本真也、三人の総称。90年代、黄金期の新日本プロレスを牽引した。

▼75 船木誠勝
1985年に当時の史上最年少15歳で、新日本プロレスにてデビュー。UWF、藤原組を経て、1993年に鈴木みのるらとパンクラスを設立。2000年5月のヒクソン・グレイシー戦で一度は引退したが、2007年大晦日より現役復帰した。

▼76 PRIDE
1997年に髙田延彦vsヒクソン・グレイシーを実現させるために立ち上げられた格闘技イベント。長らく総合格闘技の最高峰として君臨したが、2007年3月、UFCを主宰するズッファ社に買収された。

▼77 蝶野正洋
闘魂三銃士の一角。通称〝黒のカリスマ〟。90年代、新日本黄金期を牽引した立役者のひとり。nWoジャパン、T2000の総帥として大人気を博し、現在はタレントとしても大活躍中。

▼78 キム・スーハン
80年代半ばに新日本プロレスに留学生として来日した韓国人レスラー。引退後は大韓プロレス協会会長も務めた。

▼79 ロッキー・イヤウケア
80年代半ばに新日本プロレスに留学生として来日したレスラーで、ハワイの名レスラー、キング・イヤウケアの息子。

▼80 ムーンサルトプレス
トップロープからバク宙して、相手にボディプレスする大技。武藤敬司がその第一人者で、現在でも大舞台のフィニッシュとして使用している。

▼81 初代タイガーマスク
1981年4月にデビューし、80年代前半に空前のプロレスブームを巻き起こした立役者。その正体は佐山サトルで、新日本内のゴタゴタに巻き込まれるかたちで、1983年8月に一時引退(新日離脱)した。現在はリアルジャパンプロレスを主宰する。

▼82 獣神サンダー・ライガー
1989年4月24日、永井豪現在のアニメ『獣神ライガー』とのタイアップで、東京ドームでデビュー。90年代から世界のジュニアヘビー級を牽引し続けてきた、世界的スーパースター。

▼83 ブルーザー・ブロディ刺殺事件
1988年7月にプエルトリコで、ブルーザー・ブロディが試合会場の控え室で、マッチメーカー兼レスラーのホセ・ゴンザレスと揉め、刺し殺された事件。刺殺犯のゴンザレスは、なぜか正当防衛が認められ無罪となった。

▼84 ホセ・ゴンザレス
プエルトリコのトップレスラーで、現地のメジャー団体WWCでマッチメーカーも務めた。マスクマン、インベーダー1号としても活躍。しかし、日本ではブロディ刺殺犯としてのイメージがあまりにも強すぎて、レスラーとして評価されることはない。

▼85 カルロス・コロン
プエルトリコマットの大スターで、地元のメジャー団体WWCの総帥。日本へは、国際プロレスと全日本プロレスに2度ずつ来日している。
▼86 バリー・ウィンダム
名レスラー、ブラックジャック・マリガンの息子で80年代にフロリダ地区で大スターとなる。マイク・ロトンドとのコンビ、USエキスプレスとしても有名。
▼87 ケンドール・ウィンダム
バリー・ウィンダムの実弟。86年にはフロリダマットで、武藤敬司のライバルとしても活躍。
▼88 NWA
戦後から80年代半ばまで、プロレス界で絶大な権力を誇った、プロモーター連帯組織。正式名称はナショナル・レスリング・アライアンス（全米レスリング同盟）。
▼89 リック・フレアー
ハルク・ホーガンと対極に位置する、アメリカンプロレスの象徴。NWA、WCW、WWEの世界ヘビー級のベルトを通算16回腰に巻き、16タイムス・ワールド・チャンピオンとも呼ばれる。
▼90 WRESTLE-1
2013年に、全日本プロレスを退団した武藤敬司が設立したプロレス団体。
▼91 ケンドー・ナガサキ
70年代、80年代にアメリカマットで一匹狼として活躍。ケンカの強さには定評があり、47歳で修斗主催大会に出場するが、キックボクシング出身のジーン・フレジャーに敗れた。
▼92 モハメド・アリ
元ボクシングWBC・WBC統一世界ヘビー級王者。20世紀のスポーツ界最大のスーパースターであり、ボクシングの枠を超えて、社会的な影響力を持った不世出のボクサー。1976年の猪木との異種格闘技戦は、総合格闘技の原点として、あらためて高く評価されている。
▼93『週プロ』
ベースボール・マガジン社から1983年に創刊されたプロレス専門誌『週刊プロレス』。
▼94 WCW
90年代にWWEと並ぶ勢力を誇った、アメリカのメジャー団体。90年代初頭から半ばまで、新日本プロレスと協力関係にあった。
▼95 ゲーリー・ハート
ザ・グレート・カブキや、グレート・ムタ（武藤敬司）のアメリカ時代のマネージャー。ギミックを考える天才と言われる。
▼96「日米レスリング・サミット」
1990年4月13日、東京ドームで行われた、WWF（現WWE）、全日本、新日本の日米3団体の合同興行。ハルク・ホーガンvsスタン・ハンセン、天龍源一郎vsランディ・サベージなどが行われた。
▼97 SWS
メガネスーパーが親会社となり、1990年に旗揚げしたプロレス団体。豊富な資金力で全日本、新日本からレスラーを大量に引き抜いたことから、『週刊プロレス』で大バッシングされるなどして、わずか2年半で崩壊した。
▼98 将軍KYワカマツ
元・国際プロレスのレスラー兼レフェリー、若松市政。80年代半ば、ストロングマシン軍団を率いる悪のマネージャーとしてブレイク。その後、SWS設立にも変わり、00年代からは故郷である北海道芦別市の市議会議員を長く務めた。
▼99 田中八郎
SWSの親会社である、メガネスーパーの社長（当時）。
▼100 鈴木みのる
新日本からUWF、藤原組を経て、船木誠勝らとパンクラスを作った創始者。現在は鈴木軍のボスとして、マット界を席巻中。
▼101 旅館ぶっ壊し事件
1987年に熊本県人吉の温泉旅館で行われた新日本とUWFの合同宴会。当時、ギクシャクしていた両陣営の関係改善のために開催されたが、無礼講にしすぎたため、

旅館自体をレスラーたちがめちゃくちゃにするほど酔っ払った伝説の事件。

▼102 **前田日明**

新日本プロレスから、1984年に第1次UWFのエースとなった、UWFの象徴的存在。〝格闘王〟の異名を持ち、80年代末、日本にUWFブームを巻き起こし、のちの総合格闘技人気の礎を作った。

▼103 **高田延彦**

前田日明と並ぶ、UWFの象徴的存在。90年代にUWFインターのエースとして活躍し、1997年には「PRIDE・1」でヒクソン・グレイシーに敗れるも、引退後はPRIDEの統括本部長となる。

▼104 **山崎一夫**

前田日明、高田延彦に続く、第2次UWFの第3の男。現在は「山崎バランス治療院」を営む。

▼105 **ヒクソン・グレイシー**

グレイシー柔術創始者、エリオ・グレイシーの三男。450戦無敗の男の異名を持ち、高田延彦、安生洋二、山本宜久、船木誠勝らを〝何でもあり〟のバーリ・トゥードで次々と下し、マット界に多大なる影響を与えた。

▼106 **桜庭和志**

90年代末から00年代にかけて、当時格闘技界の頂点に君臨したグレイシー一族を、次々と倒し、日本に総合格闘技ブームを起こした、元UWFインターナショナルのプロレスラー。

▼107 **Uインターとの対抗戦**

1995年から96年にかけて行われた、新日本プロレスとUWFインターナショナルの対抗戦。そのクライマックスである、1995年10月9日東京ドームでの全面対抗戦は、史上空前の客入りとなった。

▼108 **北尾光司**

元・大相撲横綱の双葉黒。1990年2月10日の新日本、東京ドーム大会でプロレスデビュー。しかし、現場監督の長州力と衝突し新日を離脱。1992年10月の高田延彦との格闘技世界一決定戦でKO負け。

▼109 **IWGP**

世界中に乱立するベルトを統一し、真の世界王者を決めるというコンセプトで、アントニオ猪木が提唱したもの。1983年に第1回大会が開かれたあと、年に一度開催され、5回で終了。その後は新日本のタイトル化された。

▼110 **トニー・ホーム**

フィンランド出身の元ボクサーのキャリアを持つプロレスラー。90年代前半、橋本真也との異種格闘技戦で抗争を展開。その後、前田日明のリングスを経て、ルドヴィッグ・ボルガのリングネームでWWEでも活躍した。2010年、40歳で没。

▼111 **ドラゴンスクリューからの足4の字固め**

1995年10月9日、東京ドームで行われた新日本プロレスvsUWFインターナショナル全面対抗戦。そのメインイベント、武藤敬司vs高田延彦戦で武藤が使ったフィニッシュホールド。格闘プロレスを標榜したUWFのトップである高田が、古典的なプロレス技で敗れたところに衝撃があった。

▼112 **ストロング小林**

日本離れした怪力を誇り、70年代前半は国際プロレスのエースとして活躍。1974年に猪木とのシングルマッチで敗れたあと新日本プロレス入り。引退後はタレント「ストロング金剛」としても活躍した。

▼113 **神奈月**

ものまねタレント。武藤敬司や馳浩など、プロレスラーのものまねも得意とする。

▼114 **プロレスLOVE**

00年代初頭、総合格闘技が台頭してくる中で、武藤敬司が打ち出したスローガン。

▼115 **ペドロ・オタービオ**

ブラジルの格闘技ルタ・リーブリ出身の総合格闘家。日本では1996年に元横綱・北尾光司、骨法のエース大原学をバーリ・トゥードで破ったことで名を上げた。

▼116 1・4小川vs橋本戦
新日本プロレスと、アントニオ猪木率いるUFO対抗戦の大将戦として行われた一戦。小川がプロレスの枠を超えた〝セメント〟を仕掛けて、橋本を潰した(結果は無効試合)ことで、プロレス界に衝撃を与えた。

▼117 スコット・ノートン
90年代にIWGPヘビー級王座を二度獲得した、新日本プロレスのエース外国人レスラー。ロード・ウォリアーズのホークとは、高校時代からの友人。

▼118 村上和成
和術慧舟會所属の総合格闘家から、90年代末にUFO所属のプロレスラーに転身。小川直也とのコンビで、新日マットでも暴れた。「平成のテロリスト」の異名を持つ。

▼119 ドン・フライ
初期UFC王者で、1997年からは新日本プロレスにも参戦。アントニオ猪木の引退試合の相手も務めた。PRIDEでの高山善廣との壮絶な殴り合いは語り草。

▼120 佐々木健介
90年代に馳浩とのコンビや、ホーク・ウォリアーとのヘル・レイザーズとして活躍。妻・北斗晶とともにタレントとしても知られる。

▼121 中西学
バルセロナ五輪レスリング日本代表を経て新日本プロレス入り。元IWGP王者で、現在も新日本の第3世代の一角として活躍中。凄まじい量の朝食を食べる〝モンスターモーニング〟でも知られる。

▼122 ワンマッチ興行
1987年1月14日、藤波辰爾vs木村健悟の因縁の決着戦1試合だけが組まれた、新日本プロレスの後楽園ホール大会。たった1試合という形式が話題を呼び、超満員札止めとなった。

▼123 邪道&外道
ともにTPGのオーディションに合格してプロレス入りしたタッグチームで、デビュー以来、お互いを「兄弟」と呼び合うコンビ。現在は新日本の中枢を担う。

▼124 柴田vs後藤
2014年の1・4東京ドームで組まれた一戦。高校時代の同級生でもあるふたりが、バチバチのしばき合いを展開し、この年のドームベストバウトとも言われた。

▼125 飯伏幸太
〝ゴールデン・スター〟の異名を持つ、DDTプロレスリング出身の天才レスラー。一時、DDT&新日本プロレスの2団体同時所属選手として話題になったが、2015年に所属を解消。現在は飯伏プロレス研究所所属を名乗り、フリーとして活躍、WWEのリングにも上がった。

▼126 黒潮〝イケメン〟二郎
TAJIRIがプロデュースしていたSMASHで黒潮二郎の名前でデビュー。2013年より、イケメンキャラを前面に出し黒潮〝イケメン〟二郎に改名。現在はWRESTLE-1の次世代スター候補として期待されている。

▼127 オカダ・カズチカ
〝レインメーカー〟の異名を持つ、現在の新日本プロレストップレスラー。

▼128 骨法
武道家・堀辺正史が創始した武道。アントニオ猪木、獣神サンダー・ライガー、船木誠勝ら多くのレスラーが骨法の指導と整体治療を受けた。

▼129 堀辺正史
日本武道傳骨法創始師範。猪木、ライガー、船木、ライオネス飛鳥、ザ・コブラなど、多くのプロレスラーを指導したことで知られる。また、グレイシー柔術を「黒船」と称するなど、格闘技、武道論評でも定評があった。

▼130 ホイス・グレイシー
グレイシー柔術を引っさげ、初期UFCで3度優勝を果たし、バーリ・トゥード(MMA)を世に広めたパイオニア。エリオ・グレイシ

ーの六男であり、ヒクソンの実弟。2000年5月の桜庭和志との合計90分に渡る死闘は、あまりにも有名。

▼131 ひょうきんプロレス
ドン荒川が新日本の前座で展開していた、相撲の初っ切りのようなプロレス。毎回会場は爆笑に包まれ、外国人レスラーも控え室から顔を出して見ていた。

▼132 ジョージ高野
80年代半ばはマスクマン、ザ・コブラとして、新日本ジュニアの中心選手として活躍した。素顔に戻ってからは、SWSに移籍し「パラエストラ」の道場主としても活躍。自身の団体、FSRを率いたこともあった。

▼133 タイガー・ジェット・シン
70年代、新日本プロレス最狂のヒールとして、猪木と抗争を繰り広げた。"インドの狂える虎"。上田馬之助との悪の名コンビでも知られる。

▼134 アントン・ハイセル
1980年に猪木が立ち上げた、バイオテクノロジーのベンチャービジネス。世界を食糧危機から救うという、ブラジル政府も巻き込んだ一大プロジェクトだったが、あまりにもコストがかさみ、それが絶頂期の新日本プロレスの経営にも影響を与えてしまったことで知られる。

▼135 クーデター事件
アントン・ハイセルに関係する不透明なカネの流れが原因となり、1983年に新日本プロレスで起こった、社内クーデター事件。これにより、一時、猪木は新日本社長の座から降ろされ、腹心の新間寿は謹慎と言う名の追放処分を受けたが、テレビ朝日の介入で猪木は社長に復帰。事実上、クーデターは失敗に終わった。

▼136 新倉史祐
新日本プロレスに高田延彦と同期入門し、その後、ジャパンプロレス、SWSなどで活躍したプロレスラー。80年代後半、プエルトリコ、カナダで、馳浩とのコンビ「ベトコン・エキスプレス」としても暴れた。

▼137 栗栖正伸
70年代から長らく、新日本プロレスの前座戦線で戦い、1988年に全日本で一度引退するも、1990年に大仁田厚率いるFMWで、"イス大王"としてブレイク。「栗栖正伸トレーニングジム」を主宰し、多くのプロレスラーの卵を育てた。

▼138 グラン浜田
70年代半ばから、メキシコでメインイベンターとして活躍した、日本人ルチャドールの第一人者。プロレスラー浜田文子は実娘。

▼139 平田淳嗣
ストロング・マシン1号、スーパー・ストロング・マシンとしても活躍。現在は新日本の若手コーチも務める重鎮。

▼140 ヒロ斎藤
80年代に新日本、全日本、両方でジュニアヘビー級王者となる。90年代以降は、ブロンド・アウトローズ、nWoジャパン、チーム2000といったヒールユニットのバイプレイヤーとして活躍した職人レスラー。

▼141 ロス・ミショネロス・デ・ラ・ムエルテ
"地獄の伝道師"と呼ばれる、主に80年代にメキシコで活躍したヒールユニット。エル・シグノ、エル・テハノ、ネグロ・ナバーロのトリオ。『キン肉マン』に登場する、ヘル・ミッショネルズの元ネタ。

▼142 反選手会同盟
新日本プロレスと空手の誠心会館の抗争から生まれた、越中詩郎、小林邦昭、青柳政司、齋藤彰俊によるユニット。のちにメンバーを増強し、平成維震軍となる。

▼143 アレナ・メヒコ
メキシコのメジャープロレス団体「EMLL」が所有する、プロレス専用のアリーナ。2万人近い収容人数を誇る大会場。

▼144 マーク・コステロ
1977年11月14、梶原一騎主催の「格闘技大戦争」日本武道館大会

で、当時、新日本プロレスの若手だった佐山サトルとキックボクシングルールで対戦した、全米プロ空手(マーシャルアーツ)の選手。試合はコステロの判定勝ちだった。

▼145 藤原敏男

外国人として初めて、ムエタイの頂点であるラジャダムナンスタジアムの王者となった不世出のキックボクサー。

▼146 マスクを破る

1982年10月26日、大阪府立体育会館。初対決で小林邦昭は、タイガーマスクの覆面をビリビリに破る暴挙に出た。スーパーヒーローの素顔が晒されそうになり、館内は悲鳴に包まれ、その後、小林は「虎ハンター」と呼ばれるようになる。

▼147 フィッシャーマンズ・スープレックス

1981年に小林邦昭がメキシコから帰国した際、日本で初めて公開した、ブレーンバスターを改良した投げ技。技を仕掛けるフォームが漁師の投網に似ていることから、古舘伊知郎アナウンサーが命名した。

▼148 平成維震軍

反選手会同盟の発展形として、90年代の新日本で活躍したユニット。

▼149 『燃えろ！新日本プロレス』

集英社から発売された、新日本プロレスの名勝負DVD付き分冊百科。特に猪木vsアリ戦を完全収録した特別号は、大ヒットとなった。

▼150 「マッチョドラゴン」

80年代半ばの藤波辰爾のニックネームにして、デビュー曲の題名。日本芸能音楽史に残る珍曲と言われる。

▼151 「明日の誓い」

1986年にキングレコードから発売された長州力のデビュー曲。「ライバルの藤波辰爾に比べればうまい」と高評価を得た。

▼152 ジ・アルティメット・ファイター

UFC人気がアメリカで爆発するきっかけを作った、ファイター発掘のリアリティ番組。

▼153 東京プロレス

豊登、アントニオ猪木が主力選手となり1966年に旗揚げされた団体だったが、わずか3ヵ月で消滅。猪木は日本プロレスに戻った。

▼154 豊登

力道山のタッグパートナーとして活躍し、力道山死後は一時期、日本プロレスのエースとなる。生来のギャンブル好きから、数々の横領、借金問題が紛出して日本プロレスを退社。猪木を口説き落とし、1966年に東京プロレスを設立するが、わずか3カ月で消滅した。

▼155 星野勘太郎

〝突貫小僧〟の異名を持ち、山本小鉄とのコンビ「ヤマハブラザーズ」としても活躍した。

▼156 日本プロレス

力道山が設立したプロレス団体。

▼157 国際プロレス

1967年に旗揚げし、新日本、全日本より歴史は古いが、猪木や馬場のような大スター不在のため、当時マイナー視されたプロレス団体。ヒロ・マツダ、グレート草津、ストロング小林、ラッシャー木村らが、歴代エースを務めた。

▼158 吉原功

1967年に旗揚げし、新日本、全日本より歴史は古いが、猪木や馬場のような大スター不在のため、当時マイナー視されたプロレス団体。ヒロ・マツダ、グレート草津、ストロング小林、ラッシャー木村らが、歴代エースを務めた。

▼159 寺西勇

国際プロレスで、ジュニアヘビー級のテクニシャンとして活躍。国際崩壊後、ラッシャー木村、アニマル浜口と国際はぐれ軍団として、新日本で暴れ、その後、長州力率いる維新軍に合流した。

▼160 ラッシャー木村

70年代後半、国際プロレスのエースとして〝金網の鬼〟と呼ばれ、後年はマイクパフォーマンスで人気を博し、宿敵ジャイアント馬場と〝義兄弟タッグ〟も結成した。

▼161 **極真とモメた**
1980年2月27日に行われた、猪木と極真空手出身の〝熊殺し〟ウィリー・ウィリアムスの異種格闘技戦で、殺気立ったセコンド同士が一触即発の状態になった。
▼162 **ブシロード**
カードゲームを中心とした事業を展開する、新日本プロレスの親会社。
▼163 **ビル・ロビンソン**
イギリスの〝蛇の穴〟ビリー・ライレージム出身で、欧州最強の男と呼ばれた名レスラー。1975年に行われたアントニオ猪木との名勝負は語り草。
▼164 **アブドーラ・ザ・ブッチャー**
〝黒い呪術師〟と呼ばれ、全日本プロレスマットを中心に、長きにわたり活躍した、悪役レスラーの代名詞的存在。
▼165 **桜井康雄**
元・東京スポーツ新聞社取締役編集局長。テレビ朝日『ワールドプロレスリング』の解説者としても知られた。
▼166 **山下泰裕**
1984年、ロサンゼルス五輪の柔道無差別級金メダリスト。ケガに耐えて金メダルを獲得した姿が感動を呼び、国民栄誉賞にも選ばれた。
▼167 **ケーフェイ**
プロレス界の秘密についての隠語であり、外部の人間がその場に入ってきたときに話を変える合言葉。
▼168 **芳の里**
力道山の死後、吉村道明、豊登、遠藤幸吉とともに日本プロレスの経営を担い、3代目社長にも務めた。
▼169 **竹内宏介**
雑誌『ゴング』創設者で、日本テレビ『全日本プロレス中継』の解説者としても知られる。
▼170 **菊池孝**
プロレス取材歴50年以上を誇った、プロレス評論家。『国際プロレスアワー』などで、解説者も務めた。
▼171 **アントニオ猪木のPKO**
1993年、猪木が参議院議員時代の金銭スキャンダルを、猪木が党首を務めるスポーツ平和党の前幹事長・新間寿が告発。記者会見を開いた際に発した言葉。PKOとは国連平和維持活動の略称だが、会見で新間は「アントニオ猪木のPKO、それは〝パン●ン、来い●い、オ●ンチョ野郎〟です!」と、高らかに宣言した。
▼172 **クラッシュギャルズ**
80年代半ば、女子プロレスブームを巻き起こした、長与千種とライオネス飛鳥のタッグチーム。
▼173 **松永会長**
「女子プロレスの父」とも言われる、全日本女子プロレス興行代表取締役会長・松永高司。
▼174 **松永一族**
全日本女子プロレスの創業一族。
▼175 **全日本女子プロレス**
1968年に松永高司ら松永四兄弟によって創設されたプロレス団体。何度かの大ブームを巻き起こすが、不動産投資事業の失敗から経営が悪化し、2005年に解散した。
▼176 **ビューティ・ペア**
70年代後半に女子プロレスブームを巻き起こした、ジャッキー佐藤とマキ上田のタッグチーム。デビュー曲『かけめぐる青春』は、80万枚(一説には100万枚以上)の大ヒットとなった。
▼177 **長与さんとダンプ松本さんのドキュメンタリー番組**
2014年にフジテレビで放送された『ザ・ノンフィクション ~敵はリングの外にいた~』。
▼178 **ブル中野**
→254ページ参照。
▼179 **秩父リングスターフィールド**
埼玉県秩父市の山間部に作られた、全日本女子プロレス所有のレジャー施設。
▼180 **SUN族**
全日本女子プロレスが、自社ビルの2階で営業していたカフェ・レストラン。新人レスラーがウェイトレスを務めていたことから、マ

ニアが通いつめた。

▼181 デビル雅美

ジャガー横田と並ぶ、ビューティ・ペア世代以降の全日本女子プロレス中心レスラー。その後、ジャパン女子プロレス、JWPを経て、2008年に31年に及ぶレスラー人生の幕を閉じた。現在は北九州市でぬか漬け店の店主を務める。

▼182 池上ユミ

70年代後半、阿蘇しのぶとのコンビ「ブラック・ペア」として、当時大人気だったジャッキー佐藤&マキ上田の「ビューティ・ペア」と抗争した、全日本女子プロレスのヒールレスラー。

▼183 マミ熊野

池下ユミ率いるヒールユニット「ブラック軍団」の一員として、ビューティ・ペアと抗争を展開。阿蘇しのぶ引退後、池下のパートナーとして、WWWA世界タッグ王者にもなった。

▼184 桃色豚隊

ダンプ松本と大森ゆかりが現役引退後、芸能界で結成。「ピンクトントン」と読み、『赤いウィンナー逃げた』というレコードも出した。

▼185 アジャ・コング

90年代前半にブル中野との壮絶な抗争で一時代を築いた女子プロレスラー。現在に到るまで25年以上、女子プロレス界のトップに君臨している。

▼186 ジャッキー佐藤

70年代後半、ビューティ・ペアの片割れとして、またWWWA世界シングル王者として、女子プロレスのトップに君臨したレスラー。1985年にはジャパン女子プロレス立ち上げにエースとして関わるが、1986年に神取忍に敗れたのを機に引退した。

▼187 ライオネス飛鳥

80年代後半、長与千種とのコンビ「クラッシュギャルズ」で女子プロレスブームを巻き起こしたレスラー。90年代後半には、ヒールとしてもトップで活躍した。

▼188 ジャンボ堀

80年代前半、大森ゆかりとのコンビ「ダイナマイトギャルズ」でWWWA世界タッグ王者に君臨。クラッシュギャルズの高い壁となった。

▼189 大森ゆかり

大森ゆかりとのコンビ「ダイナマイトギャルズ」で活躍後、シングルプレイヤーに転向し、WWWA世界シングル王者にもなった80年代女子プロレスの中心選手のひとり。引退後、ダンプ松本とのユニット「桃色豚隊」として芸能活動も行なっていた。

▼190 テリー・ゴディ&スティーブ・ウィリアムス組

90年代前半に全日本プロレスで最強タッグチームとして活躍。

▼191 ファンクス

70年代後半から80年代前半にかけて、全日本で絶大な人気を誇った、ドリー・ファンク・ジュニアとテリー・ファンクの兄弟コンビ。

▼192 クラッシュvs極悪同盟

80年代の女子プロレスブームを牽引した、長与千種&ライオネス飛鳥のクラッシュギャルズと、ダンプ松本率いるヒール軍団「極悪同盟」の抗争。

▼193 ファンクスvsアブドーラ・ザ・ブッチャー&ザ・シーク

1977年12月に全日本プロレスで開催された、「世界最強タッグ決定リーグ戦の前身「世界オープンタッグ選手権」の優勝戦。この試合で、ブッチャー&シークの反則攻撃を耐えて抜いて優勝したテリー・ファンクの人気が爆発した。

▼194 長与千種vsダンプ松本の敗者髪切りデスマッチ

1985年8月28日、大阪城ホールで行われた人気絶頂の長与千種と、怨敵・ダンプ松本による敗者髪切りデスマッチ。ダンプの反則を見逃す不可解なレフェリングで敗れた長与がリング上で丸坊主にされる姿に、会場に詰め掛けた女子中高生のファンの多くが号泣した。

▼195 フレッド・ブラッシーの噛みつきを見ておばあさんが死んだ事件

1962年、フレッド・ブラッシーがグレート東郷の額に噛みつき、血だるまにされたシーンをテレビで見た老人ふたりがショック死を起こした事件。

▼196 阿修羅・原
元ラグビーの日本代表選手で、1977年に国際プロレスに入団。80年代後半は、天龍とのコンビ「龍原砲」として活躍した。

▼197 ターザン後藤
全日本からアメリカマットを経て、旗揚げ間もないFMWに参戦。大仁田厚に次ぐナンバー2として活躍。その後、真FMWやターザン後藤一派などを主宰。

▼198 冬木弘道
1979年、国際プロレスに入団。同団体の崩壊後、全日本で天龍同盟の一員として活躍。その後、冬木軍のボスとなり、大仁田後のFMWではプロデュースも行った。

▼199 IWAジャパン
1994年に崩壊したW☆INGの選手を救済する形で、悪役マネージャー、ビクター・キニョネスが設立したプロレス団体。デスマッチ系団体として人気を集め、最盛期の1995年には川崎球場にも進出した。

▼200 めちゃ日本女子プロレス
フジテレビのバラエティ番組『めちゃ×2イケてるッ!』の人気コーナー。芸人と現役の全日本女子プロレスのレスラーがプロレスに興じた。

▼201 小畑千代
ストリップ劇場「フランス座」で知られる東洋興行の東洋女子プロレスでデビューした、女子プロレス黎明期のトップレスラー。その後、日本女子プロレス、国際プロレス女子部のエースとして活躍した。

▼202 日本女子プロレス
全日本女子プロレスが旗揚げされる前、1950年代から存在した女子プロレス団体。

▼203 長谷川咲恵
90年代前半に活躍した全日本女子プロレスのレスラー。一時期、覆面レスラー、ブリザードYukiにも変身した。

▼204 マッハ文朱
13歳の時に『スター誕生!』の決勝に出たこともある、70年代半ばに活躍した、女子プロレス界初の大スター。引退後はタレントとしても成功した。

▼205 植田信治
デイリースポーツ運動部長として、全日本女子プロレスの旗揚げに関わり、のちに同団体のコミッショナーに就任した。

▼206 志生野温夫
力道山時代の『日本プロレス中継』実況経験もある大ベテランアナウンサー。『全日本女子プロレス』のメイン実況を始め、スポーツ、バラエティのフリーアナウンサーの先駆け。

▼207 ミミ萩原
ビューティ・ペアのブーム終焉後、80年代前半にお色気路線で人気を博した女子プロレスラー。

▼208 大仁田厚
1985年に全日本プロレスで引退後、1989年に独立団体FMWを設立。日本プロレス界が他団体時代に突入するきっかけを作り、デスマッチを中心とした、ハードコアスタイルのパイオニアでもある。

▼209 小人プロレス
低身長症の人が行うプロレスで、ミゼットプロレスとも呼ばれる。日本では全日本女子プロレスの前座として、70年代から80年代にかけて、大人気を博した。

▼210 リトル・フランキー
WWWA世界ミゼット王座を長らく保持した、80年代のトップミゼットレスラー。

▼211 ミスター・ポン
70年代に活躍した、ミゼットプロレスの中心レスラー。大人気番組『8時だョ!全員集合』にも出演した。現役ミゼットレスラー、ミスター・ブッタマンの父親でもある。

▼212 天草海坊主
70年代から80年代にかけて活躍し

たミゼットレスラー。スキンヘッドがトレードマーク。

▼213 角掛留造
90年代に活躍したミゼットレスラー。全日本女子プロレスでは、会場の切符のもぎり&場内整理担当としても知られる。

▼214 北斗晶
90年代前半の女子プロレス対抗戦時代に最もブレイクした、スーパースター。佐々木健介と結婚して引退後、タレントとしても大活躍中。

▼215 ジャガー横田
80年代、長らくWWWA世界シングル王者に君臨した最強の女子プロレスラーにして、デビュー足掛け40周年を迎えた大ベテラン。夫である木下医師とともに、タレントとしても有名。

▼216 ブルちゃんの引退興行
2012年1月8日、東京ドームシティホールで行われた「ブル中野引退興行『女帝』」。

▼217 金網のてっぺんから飛んで
1990年11月14日、横浜文化体育館で行われた、ブル中野vsアジャ・コングの一戦で、ブルは金網の最上段からギロチンドロップを敢行し、アジャに勝利した。

▼218 小倉由美
80年代半ばから後半にかけて、永堀一恵とのコンビでクラッシュギャルズの妹分として人気を博したレスラー。

▼219 小松美加
80年代半ば、クラッシュギャルズ全盛時代の若手レスラー。永友加奈子とふたりで「オペロン同盟」を名乗り、全日本女子プロレス中継内のバラエティコーナーで大活躍した。

▼220 永友加奈子
80年代半ば、小松美加と「オペロン同盟」としてリング内外で活躍。ボーイッシュな風貌から、特に女子中高生のファンに絶大な人気を誇った。

▼221 クレーン・ユウ
80年代半ば、「極悪同盟」のナンバー2、ダンプ松本のパートナーとして活躍したヒールレスラー。

▼222 中邑真輔
棚橋弘至ともに、2000年代以降の新日本プロレスを支えたトップレスラー。2016年にWWEに移籍した。

▼223 影かほる
全日本女子プロレスの松永高司会長の姪。1985年8月28日に大阪城ホールで行われた長与千種vsダンプ松本の敗者髪切りデスマッチでは、ダンプの影武者も務めた。一時は覆面を被り「ダイナマイト・キング」として試合も行なっていたが、その後、芸能マネージャーに転向。

▼224 木下博勝
医師でジャガー横田の夫。タレントとしても活躍する。

▼225 UFC
1993年にスタートした、世界最大のMMA(総合格闘技)団体。

▼226 ユニバーサル
ユニバーサル・レスリング連盟。1990年に新間寿の息子、新間寿恒が設立した、日本初のルチャ・リブレ団体。メキシコから多くのスペルエストレージャ(スーパースター)を招聘したほか、サスケ、スペル・デルフィン、邪道・外道、ディック東郷、新崎人生、TAKAみちのくなど、多くの才能を輩出した。

▼227 みなみ鈴香
80年代後半、北斗晶とのタッグチーム「海狼組(マリンウルフ)」として活躍したプロレスラー。

▼228 西脇充子
80年代後半、堀田祐美子とのタッグ「ファイヤージェッツ」として活躍。クラッシュギャルズ引退後は、メドゥーサとの「日米美女コンビ」として、全日本女子プロレスの暫定エースを務めた。引退後、元・大関の魁皇(現・浅香山親方)と結婚。

▼229 堀田祐美子
80年代後半のクラッシュギャルズ全盛期から現在まで、トップとして活躍するベテラン女子プロレスラー。90年代半ばからは総合格闘技にも進出。2016年大晦日は

神取忍の代役として、RIZINでギャビ・ガルシアと対戦した。

▼**230 メドゥーサ**
1989年から91年まで全日本女子プロレスで活躍後、アランドラ・ブレイズのリングネームでWWE世界女子王者に君臨した。

▼**231 バイソン木村**
90年代初頭、アジャ・コングと「ジャングル・ジャック」を結成して活躍。一度引退後、「吉本女子プロレスJd'」黎明期のエースも務めた。

▼**232 井上京子**
90年代女子プロレスを代表する天才レスラー。1997年に全女退団後、ネオ・レディースを立ち上げ、NEOを経て2011年にはワールド女子プロレス・ディアナを設立した。

▼**233 渡辺智子**
90年代前半、ブル中野率いる獄門党の一員として活躍。その後、覆面レスラー、ZAP・Tにも変身。現在は長与千種の団体マーベラスに所属する。

▼**234 獄門党**
ダンプ松本引退後、ブル中野が結成したヒールユニット。それまでの凶器を使った反則を繰り返すヒールではなく、実力派のヒールを標榜した。

▼**235 ブレット・ハート**
カナダのプロレス一家、ハート・ファミリーの六男。90年代のアメリカンプロレスを象徴する、トップ中のトップレスラー。

▼**236 オーエン・ハート**
カナダのプロレス名門一家、ハート・ファミリー出身で、12人兄弟の末っ子。兄にブレット・ハートらがいる。天才レスラーとして90年代にWWEで活躍したが、1999年に演出上の事故が原因で死去した。

▼**237 ジ・アンダーテイカー**
90年にWWEデビュー後、25年以上の長きに渡り、WWEのトップに君臨し続ける怪奇派レスラーの超大物。

▼**238 ショーン・マイケルズ**
〝ハートブレイク・キッド〟の異名を持つ、ブレット・ハートと並ぶ、90年代アメリカマットを代表するレスラー。

▼**239 バンバン・ビガロ**
80年代後半から90年代にかけて、新日本プロレス、WWE、WCWといった日米のメジャー団体で活躍した、〝動ける巨漢レスラー〟の先駆け。プロレスの巧さには定評があり、北尾光司、サルマン・ハシミコフら、大物ルーキーのデビュー戦の相手も務めた。

▼**240 ローレンス・テイラー**
元アメリカンフットボールNFLのスーパースター。1995年の「レッスルマニア11」ではプロレスにチャレンジし、バンバン・ビガロに勝利した。

▼**241 レッスル・マニア**
1985年から毎年春に行われるWWE年間最大のイベントにして、プロレス界最大の祭典。

▼**242 ザ・グレート・カブキ**
歌舞伎役者をモチーフにした東洋人ヒールレスラーとして、80年代前半にアメリカ・ダラス地区で大ブレイク。緑や赤の毒霧を吹くギミックや、プロレススタイルは、その後、アメリカでの日本人レスラーの雛形となった。

▼**243 山田敏代**
90年代前半、豊田真奈美とのタッグで活躍。その後、長与千種の団体GAEA JAPANを経て2004年に引退。現在はブル中野の店「中野のぶるちゃん」でスタッフを務める。

▼**244 ハンセンvsアンドレ**
1991年9月23日、新日本プロレスの田園コロシアム大会で実現した、スタン・ハンセンvsアンドレ・ザ・ジャイアントの一戦。プロレス史上に残るど迫力マッチとして、今も語り草。

▼**245 ランディ・バース**
1985年と86年、2年連続で三冠王を達成した阪神タイガースの史上最強の助っ人ガイジン。

▼**246 テリー・ゴディ**

80年代半ば、マイケル・ヘイズ、バディ・ロジャースとのトリオ、ファビラス・フリーバーズとして全米でブレイクし、日本ではスタン・ハンセンのパートナーを経て、スティーブ・ウィリアムスとの殺人魚雷コンビとして、90年代前半の全日本マットで、最強コンビとして君臨した。

▼247 **テリー・ファンク**
1973年にNWA世界王者となり、70年代後半から80年代前半に全日本マットで凄まじい人気を誇った名レスラー。大ベテランとなった90年代にも、率先してデスマッチ、ラフファイトを展開し、ハードコア・レスリングの先駆者としても、多くのレスラーの尊敬を集める。

▼248 **ボビー・ダンカン**
テンガロンハットがトレードマークの大型レスラー。ニューヨークのMSGで猪木の持つNWF王座に挑戦したこともある。

▼249 **ダスティ・ローデス**
70年代から80年代にかけて、とくにアメリカ南部で絶大な人気を誇り、〝アメリカン・ドリーム〟と呼ばれたレスラー。息子はWWFで活躍したゴールダスト。

▼250 **テッド・デビアス**
ザ・ファンクス門下の優等生で、70年代後半から80年代にかけて、NWA世界王者候補と呼ばれ続けたが、80年代後半にWWFに入団し、〝ミリオンダラーマン〟のキャラクターでブレイクした。

▼251 **ティト・サンタナ**
80年代のWWEで、インターコンチネンタル王者、WWE世界タッグ王者になるなど活躍した。

▼252 **ブルーノ・サンマルチノ**
60年代、70年代にニューヨーク地区で絶大な人気を誇り、長らくWWE世界王者に君臨した〝ニューヨークの帝王〟。日本では〝人間発電所〟の異名で知られる。

▼253 **ピート・ロバーツ**
イギリスの名門、〝蛇の穴〟ビリー・ライレージム出身のテクニシャン。

70年代末から80年代初頭にかけて、新日本プロレスの常連外国人レスラーでもあった。

▼254 **ブルータス・ムルンバ**
1976年にタイガー・ジェット・シンの親友との触れ込みで新日本プロレスに来日。シンとのコンビで、坂口征二&ストロング小林の持つ北米タッグ王座にも挑戦している。

▼255 **デイブ・テイラー**
イギリス出身のテクニシャン。90年代にはWCWで活躍し、00年代にはWWEでレスラー、トレーナーを務めた。

▼256 **新日本から全日本に移籍**
1981年12月13日、全日本の「世界最強タッグ決定リーグ戦」優勝戦、ザ・ファンクスvsブルーザー・ブロディ&ジミー・スヌーカの一戦で、新日本の外国人エースであるハンセンが、突如、ブロディ組のセコンドとして登場。翌年から全日本に本格参戦した。

▼257 **大熊元司**
グレート小鹿とのタッグ、極道コンビとして活躍。長らく全日本の前座戦線を沸かせたが、1992年腎不全により52歳で死去。

▼258 **三沢光晴**
1984年に二代目タイガーマスクとなり、1990年に素顔となってから、全日本プロレスのエースとして、黄金時代を作り上げた立役者。2000年にはプロレスリング・ノアを設立し、社長レスラーとして闘い続けたが、2009年に試合中の事故で帰らぬ人となった。

▼259 **川田利明**
90年代に全日本プロレス四天王の一角として活躍。その後、ハッスルなどを経て、現在はラーメン店「麺ジャラスK」を営む。

▼260 **小橋建太**
90年代に全日本プロレス四天王の一角として活躍。その後、プロレスリング・ノアで団体の看板タイトルGHCヘビー級の〝絶対王者〟と呼ばれた。

［初出一覧］

ゲスト：武藤敬司……………『KAMINOGE』vol.29,30
ゲスト：ドン荒川……………『Dropkick』vol.1
ゲスト：小林邦昭……………『KAMINOGE』vol.12
ゲスト：キラー・カーン………『KAMINOGE』vol.23
ゲスト：マサ斎藤……………『Dropkick』vol.4
ゲスト：新間寿………………『KAMINOGE』vol.38
ゲスト：長与千種……………『KAMINOGE』vol.43
ゲスト：阿部四郎……………『KAMINOGE』vol.21
ゲスト：ブル中野……………『KAMINOGE』vol.57
ゲスト：スタン・ハンセン……『KAMINOGE』vol.49

［著者プロフィール］

玉袋筋太郎＋プロレス伝説継承委員会

玉袋筋太郎（たまぶくろ・すじたろう） 写真左
1967年、東京都生まれ、お笑い芸人、浅草キッドの片割れ。

堀江ガンツ（ほりえ・がんつ） 写真中央
1973年、栃木県生まれ。プロレス・格闘技ライター。

椎名基樹（しいな・もとき） 写真右
1968年、静岡県生まれ、構成作家。

痛快無比《つうかいむひ》!! プロレス取調室《とりしらべしつ》
～ゴールデンタイム・スーパースター編《へん》～

印刷　2017年1月25日
発行　2017年2月10日

著　者　玉袋筋太郎《たまぶくろすじたろう》＋プロレス伝説継承委員会《でんせつけいしょういいんかい》

発行人　黒川昭良
発行所　毎日新聞出版
〒102-0074
東京都千代田区九段南1-6-17 千代田会館5F
営業本部　03-6265-6941
図書第二編集部　03-6265-6746

印刷・製本　廣済堂

ISBN 978-4-620-32433-3